1688商家成长宝典

1688中小企业商学院 / 编著

U0837810

電子工業出版社
Publishing House of Electronics Industry
北京•BEIJING

内容简介

1688是阿里巴巴集团的旗舰业务之一，随着平台业务的发展，广大商家对学习的需求越来越强烈。针对这种现状，1688中小企业商学院推出了本书。

本书从1688平台全新认识、店铺新手开店入门、店铺总体定位思路、店铺选品思路与技巧、店铺视觉打造之路、横向市场及其玩法、平台流量来源详解、店铺转化率提高策略、内容营销平台及玩法、店铺数据分析与优化、客户关系管理及维护、常用工具与服务体系、知识产权及诈骗防范、电商团队管理思考14个方面，提供了一套1688店铺经营之道，帮助商家一步一步成长。

本书是1688中小企业商学院多年的经验总结，凝聚了平台小二、商学院讲师和成功商家的智慧，适合平台商家、院校学生及相关从业者阅读。

让天下没有难做的生意！

图书在版编目（CIP）数据

1688商家成长宝典 / 1688中小企业商学院编著. —北京：电子工业出版社，2019.1
ISBN 978-7-121-35675-9

Ⅰ. ①1… Ⅱ. ①1… Ⅲ. ①中小企业－电子商务 Ⅳ. ①F276.3

中国版本图书馆CIP数据核字（2018）第271137号

责任编辑：高丽阳
印　　刷：三河市双峰印刷装订有限公司
装　　订：三河市双峰印刷装订有限公司
出版发行：电子工业出版社
北京市海淀区万寿路173信箱　邮编 100036
开　　本：787×1092　1/16　印张：19　字数：423千字
版　　次：2019年1月第1版
印　　次：2022年1月第11次印刷
定　　价：69.00元

凡所购买电子工业出版社图书有缺损问题，请向购买书店调换。若书店售缺，请与本社发行部联系，联系及邮购电话：（010）88254888，88258888。

质量投诉请发邮件至zlts@phei.com.cn，盗版侵权举报请发邮件至dbqq@phei.com.cn。

本书咨询联系方式：010-51260888-819，faq@phei.com.cn。

序

这是一个“最坏”的时代。

商场如战场，特别是在当今世界经济全球化和贸易保护主义相互抗衡，全球经济未来持续不明朗的大环境下，你身披盔甲，手握利剑，披荆斩棘，你发现周围无论是大型企业，还是中小型企业，都纷纷寻找能度过这个“寒冬”的方法。你脱下战袍，环顾四周，寻找突破重围的武功秘籍，如何才能找到更好的发展机遇，因势利导，生存并壮大呢？你闭上了眼，我们知道，你想成为盖世英雄，称霸武林！

这也是一个“最好”的时代。

随着阿里巴巴推出“五新战略”，特别是“新零售”“新制造”向“深水区”发展，中小企业若能清晰地意识到并把握住“数字化转型”这条顺势增长的未来之路，机会就在不远的前方！战斗的号角已经吹响，机遇应运而生，你看了我们一眼，即将奔赴战场的你需要我们的武功秘籍，所以我们来了！

但是，中小企业怎么样才能做好“数字化转型”？如何把业务转到线上、线上怎么和线下结合？如何利用数字化工具和服务管理生意？

请让我们先分享几个 1688 商家的真实故事。

（1）我叫张俊，来自安徽省金寨县，这里是国家级贫困县。虽然我们县落后、偏远，但自然资源好，有适合生姜生长的土壤。

5 年前，我在这片土地上建立了生姜种植基地。2016 年，我通过 1688 全域营销方案接到了来自迪拜的 9000 万元的订单，这意味着，如果平均每户拿出两亩土地种植生姜，那么这 3000 亩生姜种植基地可带动 1500 户贫困户脱贫。

现在，1688 平台帮助我打造数字化柔性供应链，快速应对市场，我也接到了越来越多的订单。未来，我除了要实现商业价值外，更重要的是要实现社会价值，我和我身后的姜农都是幸运的，我会一直在 1688 上销售姜茶！

（2）我叫李智佳，在 2018 年俄罗斯世界杯中，我们公司拿下了世界杯官方吉祥物全球（除俄罗斯外）范围内的独家生产和销售权，全程负责吉祥物的产品规划、定价、生产与销售。

其实，赛事时间短、生产数量难把控是吉祥物生产最大的痛点。2014 年的巴西世界杯期间，我们公司首次与高等级的全球性赛事合作，却因吉祥物生产过多，库存滞销，导致一场世界杯下来收益甚微。2016 年欧洲杯时，又因为吉祥物生产过少，导致备货不足，在赛事还未真正开始时就已经卖断货了。

吸取之前的教训，在这次世界杯中，我选择通过 1688 平台打造一张遍及全国乃至全球的柔性生产和销售网络，借助互联网的大数据库，成功匹配了符合要求的生产商家，为比赛期间爆发的市场需求做好了准备，真正实现了“互联网制造”！

（3）我叫吴国彬，2005 年我和老婆创办了一个小作坊，专门做服装代加工，赚取差价。那时候，两人兢兢业业，一年也能有数万元的收入。

随着服装代加工大环境的变差，我们的生存空间越来越狭小，差价空间也在不断缩小，那个时候我感到非常吃力，发展处处受到限制。

直到 2015 年遇上 1688 淘工厂才让我摆脱了困境。通过淘工厂提供的数据和技术支持，我的工厂快速提升了数字化管理能力，大幅提高了管理效率，生产流程的所有环节都做到了量化、结构化、可视化。通过数据可视化的智能管理，实现了单个工人产值分析、流程优化点定位等。

我们公司从只有几台机器的小作坊逐步升级，如今已经是面积 1500 平方米、工人五六十个的大工厂，年销售额达到了 2000 万元。另外，我们还与众多独立设计师合作。2018 年，工厂生产的服装已经登上米兰时装周的 T 型台啦！

（4）我叫胡峥，那一年我结束了 6 年的全职太太生活，跟随从外企辞职的丈夫一起创业。经过一番讨论，我们决定从事玩具行业，并瞄上了在欧美具有很大市场的派对用品。

做生意就要站在巨人的肩膀上。我们公司是迪士尼在中国大陆地区的首批授权商之一，专注开发、经营授权产品，其中拼图产品更被很多消费者和业内人士熟知。

自从我们公司加入 1688 平台，通过平台丰富的场景，越来越多的流量进入店铺，加上现在消费者对品牌和品质意识的逐渐提升，品牌带来更多粉丝，公司从最初的年销售额几十万元，很快发展到了一千万元以上的规模。

1688 平台潜力巨大，虽然我们开始得晚，但是我们相信在迪士尼和 1688 的指引下，一定能获得成功！

故事讲完了，你是否也遇到过相似的场景？

你是否也有和他们一样的经历？

你是否也曾和他们一样怀揣梦想？

你身边是否也有一群志同道合的伙伴，与你一起创造属于自己的事业，甚至想改变世界？

助你实现梦想，正是本书承载的使命。

而这本书，正是我们要给你的武功秘籍。

本书旨在赋能每一个有情怀、有梦想的商家，提供一套清楚、全面的 1688 店铺经营之道，千锤百炼之下，打造一把帮助 1688 和商家共同成长的披荆斩棘的利剑，帮助商家走向更美好的未来！

所以，本书从电商意识，到商家在 1688 开店的方法，再到清晰的定位，一直到电商企业管理方法等，都是干货，帮助商家快速在 1688 上做好生意。

读者会发现，在线上做生意的流程和在线下做生意是类似的。在线上同样需要确定产品，开通诚信通店铺，然后发布产品，准备到位后开始组建团队，配合做营销推广，在客户下单后发货，最后是客户维护。

所以本书在内容设计上，把在 1688 开店的步骤与在线下做生意进行了一一对应。告诉商家怎么在线上做生意，便于商家轻松理解其奥秘，掌握其方法。

1688 中小企业商学院在过去的近 10 年中，培育了近 200 万名商家，并积累了上百个成功案例。所以想成功并不难，因为我们知道的都会告诉你。结合过往近 10 年的经验，辅以大量的真实案例，我们完成了这本书，并尽可能使其通俗易懂、言简意赅。

认真学习本书的知识点，30 天之后，你很可能会成为一个玩转 1688 的高手！

“快乐工作，认真生活”，1688 中小企业商学院愿和你一起，共筑百年电商梦想！

1688 中小企业商学院

2018 年 11 月

本书作者

（以姓氏笔画为序）

丁　华　　王兴其　　王　健　　占保宇　　李连晓

李柏成　　林国威　　范　鑫　　聂志新

目 录

第1章

飞龙在天

阿里巴巴1688平台全新认识

当今中国的商业环境瞬息万变，在新零售升级的宏观大潮之下，企业应该如何拥抱数字化、互联网化，布局电商，获得更好的发展呢？阿里巴巴1688创立于1999年，致力于服务企业级客户。目前已覆盖原材料、工业品、服装配饰、家居百货、小商品等16个行业大类，提供原材料采购、生产加工、现货批发等一系列的供应服务。

阿里巴巴1688立志于打造中小企业首选采销平台，多年来一直践行“让天下没有难做的生意”这一使命。

如今，中国乃至全球市场环境均呈现出一系列变化，产品不断创新，生命周期变短，迭代升级速度加快，由此带来的消费偏好和趋势变化更加难以捉摸。伴随着电子商务平台的出现，交易效率不断得到提升，基于大数据的柔性供应链服务、线上精准营销及信用评价体系的建立等，从各个方面助力中小企业发展。阿里巴巴集团的使命是让天下没有难做的生意，通过经营多个行业领先的平台，其业务涵盖了零售、批发、贸易及云计算等，阿里巴巴向消费者、商家及其他参与者提供了一系列的技术和服务，帮助他们在阿里构建的生态系统里进行商贸活动。阿里巴巴 1688 从成立伊始便致力于服务中小企业，该平台紧跟商业环境的变化趋势，洞悉中小企业在商贸活动中面临的各种困难，不断变革、创新，不但提高了中小企业商品流通效率，还为其提供了营销、支付、物流与金融等全方位的支持服务，成为中小企业首选的采销平台。

1.1　1688 发展沿革

1688.com 是目前中国最大的综合在线交易市场，它为线上和线下的大中小各类商家，提供了从海内外生产商及批发商手里采购产品的渠道。1688.com 目前覆盖服装配饰、食品饮料、日用百货、家装建材、3C 数码、包装印刷、五金机械、橡塑、化工等 57 个一级行业，1402 个二级行业，为数千万家中小企业提供批发、采购、贸易撮合、加工定制、供应链管理、渠道管理等服务。

秉承利用互联网创造公平的竞争环境，让中小企业通过创新与科技扩展业务，并在参与国内或全球市场竞争时处于更有利位置的理念，以马云为首的 18 人，于 1999 年在中国杭州创立了阿里巴巴网站，即如今阿里集团旗舰业务 1688 的前身。2000 年，阿里巴巴针对内贸企业量身打造了“诚信通”，以企业诚信体系为内核，提供电子商务会员服务，为构建更加诚信的市场环境打下了基础。2003 年贸易通上线，为从事贸易行业（内贸、外贸）的企业整合了涉及询价报价、索样单、销售发货单、订单合同、邮件维护的贸易行业常用的基本流程，推出了完善的仓库管理、会计财务、客户供应商管理、人事管理、权限分配和自定义表单票据打印等功能模块，至此，阿里巴巴的 B2B 业务实现了每天收入 100 万元。伴随着越来越多的中小企业加入阿里巴巴，阿里巴巴的 B2B 业务逐步实现了每日利润 100 万元、每日纳税额 100 万元的小目标，并于 2007 年在香港上市。2010 年，1688 独立域名上线。2012 年，阿里巴巴集团宣布“七剑”战略，进一步明确，1688 在 CBBS 电子商务体系中代表企业的利益，同时，推出中国好货源，开始向交易平台转型。2013 年，1688 注册会员上亿名，平台会员分布在全国 34 个省级行政区，3000 多个县（市），同年，1688 推出了“11.18”备货采购节，单日交易额超过 45 亿元。2014 年 9 月 19 日，阿里巴巴集团正式在纽交所上市，代码 BABA，B2B 行业发展开始迎来新机遇。2015 年 12 月，中国五矿集团和 1688 联手成立专注于钢铁及有色金属行业的垂直 B2B 平台——

If not now, when? If not me, who?（此时此刻，非我莫属。）

五矿阿里钢铁平台（yilianhao.com），推动了整个钢铁行业向互联网转型，使得钢材行业源头与需求端更直接、更快速地对接，提升了效率，减少了浪费。2017 年，1688 平台提出了 8 大营销矩阵，旨在从交易平台升级成为营销平台，推动互联网和制造业深度融合以服务中小企业，同时推出首个专属于中小企业商家的节日——“商人节”。1688 的发展历程如图 1-1 所示。

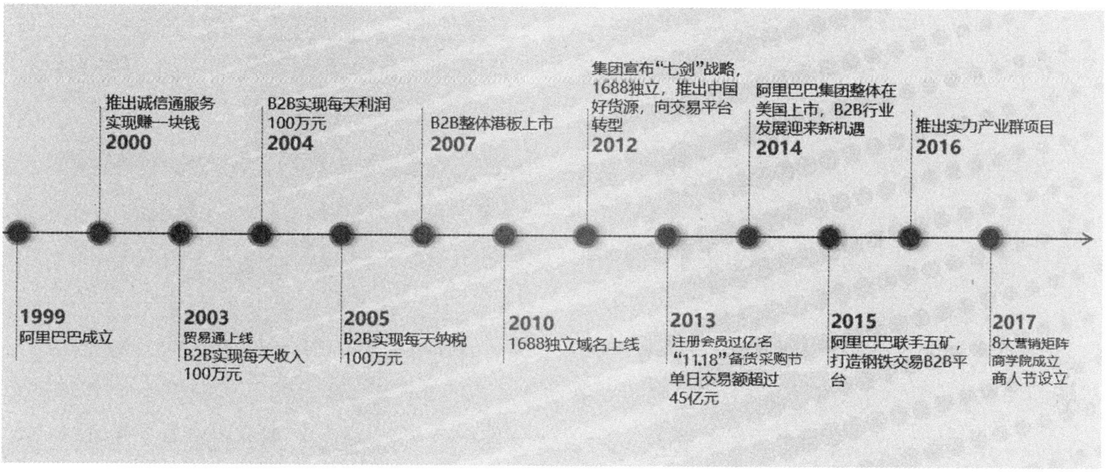

图 1-1

如今，1688.com 已经成为中国企业采购的首选平台，平台注册会员近 2 亿名，日均访问采购商数量超过一千万名，日均页面浏览量 1.5 亿次，同时，其为不同形态的采购商提供了丰富多样的高效采购场景，包括针对跨境电商店主的“跨境专供”、针对社交电商的“微商进货”、针对淘宝及天猫店主的“淘货源”、针对大企业的“大企业采购”等。活跃的淘宝及天猫店主中有 50%的人每个月都到 1688.com 进货，中国中铁、中国铁建、中国神华、中国烟草、中粮、中国交建等国企也已经在使用 1688.com 提供的寻源、招投标、电子合同、内部商城采购、系统集成等采购 SaaS 服务。自 2000 年推出诚信通产品以来，1688 连续 18 年领跑 B2B 电子商务行业，至 2017 年，我国中小企业 B2B 电子商务市场总营收规模达到 438.5 亿元，其中，1688 占比超过 37%，可认为是绝对的行业领头羊。

1.2　1688 的主要业务线

1688 作为全球最大的采购批发平台，其核心业务主要可以分为批发市场和垂直业务。其中，批发市场覆盖了服装、食品、家居等数十个一级行业，超过 1000 个二级行业。垂直业务包括专业市场，即聚集了生产设备、原材料、面辅料、设计、货运等各类以生产为中心的上下游企业而建立的经济协作圈，也包括进口采购及供应链与金融服务。

心有多大，舞台就有多大。

1．大市场

1688 以批发和采购业务为核心，通过专业化运营，提升客户体验，全面优化企业电子商务的业务模式。目前 1688 已覆盖原材料、工业品、服装配饰、家居百货、小商品等 57 个一级行业类目。1688 大市场的核心业务主要分为行业市场及营销场景，其中，行业市场主要针对行业特性，为买家和卖家提供行业内品质货源及具有行业特色的导购等服务，而营销场景主要包括无线频道、伙拼、代理加盟等，这些频道着眼于聚合买家需求，深入供应链前端，提高供应链和商品流通效率。

以服装市场为例，1688 覆盖了男装、女装、内衣、配饰、运动装、鞋子等，厂家直供，货源有保证，品质有保障。主要以品质、潮流、源头为主，涵盖了 OEM/ODM 厂家及设计师品牌。这里提供代理加盟，行业资讯，时尚服饰流行趋势发布，是一个 O2O+B2B 的网络平台，也是一个汇集了众多服装货源厂家直销及服装批发市场的平台。该行业市场充分表现出专业化、丰富化、潮流化以及品质化的特点。首先，服装行业有很大的垂直市场，如牛仔城、毛衫城、皮革城等，对于不同的款式、风格、工艺、品牌等进一步细分，体现出专业化；其次，产地拓展（如东大门女装、普宁配饰）及品类拓展（如男装分类里的针织衫、配饰中的发饰）等大大丰富了产品种类；同时，精选时尚热点，如推出潮流精选、潮店点评等使得服装市场更加潮流化；最后，精选服装材质，选择高端产地如杭州真丝、内蒙古羊绒等保证服装品质。

2．微供市场

1688 微供市场是一个基于社交关系的为分销买家提供安全、高效、低成本的一站式社交分销的货源服务市场，拥有 5000 万名以上的买家，借助社交工具加快货源流转效率，通过市场、服务、工具让货源高效下行，并形成可运营的代理社群圈。该市场主要有：兼职个人微商模式，专业个人微商组货模式、团队微商集单模式。货源更为丰富，覆盖 18 个消费品类目，共计 400 万件商品；流通效率更高，“从商家到分享”平均用时 0.5 天，“从新品到订单”平均用时 3.5 天；市场服务有保障，已累计接待 40 万人咨询，受理 3089 例维权，挽回卖家 20 万元以上损失；工具更便捷，能够做到一键分享到社交媒体。

微供市场即微商专供市场，其主要服务的对象为线下小店、学生人群、“辣妈”人群、白领人群及微商小团队。微商是集社交、移动、自媒体于一身的商业模式，大多数微商卖家没有专业识别商品品质的能力，大部分都是自用后推荐，因此他们对稳定的好货有强烈的诉求。微商是基于关系的生意，其卖家以女性为主，她们空闲时对手机依赖性强，且都有各种类型的圈子以分享使用体验。通过 1688 打造的微供市场，微商能随时查看优选供应商发布的产品信息，并利用独立 App 采源宝将产品一键转发到微信、微博、陌陌等社交平台。数据显示，代发型微

今天最好的表现是明天最低的要求。

商复购率高的特征明显，60%以上的成熟代理复购周期小于 3 天；分销型微商订单金额占比最高，批量订单金额占整体的 40%以上；跨品类经营成为常态，跨 3 个品类经营的买家占比 70%以上；团队化、专业化成为趋势，微供市场有团队的买家占比 34%以上。

3．淘工厂

淘工厂是数据驱动的柔性供应链服务，以零售大数据为驱动力，打造新型供应链协同生态，促进中国制造业向 Made in Internet 新制造转型，赋能千万家中小企业。通过零售数据与生产供给侧数据的互通赋能优质商家，促进全链路商业效率优化，消灭无效库存，以数据驱动促进良性市场竞争，以良性市场竞争促进产业升级，产业升级使得中国制造核心竞争力增强。

淘工厂的主要价值是为中小工厂提供软硬件服务，进行数字化升级，致力于打通制造端与消费端。同时，拓展更深度的供应链服务，例如，零售大数据的应用，可以帮助工厂进行销量预测和行情预测；AI 排产引擎的加入，可以帮助工厂建立动态定价模型，提供更具有优势的价格，派单也更加合理。通过智慧柔性供应链管理，帮助客户增加订单，提升客户体验。对于作为需求方的泛电商零售商如淘宝、天猫卖家等，淘工厂能够提供多品类优选供应商以及确定性的服务保障，保证产品的品质与交货日期等，同时，以销定产，以实现“小单快返”。而对于作为供给方的 OEM 工厂、ODM 工厂等，淘工厂能够为其提供精准的客源；运用数字化升级得到的大数据反馈，能够提高工厂的快速反应能力，提升生产备料效率；同时，淘工厂能够为工厂提供高效的管理工具，在客户管理、订单管理、生产过程管理等方面提高企业管理水平。

淘工厂通过连接并打通供应链与产销过程的数据流，将生产信息直接送给制造企业，助其完成生产，从而真正实现柔性定制。淘工厂项目由三方面能力构成，以协同效率为本，用 IoT、大数据、AI 技术深化，专注服务中小型制造工厂。一方面依靠零售商数据和供应商数据进行快速精准匹配，为零售商提供快速插拔式多品类供应链，另一方面依靠商品零售数据和商品生产数据的互通，实现产销协同效率提升，促成全链路库存最优化。

4．淘货源

淘货源是针对淘宝卖家的一站式货源服务平台，为淘宝卖家提供不囤货代发、经销订货等轻库存货源服务，同时帮助源头供应商建立向淘宝零售市场进行货源分销的轻型电子化供应链网络。首先，淘货源与淘宝营销场景如淘抢购、天天特价等联动，进行货源直供；其次，淘货源能够利用阿里内部互通优势，基于淘宝店铺特性，打造全新的 B 类个性化导购；此外，代发模式、小单订货模式能够减轻淘宝卖家库存压力，帮助商家反向调整供应链，打造全新轻库存供应服务。

简单来说，淘货源是一个淘宝卖家进货平台，为淘宝 600 万名卖家提供具有淘宝特色的专属货源，帮助淘宝卖家快速、方便地采购到合适的产品。一方面，根据淘宝卖家的主营类目、经营风格、价格区间、采购偏好等数据，利用个性化算法精准匹配最优供货商；另一方面，实现智能化货源市场，通过小二优选特色导购标签、个性化智能导购标签等匹配淘货源市场特色商家，通过代发模式达到 0 库存、0 资金占用的目的，或者通过经销订货模式打造小单化稳定货源。

5．跨境专供

跨境专供于 2017 年 3 月正式上线，是为跨境 B2C 卖家提供数据分析、选品指导与工具服务的出口电商一站式货源服务平台。目前已汇集了 3 万家优选供应商，服务全国数十万个跨境电商卖家，该业务发展迅速，交易额实现了 300%以上的增长。跨境专供业务通过不断提升跨境货源竞争力和商家服务能力，在市场运营的基础上完善并开放服务买家的生态，构建基于网络协同的新型供给平台。

1688 跨境专供通过“海量+精选”的货源市场，开展营销活动，提供数据资讯，利用 SaaS 工具实现多平台、多店铺统一管理，同时引入并整合外部服务，服务于跨境 B2C 卖家。其核心价值在于，通过业务数据打造基础设施，一方面对工厂进行精准推广，推动其转型升级，另一方面帮助 B 类小卖家实现高效采购。

6．大企业采购平台

大企业采购平台通过打造大数据驱动的供应链协同网络，为大企业提供采购云工作台，成为中小企业服务大型企业的主通道。该平台的客户为大型企业买家，即年采购额达 10 亿元以上的非流通企业，主要集中在基建、化工、医药、机械、汽车等行业。具体包括定制化云采购平台、配置化云采购平台与行业通用云采购平台。定制化云采购平台是指为行业标杆型大企业提供行业定制化、全覆盖的互联网云采购解决方案；配置化云采购平台是指为大型企业提供可按需配置的、覆盖企业全品类采购的互联网 SaaS 采购解决方案；行业通用云采购平台是指为满足企业互联网采购需求，提供的标准化的 SaaS 采购解决方案。

1688 大企业采购平台应用大数据，根据大企业的采购需求提供智能匹配，提供决策支持。同时，提供结算支付及供应链金融服务，包括账期、分阶段结算、担保交易、网银转账、企业支付宝支付等，依托阿里巴巴集团体系内的蚂蚁金服，以及第三方的金融机构，为企业采购的交易双方提供众多的金融产品与服务，如诚 e 赊、诚企贷、诚易宝等。此外，大企业采购平台还提供生态服务，包括方案咨询、技术开发以及电子合同等。

7．营销场景

营销场景主要有伙拼和工业品品牌站。伙拼是 1688 推出的批发型聚量议价频道，通过集

想不等于做，做不等于做到，做到不等于得到，更不等于成功。

采拼单，压缩买家采购成本。以“打造爆款”为主旨，汇聚最具人气、最具性价比的品质货源。伙拼通过下游消费市场的数据，甄选爆品，在海量的原产地工厂和重要的行业销地市场组货商中寻找丰富货源，快速供应爆款商品。对 1688 而言，该业务相当于批发领域的“聚划算”，是创新业务的试验田；对买家来说，伙拼根据下游消费市场大数据选品，帮助买家快速寻找爆品；对供应商而言，伙拼能够实现短时间多倍流量曝光，是一个吸引新客户、维护老客户的高效平台。

而工业品品牌站汇聚数千家全球知名品牌、国内大牌、新兴品牌及其授权经销商，为买家提供账期支付、专用物流等一系列增值服务，助力买家进入有品牌保障、型号齐全、现货充足、服务本地化的工业品线上采购 2.0 时代。其核心功能包括：PC 端导购频道、工业品买家导购场景、App 端导购和卖家入驻招商。对于买家而言，工业品品牌站能够提供高效、专业的搜索功能，同时有丰富的导购推荐与品类推荐，能够通过超级品牌周、拿样等为买家推荐品牌活动，此外，提供的电子承兑汇票、融易收、账期等更便捷的大单支付工具也更加贴近 B 类交易的形态。对于商家而言，品牌及经销商能够在 1688 实现全链路身份显性化，保护品牌权益，同时，通过线上营销手段低成本、高效率地触达买家，以提升品牌形象与产品销量。

8．诚信通

诚信通（cxt.1688.com）是阿里巴巴针对内贸企业量身打造的电子商务收费服务，将企业线上线下的信用实力做全网（新浪微博、钉钉、高德地图、神马搜索等）推广与展现。通过企业认证、信用累积、线上提效工具、个性化增值服务等为商家赋能，促成交易。诚信通的三大功能包括品牌建站、全网流量以及促成交易。首先，帮助企业品牌建站，用 80 套旺铺主题模板帮助企业建立专业旺铺；商家用手机扫描二维码可直达企业官网，不会错过任何商机；通过数据管理，能够实时掌握店铺顾客访问情况，随时了解商品的售卖情况，及时调整产品生产线。其次，实现商机全网引流，作为第三方权威认证对企业的诚信水平进行全网标识，曝光企业诚信形象，为守诚信的企业实现买家搜索优先展示，重大活动优先报名，买家询价优先报价。最后，高效促成交易，通过认证企业数据化信用，建立客户信任，通过智能化客户管理接待系统促成交易。

在诚信通的基础上，1688 还推出了实力商家会员服务，是全方位体现卖家实力的全新收费服务，其目的是满足买家对品质货源的要求。实力商家需经过严格的资质审核，为买家提供多种有特色的保障服务，使其享有更多权益。2018 年，1688 又推出了“实力商家通天计划”，提出“与真正有实力的供应商合作，合力通天”的口号。通天计划并不仅仅是一次平台推广活动，而且是一次平台发展战略方向的调整，携手全线商家联合运营，进行全网推广引流，利用资源及产品运营方案赋能 KA 商家，使其通过 1688 完成商业诉求并长期利用 1688 进行客户交易及关系维护，帮助线下真正有规模和实力的供应商快速在线上扩展渠道。具体来说，该计划重点针对线下优质品牌、实力工厂、知名品牌代理商和实力贸易商进行招募，根据 3A 勋章、风控、认证三项指标设置门槛。而通天实力商家将享受四大权益，包括品牌展现、营销扶持、工具赋能及专属服务，旨在提升商家的营销能力，帮助商家快速成长为平台头部商家。

1.3 1688 平台八大服务体系

B2B 电子商务经历了信息时代、交易时代，如今已正式进入了营销时代。由于 B2B 交易和供应链的复杂性，大部分中小企业虽然已经触网，但还无法将线下商业在互联网平台进行完整的映射。1688 通过建立开放平台、营销体系、广告体系、商家成长体系、交易支付体系、物流体系、数据体系以及金融体系这些支撑营销时代的八大服务体系，打造数字商业基础设施，帮助中小企业去实现线下交易线上化，线下营销线上化。

首先，开放平台通过与线下多个机构合作，联合政府、行业协会、专业市场、展会等全产业链合作伙伴，为平台商家提供全方位的保障和服务，提升商家的交易效率，降低交易成本。

面对营销环境的变化，1688 以“全渠道、全触点”为出发点构建了营销体系，该体系一方面囊括从商家角度开展的 CRM、私域运营等，提升商家的运营效率，另一方面通过淘工厂、微供、伙拼等产品进行有效推广，通过大企业采购平台、淘货源、跨境专供等生意场景让中小企业实现高效匹配，挖掘新客户，开拓潜力市场。

广告体系通过 B 类天合计划、B 类广告联盟和全域营销，帮助中小企业快速生产营销内容，打造全域推广方案，用智能的方式精准投放，带来更多精准买家。

商家成长体系通过各地电商服务中心及中小企业商学院实力讲师定制的培训课程，帮助中小企业学习互联网经营思路和模式。中小企业商学院依托 1688 中小企业商学院线上培训平台（peixun.1688.com），通过点播课、直播课、图文课等培训中小企业超过 200 万家，通过自建站点与合作站点（与政府、高校、协会、专业市场、产业集群合作）等形式，将官方课程带到全国中小企业家门口，培训中小企业近 10 万家，通过与政府、高校、协会等多方合作，开展人才的培训、认证、就业匹配等服务，为中小企业提供人才服务。

交易支付体系包括支付宝、账期交易、担保交易和分阶段付款。支付宝致力于为中国电子商务提供“简单、安全、快速”的在线支付解决方案，能够让买卖双方完成安全、快速的网上支付业务，并为买卖双方提供交易资金记录的查询和管理。账期交易适用于长期与采购商合作

公司要为员工创造环境，但员工的成长最终要靠自己。

的那些供应商在系统内给采购商授信的情况。账期交易的业务流程很接近于线下交易，广泛适用于各类物资的长期供货关系：买卖双方通过账期交易服务进行交易，卖家可针对不同买家设定信用额度及支付账期，被卖家授信且符合本服务使用条件的买家，对于信用额度可用余额范围内的交易，无须在下单后先行付款（卖家应在买家下单后按承诺时间发货），但必须在卖家所设定的支付账期内通过支付宝账户向卖家直接支付账期内确认收货的全部订单款项。担保交易结算的特点是付款在先、收货和发票在后，用户在支持使用支付宝的网站（如阿里巴巴）上选择并发起支付宝交易，之后整个支付和货物的交割过程将由支付宝负责监控，保证交易双方的资金和货物安全。分阶段付款是阿里巴巴推出的针对签约大买家的特殊结算方式，对于设备类采购、需要后续服务的物资采购，或者需要质保的产品采购，可以使用分阶段付款的方式。在此交易方式中，第一笔款项是与订单绑定并由支付宝担保的交易项，之后的第二笔、第三笔支付，是与订单绑定的直接到账交易。

物流体系主要由菜鸟网络和阿里巴巴物流服务平台组成。菜鸟网络是一家互联网科技公司，专注于物流网络的平台服务。通过大数据、智能技术和高效协同，菜鸟将与合作伙伴一起搭建起全球性物流网络，提高物流效率，加快商家库存周转，降低社会物流成本。

数据体系将应用数字化运营沉淀得到的大数据，为商家提供生意参谋。例如，通过下游购买数据为商家提供爆款推荐，通过供应商交易数据分析，为商家提供优质、适用的货源等。

金融体系依托阿里巴巴集团体系内的蚂蚁金服及第三方金融机构，为企业交易双方提供金融产品与服务，如网上银行、诚 e 赊、诚企贷、诚意保等。以诚 e 赊为例，它是阿里巴巴专门针对 1688 业务推出的金融服务，基于独有的 B 类业务数据，为 B 类客户量身打造，解决资金流紧张的问题。

在物流、交易支付、数据、金融等体系中，中小企业整个交易环节所需的货运、支付模式、贷款赊账等种种需求，也能够得到更多样化的支撑，从而让中小企业步入以互联网数据驱动的电子商务时代。

1.4　1688 平台五大核心战略

为了将 1688 打造成中国最高效、最繁荣的中小企业贸易平台，网站推出了五大核心战略，以期为中小企业带来更多的价值。

首先是飞轮战略，该战略旨在提升平台大市场内人、货、场的匹配效率。围绕客户价值的实现，网站将引入更精准的 B 类客户流量，搭建最有效的交易场景，并持续提升场景转化效能，

今日因，明日果。

从而降低卖家经营成本，以吸引卖家投入更多精力经营 1688 店铺，并提升服务质量。

其次，1688 将尝试公域与私域分开运营，商家能够通过升级后的采源宝实现分层运营、管理分销商、沉淀经营数据并获取更多资源。与 C 类商家不同，在以采购批发为主的 B 类市场，商家并不愿意把太多的新款、透明的价格开放给买家，一方面担心新款产品容易被同质化模仿，另一方面也很难对每个渠道的采购商进行价格区分。当商家启用私域运营后，便能够更高效地管理和运营多渠道客户，实现新老关系的深度激活和转化。采源宝作为私域运营的工具，能够让商家设置不同的价格、不同的账期，提供不同的服务。私域市场是全封闭的，同时它还能将私域运营数据沉淀到平台，展示企业实力，从开放市场获得更多资源。

再次，1688 将通过打造专业工业市场，提升工业品商家数字化程度，提升工业品市场专业度。通过融合原 1688 品牌站和大企业采购业务，去帮助工业品市场商家完成商品的数字化工作。商品数字化能够给用户更透明、更数字化的管理，企业可以摒弃传统线下渠道模式，利用 1688 实现渠道下沉，覆盖更多的市场，实现用户增长，同时，还能避免以往的压货押款、层层虚报等弊端。

同时，搭建数据化运营体系，以数据和智能化为核心，打通原销售 CRM、运营小二、商学院等部门数据，建立买家库、商品库、卖家库，不断清洗和沉淀客户数据，结合算法进行特征挖掘和打标，结合场景精细化分层运营。从商业模式来说，零售只是最前端的一个角色。在零售的上游，还有各种贸易端、生产端、原材料端，在端与端之间还会有很多服务角色，比如物流、金融。当 1688 平台有能力帮助它们从离线变成在线后，这些环节都会被整个数据化体系所改变，商业效率也得以提升。

最后，搭建商家成长体系，制订覆盖商家生命周期各阶段的成长路径，赋能商家，使其在每个阶段都得以快速成长，并在它成长的每个阶段匹配解决方案。这套体系能够用最直接的方式告诉商家，怎样在这个平台上做生意，并且每个月向商家提供诊断报告。最终，商家会发现，在 1688 做生意，比在其他地方做生意都更容易、更清晰，能够知道自己下一步该做什么。

商家成长体系从线上线下两个维度对不同生长阶段的商家展开服务，例如，对于入门阶段的商家，1688 在线上为其提供垂直行业活动渠道、服务商培育直播、微供频道上手等服务，在线下为其提供商学院线下课程等。而对于头部商家，在线上为其提供更多场景、多渠道运营和年终大促，在线下，优秀的商家可以参与商学院讲师面试，通过自身成长经验，以商带商。同时可以自荐进入商学院智囊团，为平台的规则、玩法出谋划策。

阿里巴巴中小企业商学院作为 1688 商家成长体系的重要有机构成部分，始终专注于中小企业电商能力提升，帮助中小企业实现互联网化。中小企业商学院设有线上、线下两大培育阵地，涉及的内容包括行业资讯、电商知识、操作和工具、经营管理、供应链和品牌等，在不同阶段、不同场景中为电商中小企业精准赋能，让电商中小企业随时随地获取知识、提升能力。截止到 2018 年 11 月，累计培训约 50 万名 1688 商家，视频课程点播超 181 万人次，每天视频播放约 469 万分钟，线下开课覆盖 18 个省，85 个城市，覆盖人数近 10 万人。2018 年，商学院将在商家成长全链路精准培育、电商趋势洞察和政策解读、电商师资专业化、电商人才服务四大板块全面升级，最终形成“官方教育、全链路、本地化”电商教育体系，服务于更多拥有互联网化诉求的中小企业，提升商家触网的信心，深度践行“让天下没有难做的生意”的使命。

扫码继续学习商学院课程

第 2 章

初入江湖

1688 店铺新手开店入门

对于刚刚进入 1688 这个“江湖”的新手来说，怎么开店是面临的第一个难题。最大的困难是，面对平台中各种强大的工具而不知道如何使用，面对平台中各种保障商家利益的规则而不懂得如何遵守。

本章就从基础操作开始，帮助大家认清 1688 平台的规则，顺利走上“闯荡江湖”之路。

2.1　1688 平台开店流程简介

2.1.1　开店资料准备

商家如果想要在 1688 开店，首先要注册 1688 账户。

打开 www.1688.com，点击左上方的“免费注册”按钮，进入注册页面，如图 2-1 所示。账户分为企业账户和个人账户两种。有企业营业执照（含个体工商户）的用户请注册企业账户，无企业营业执照的个人用户请注册个人账户，注册时可以根据自己的情况选择其中一种。

如实填写好注册信息后，点击“同意并注册”按钮，即可拥有一个 1688 账户。

图 2-1

注册好 1688 账户后，还得准备一些材料：企业最新的营业执照、法人身份证复印件、支

> 100 米赛跑的时候你是没有时间去看你的对手的，跑得最快的方法就是盯着终点的白线拼命跑。

付宝账户，以及常用手机号、邮箱等，非法人开通注册还需要有授权委托书。

准备好了之后，开始认证。

2.1.2 认证

第一步：成功注册 1688 账户后，登录 1688 卖家工作台（即“我的阿里”），如图 2-2 所示。

图 2-2

第二步：在搜索框“服务”选项下查询“我的认证”。

第三步：认证包括企业名称认证、企业身份认证、深度认证等，点击右侧“我要认证”按钮即可，如图 2-3 所示。

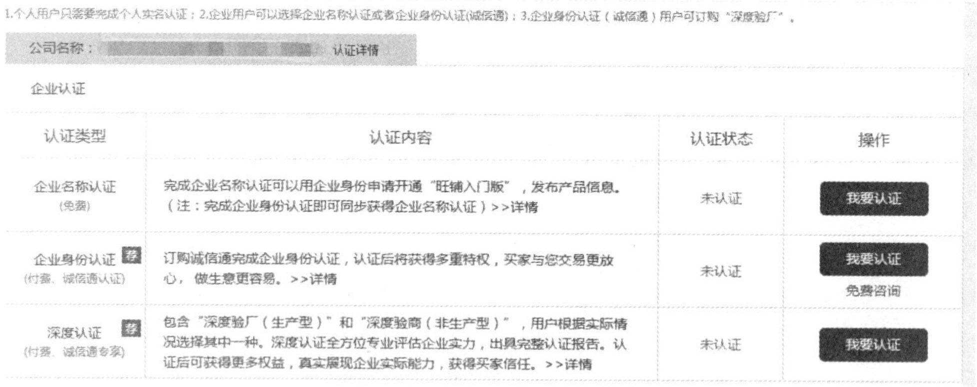
1.个人用户只需要完成个人实名认证；2.企业用户可以选择企业名称认证或者企业身份认证(诚信通)；3.企业身份认证（诚信通）用户可订购“深度验厂”。

公司名称： 认证详情

企业认证

认证类型	认证内容	认证状态	操作
企业名称认证（免费）	完成企业名称认证可以用企业身份申请开通“旺铺入门版”，发布产品信息。（注：完成企业身份认证即可同步获得企业名称认证）>>详情	未认证	我要认证
企业身份认证 荐（付费、诚信通认证）	订购诚信通完成企业身份认证，认证后将获得多重特权，买家与您交易更放心，做生意更容易。>>详情	未认证	我要认证 免费咨询
深度认证 荐（付费、诚信通专享）	包含“深度验厂（生产型）”和“深度验商（非生产型）”，用户根据实际情况选择其中一种。深度认证全方位专业评估企业实力，出具完整认证报告。认证后可获得更多权益，真实展现企业实际能力，获得买家信任。>>详情	未认证	我要认证

图 2-3

永远不要跟别人比幸运，我从来没想过我比别人幸运，我也许比他们更有毅力，在最困难的时候，他们熬不住了，我可以多熬一秒钟、两秒钟。

第四步：按照提示完成相关资料的提交，等待审核，如图 2-4 所示。

图 2-4

2.1.3　支付宝申请

第一步：打开 www.alipay.com，点击“立即注册”按钮，如图 2-5 所示。

图 2-5

第二步：选择注册个人账户或企业账户（我们以个人账户为例进行说明），如图 2-6 所示。

图 2-6

如果你惧怕或计较 KPI，那你还不是在创业。

输入自己常用的手机号码，并输入收到的验证码。

第三步：设置登录密码、支付密码，填写个人真实信息，如图 2-7 所示。

图 2-7

第四步：绑定个人银行卡，如图 2-8 所示。银行卡必须开通手机短信功能，不然无法设置成功。

不怕输才会赢。

图 2-8

第五步：绑定支付宝账户，如图 2-9 所示。

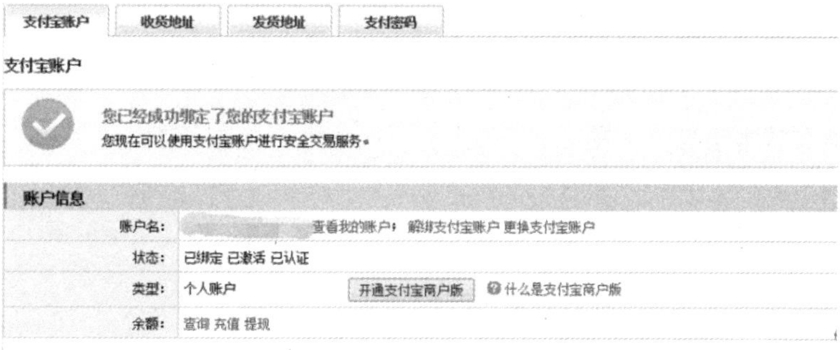

图 2-9

2.1.4　七星产品发布

第一步：进入“发布供应产品”页面，如图 2-10 所示。

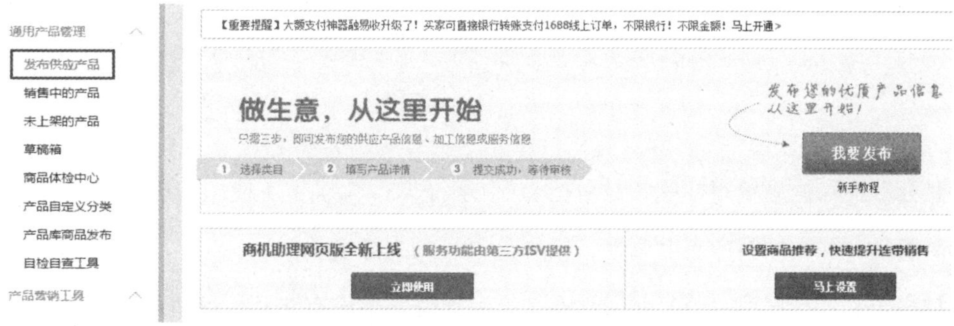

图 2-10

与其怕失败，不如狠狠地失败一次。

第二步：选择产品类目，如图 2-11 所示。

图 2-11

第三步：填写基本信息，如图 2-12 所示。

图 2-12

信息标题：在这里填写标题，尽量把 60 个字符（30 个汉字）使用到位。

产品属性：如实填写产品的属性，带红色星号的为必填项。

添加自定义产品属性：若某些属性在“产品属性”中没有涉及，可适当增加自定义项目来补充填写。

有功无过是短暂的，无功有过是行不通的，有功有过是最好的。

第四步：上传主图及主图视频，如图 2-13 所示。

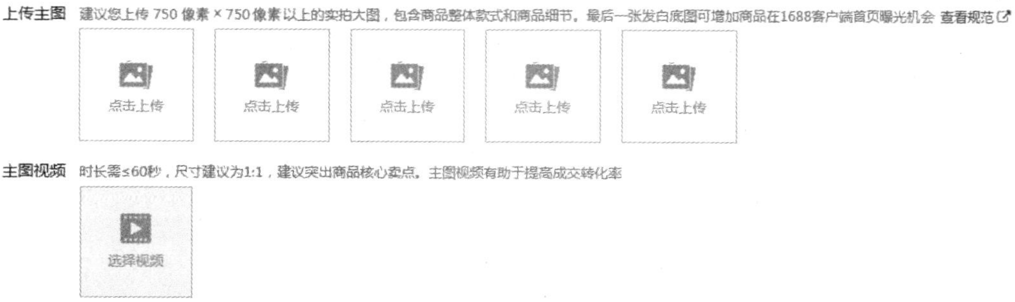

图 2-13

主图尺寸：建议上传 750 像素 × 750 像素以上的实拍大图，主图为实物拍摄图且不少于 3 张。品牌 Logo 放置于主图左上角，且像素不得大于 200 像素 × 200 像素。

主图视频：主图视频确保时长在 60 秒以内，超过 60 秒的视频虽然可以上传到视频中心，但无法在视频页面显示。

第五步：正确填写产品销售信息，如图 2-14 所示。

图 2-14

网上订购：想让产品达到七星标准，必须选择支持网上订购。

第六步：填写产品详情说明。

合格的产品详情说明应该包含以下要素：

（1）产品主图、产品细节图、产品参数。

（2）产品关联销售。

（3）产品视频。

> 今天很残酷，明天更残酷，后天很美好。但是绝大部分人是“死”在明天晚上，只有那些真正的英雄，才能见到后天的太阳。

（4）产品使用场景。

（5）工厂设备、生产场景、企业资质等（能增加客户信任度）。

（6）发货说明、发货场景。

第七步：填写物流与运费信息，如图 2-15 所示。

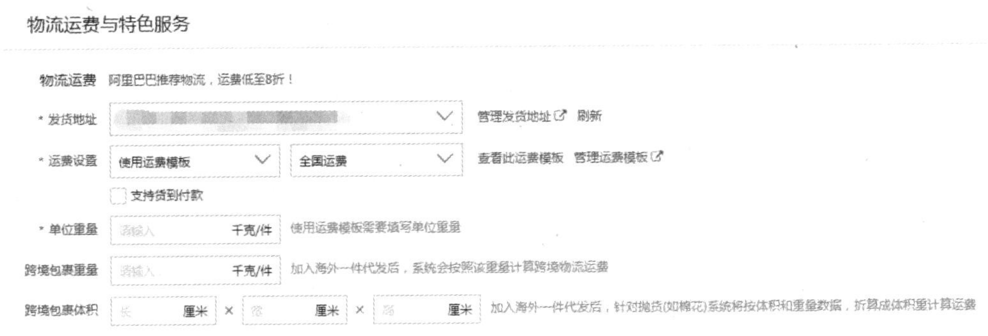

图 2-15

第八步：填写特色服务，如图 2-16 所示。

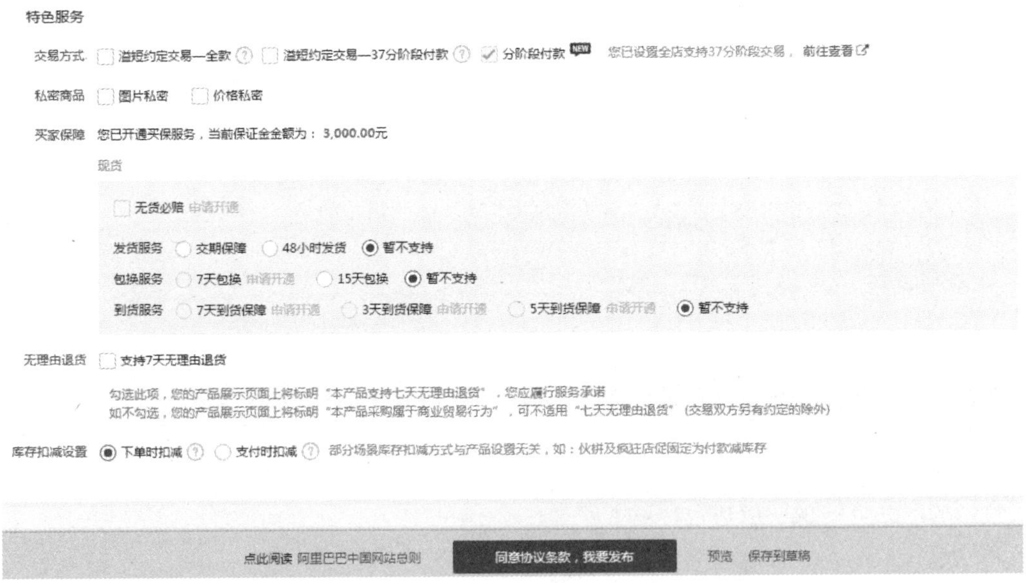

图 2-16

第九步：进行质量评分测试。

2.2　新开店铺选品原则和市场分析

企业有了好的产品，才能有不错的市场竞争力，这不仅适用于传统企业，在 1688 平台上也是如此。我们需要借助平台的各种信息来帮助我们进行合理的分析和选择。

2.2.1　同类产品分析

通过搜索产品的关键词，我们可以查看同类产品的情况，并分析同类产品中哪些款式销量不错。

图 2-17 所示的是同类产品信息查询结果，其中“综合”排序是考虑各种因素后对同类产品进行的排序，“成交额”排序是按照成交额的高低做的产品排序。如果勾选“实力商家”选项，就可以只在实力商家店铺中进行搜索。对于其他各种选项，我们可以结合自己的实际需要进行有针对性的选择。

图 2-17

2.2.2　活用阿里指数

阿里指数（http://index.1688.com，目前推出了新的阿里指数：https://alizs.taobao.com）可以帮助我们有效分析产品的各项数据。通过阿里指数，我们不仅能进行行业大盘的基本分析，更能掌握产品属性细分、采购商素描、阿里排行等情况，如图 2-18 所示。

即使跌倒一百次，我也可以第一百次站起来。

图 2-18

1．行业大盘

通过行业大盘，商家可以查看 1688、淘宝的采购指数，以及 1688 的供应指数，如图 2-19、图 2-20 所示。

淘宝采购指数：根据淘宝平台的成交量计算而成的一个综合数值，指数越高表示该产品在淘宝平台的采购量越大。

1688 采购指数：根据 1688 平台的搜索量计算而成的一个综合数值，指数越高表示该产品在 1688 平台的采购量越大。

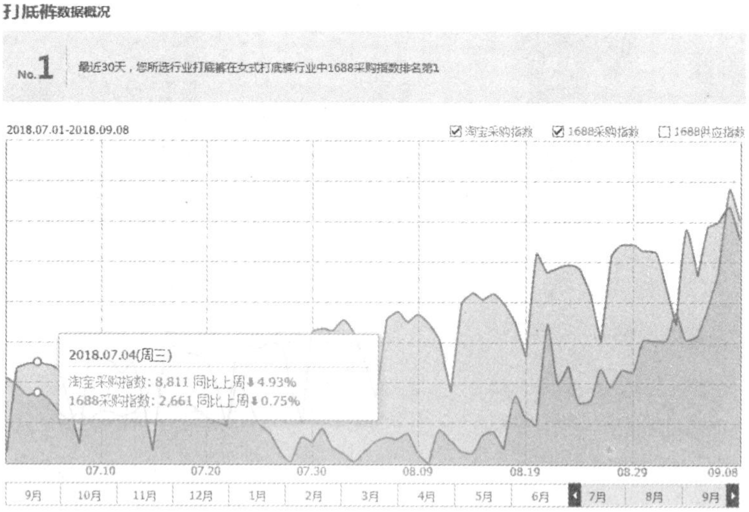

图 2-19

不难，要你干吗？

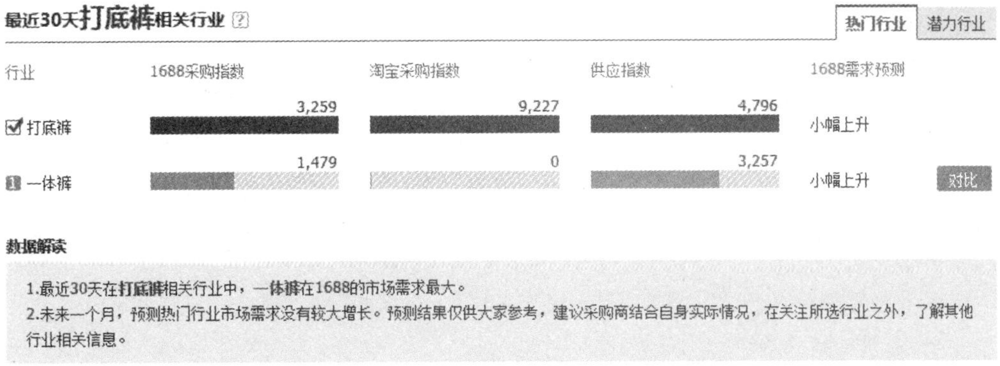

图 2-20

行业大盘还能对潜力行业做采购需求预测，如图 2-21 所示。

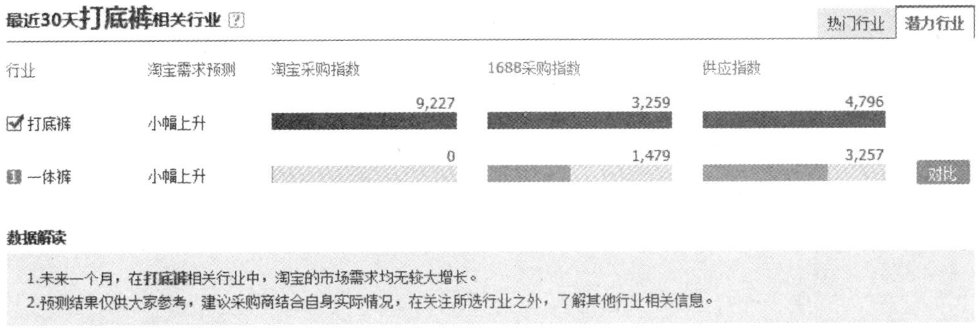

图 2-21

2．属性细分

属性细分主要涉及基础属性、营销属性、价格属性，可以在我们发布产品信息时和做产品定位时提供一定的参考。

（1）基础属性：也可以理解成产品属性，可以作为我们平时写产品标题关键词的参考，如图 2-22 所示。

事能不能做到，有的时候只能听天由命，但是做不做、怎么做是关键。

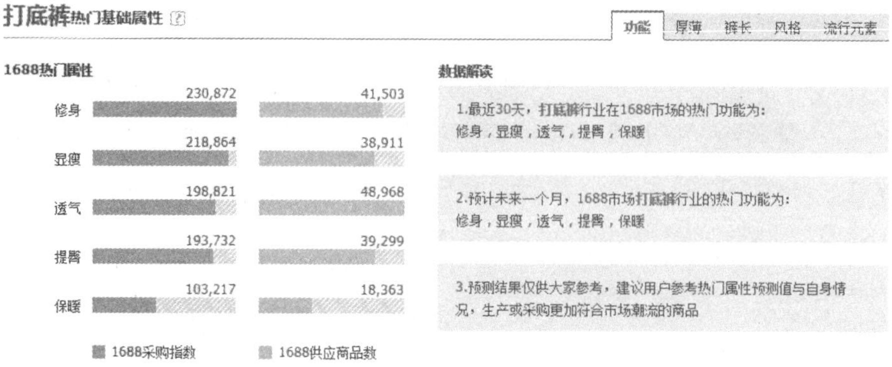

图 2-22

（2）营销属性：就是带有产品营销性质的关键词，这些关键词也是买家平时会搜索的关键词，如图 2-23 所示。我们需要学会参考这些数据，选择一些适合自己产品的词进行标题优化。

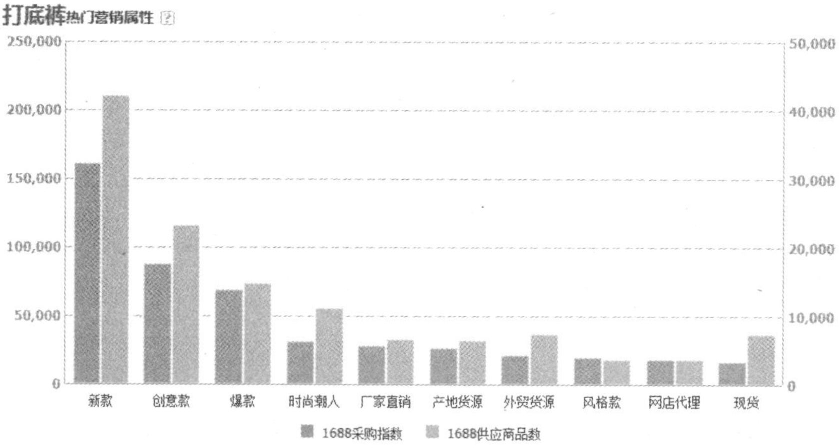

图 2-23

（3）价格属性：即某产品在 1688 平台的浏览价格和成交价格分布，对于商家去合理设置产品的价格有一定的参考作用，如图 2-24 所示。

不要给失败找理由，要为成功找方向。

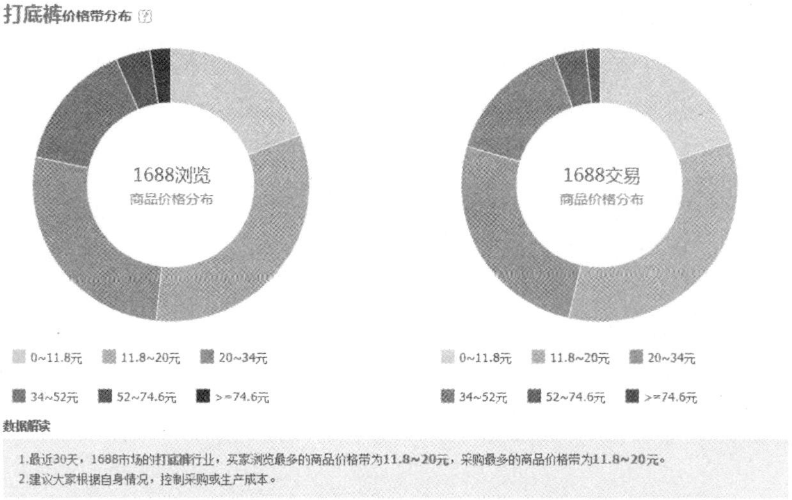
打底裤价格带分布
1688浏览
商品价格分布
1688交易
商品价格分布
0~11.8元
11.8~20元
20~34元
34~52元
52~74.6元
>=74.6元
数据解读
1.最近30天，1688市场的打底裤行业，买家浏览最多的商品价格带为11.8~20元，采购最多的商品价格带为11.8~20元。
2.建议大家根据自身情况，控制采购或生产成本。

图 2-24

3. 采购商素描

采购商素描主要从采购商身份、采购客单价、采购关联行业三个方面展开。

（1）采购商身份：主要为我们提供客户身份信息，如新采购商、老采购商、非淘宝店主、淘宝店主的大致占比，如图 2-25 所示。有了这些数据，我们在做产品定位、店铺装修，以及调整营销策略时都可以参考，结合这些群体的特点来进行运营定位。

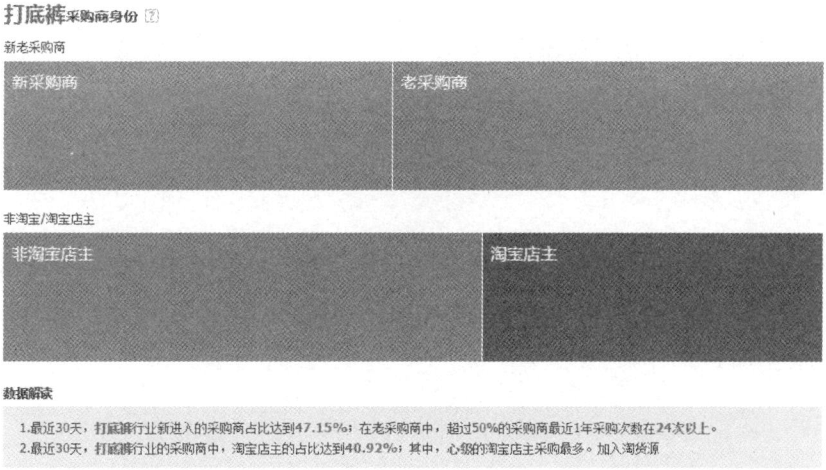
打底裤采购商身份
新老采购商
新采购商
老采购商
非淘宝/淘宝店主
非淘宝店主
淘宝店主
数据解读
1.最近30天，打底裤行业新进入的采购商占比达到47.15%；在老采购商中，超过50%的采购商最近1年采购次数在24次以上。
2.最近30天，打底裤行业的采购商中，淘宝店主的占比达到40.92%；其中，心级的淘宝店主采购最多。加入淘货源

图 2-25

不要再纠缠于“长期”和“短期”，很多时候长期已经成了现在不做事情的借口。

（2）采购客单价：主要提供产品的客单价信息，如图 2-26 所示。掌握了这些信息，在产品价格的设置上就有了参考依据，商家可以结合自己的产品情况来设置相对合理的价格。

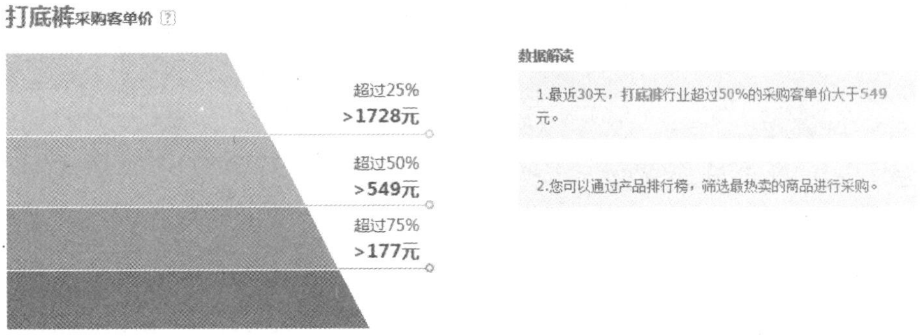

图 2-26

（3）采购关联行业：关联行业可以简单理解成与某主打产品相关联的各个行业，关联产品也是客户采购率较高的产品，而且往往与主打产品一起被客户采购。从客户角度分析，客户也不希望不停地换供应商，如果能"一站式"采购齐全肯定是最好的。所以如果我们在销售主打产品的同时销售关联产品，那么客户下单的可能性就会增加。图 2-27 所示为打底裤的采购关联行业分析。

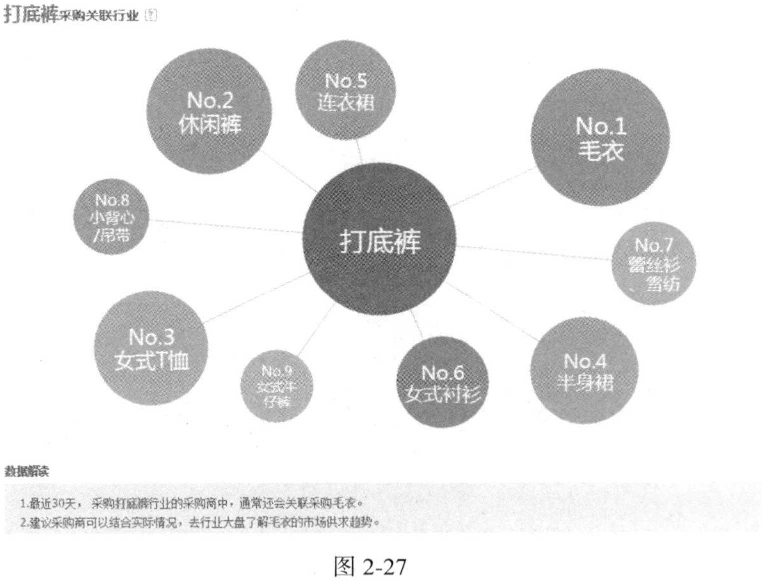

图 2-27

与其抱怨老板关注细节，不如比老板更"细节"。

4．阿里排行

阿里排行提供了多种排行榜：搜索排行榜、产品排行榜、公司排行榜、企业官网排行榜等，其中有些排行榜下面还有更细化的次级排行榜，如图 2-28 ~ 图 2-32 所示。

（上升榜、热搜榜）

图 2-28

（转化率榜、新词榜）

图 2-29

有些事情想想很困难，其实只要行动起来，困难也就解决了。

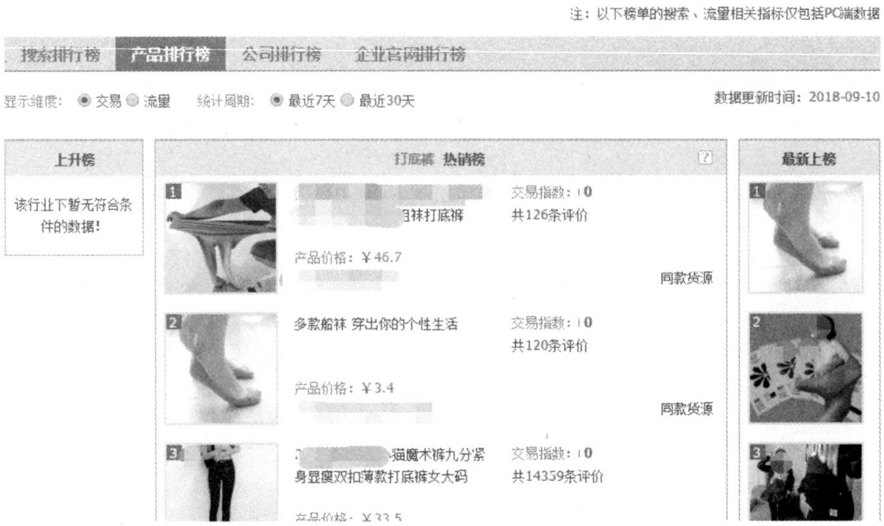

（产品排行榜）

图 2-30

（公司排行榜）

图 2-31

把你手头的工作当作吃饭来对待，你一定可以做好。

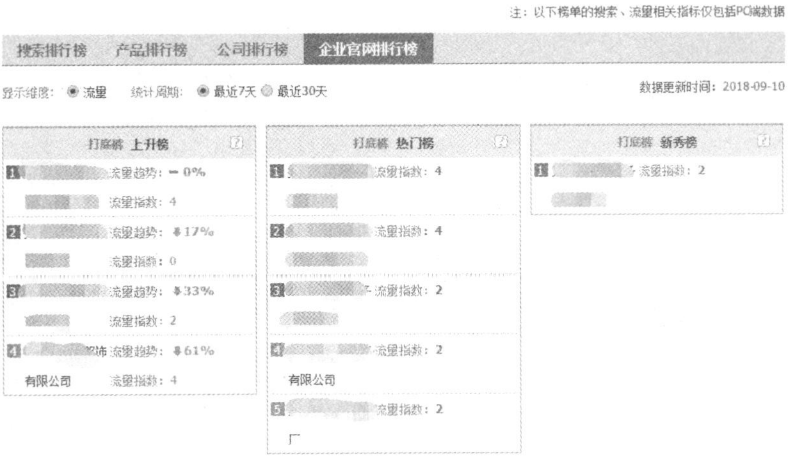

（企业官网排行榜）

图 2-32

2.3　店铺日常操作工具和功能介绍

1．卖家工作台

1688 卖家工作台简称卖家工作台，是从“我的阿里”改版而来的，与改版之前相比，卖家工作台所有的操作都变得更加容易。卖家工作台也是我们在店铺日常操作中使用频率最高的平台之一。

整个卖家工作台可以分为 3 部分。

左侧导航栏：由首页、交易、商品、旺铺、营销、客户、分销等组成，此外还有常用功能收藏夹和 1688 商学院的链接，如图 2-33 所示。

图 2-33

要么态度有问题，要么能力有问题，要么两者都有问题。

中间栏：这里是卖家工作台的主要部分，在左侧导航栏选择不同的菜单，中间栏会显示不同的信息，如图 2-34 所示。

图 2-34

右侧：由店铺信息、活动日历、阿里相关资讯等组成，如图 2-35 所示。

图 2-35

2. 阿里指数

阿里指数于 2012 年 11 月 26 日正式上线，是我们推出的数据分析工具，它是一个帮助用户了解电子商务市场动向的数据分析平台，用户可以通过这个平台来查看、分析相关行业或地区的采购、供应、价格趋势等内容。在上一节中我们已经对阿里指数进行了详细介绍。

3. 生意参谋

生意参谋诞生于 2011 年，是 1688 商家查看数据、维护数据时常用的工具。生意参谋可以从 1688 卖家工作台右上角的搜索框搜索进入（找到以下几款工具的方法与此类似）。

心中无敌，方能无敌于天下。

生意参谋是专业的一站式数据分析工具，通过生意参谋，客户点击、市场动态，尽在商家的视线之内。它按照数据分析、问题诊断、优化提高环环紧扣的逻辑设计，帮助用户分析曝光、点击、客户反馈等情况，有针对性地给出诊断结果，并提供解决方案，帮助商家提升店铺运营效率，如图 2-36 所示。

图 2-36

4．精准营销

精准营销是专为阿里巴巴会员提供的在线营销工具，拥有访客接待、企业在线等功能，能帮助商家判断访客意向，及时邀请访客洽谈，抓住更多生意机会，如图 2-37 所示。

图 2-37

男人的胸怀是被冤枉撑大的。

5. 询盘管理

如图 2-38 所示，询盘管理是阿里巴巴推出的一款科学管理询盘的工具，能全面收录来自阿里巴巴中文站的询盘，帮助商家对客户进行更为高效和精准的跟进。

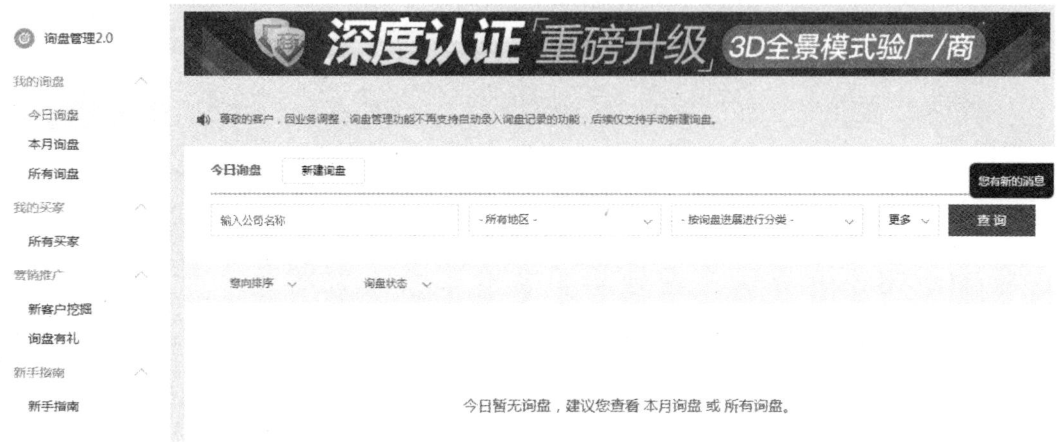

图 2-38

6. 专场活动

专场活动是为了方便客户报名参加网上各种专场推广活动而设置的一个工具。商家可以通过“1688 卖家工作台”—“专场活动报名”查看正在举行的专场活动，并可使用关键词搜索或者根据行业进行选择，找到合适自己的专场活动进行报名，如图 2-39 所示。

图 2-39

合理的要求叫作锻炼，不合理的要求叫作磨炼。

7．商机助理

商机助理是阿里巴巴公司推出的一款快捷发布、管理供应信息的客户端软件。它具有简洁实用的图片助手，能实现批量修改、批量发布、批量重发、数据包导入、产品信息备份、保存草稿等功能，让商家发布、管理供应信息时无须打开网页，使本地信息管理更便捷。

2.4　不同场景下的千牛使用攻略

2.4.1　办公室场景

在办公室使用千牛，需要先安装 PC 端千牛软件，如图 2-40 所示。

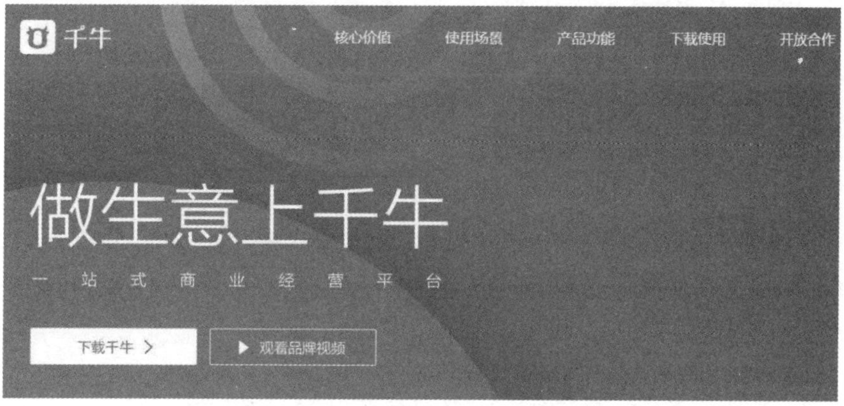

图 2-40

1．分组

对各类客户进行合理分组，是一种比较有效的客户管理方式。分组需要两步操作。

第一步：登录千牛，在千牛右上角位置有一个旺旺图标，点击旺旺图标进入接待中心，如图 2-41 所示。

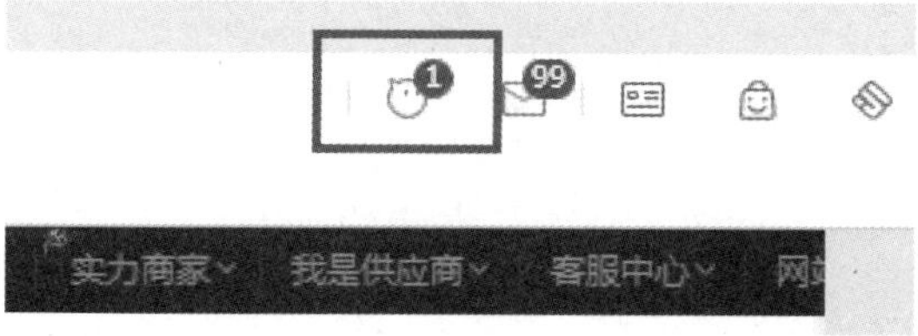

图 2-41

看不出问题就是最大的问题。

第二步：进入接待中心左侧，选择需要分组的好友，右击鼠标进行分组，就可以把好友分到相应的组了。

2．自动回复

设置合理的自动回复，可以有效解决回复速度慢的问题，能减少客户等待的时间。

第一步：登录千牛，在右上角有一个类似“三”的图标，即设置按钮，点击设置按钮进行设置，如图 2-42 所示。

图 2-42

第二步：进入“系统设置”中的“接待设置”页面，如图 2-43 所示。

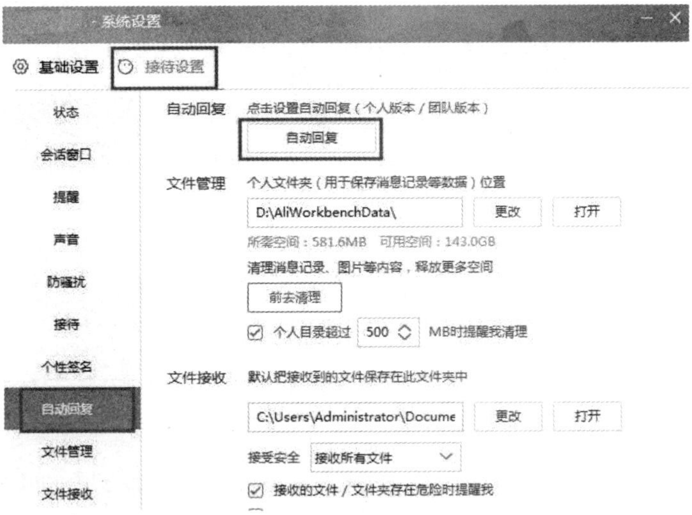

图 2-43

第三步：点击“自动回复”按钮，设置自动回复内容。

3．保存聊天记录

第一步：登录千牛，点击设置按钮。

打不死的是信念，绕不开的是变化。

第二步：在“接待设置”页面，点击“自动回复”按钮。

第三步：设置文件管理及文件接收功能，如图 2-44 所示。

图 2-44

2.4.2　出差场景

首先要安装阿里巴巴手机客户端。

与 PC 端相比，手机 App 的功能更简单实用，App 的底部菜单只有 5 项，分别是首页、挑货、消息、进货单、我的，如图 2-45 所示。

图 2-45

我们为不懈的努力鼓掌，但按结果付酬。

1. 首页

改版后的首页更加人性化，商家可以自定义想看的行业，如图 2-46 所示。

图 2-46

2. 挑货

挑货板块显示供应商上新情况，近期的爆款、折扣信息等。

3. 消息

消息板块相当于简化版的千牛，它和电脑上千牛的聊天记录是可以同步的。

4. 进货单

我们在进货单板块可以看到平时在 1688 的进货信息和分销进货信息。

5. 我的

“我的”是更加综合性的一个功能板块，店铺的核心功能、店铺日常数据统计等都会统一在这里展示，所以在出差时我们也可以通过它非常高效地管理店铺（在右上角可以切换买家与卖家身份）。

（1）店铺综合情况统计：这里清楚地记录着店铺的基本情况，如图 2-47 所示。

高效做好重要又紧急的事情，腾出大量时间做重要但不紧急的事情，尽快做好紧急但不重要的事情，避免做不重要又不紧急的事情。

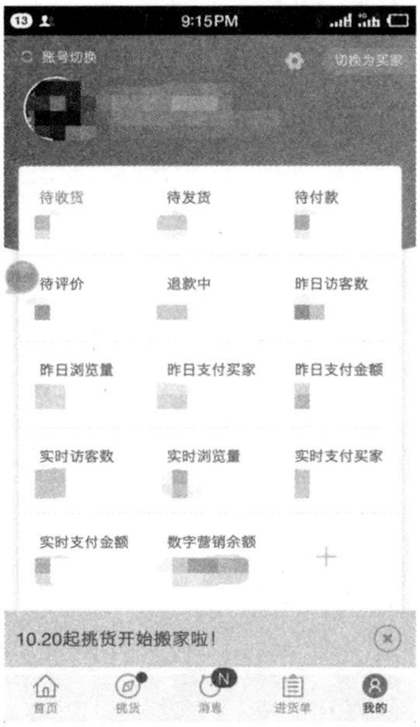

图 2-47

（2）工作清单：在这里可以快速找到需要的应用，如图 2-48 所示。

图 2-48

（3）经营透视镜：在这里店铺经营情况数据一目了然，如图 2-49 所示。

最大的错误就是停在原地不动，就是不犯错误。关键在于总结、反思，错误还得犯，关键是不要犯同样的错误。

图 2-49

2.5 店铺在线交易流程简介

1688 为了更好地帮助广大中小企业合理进行在线交易，提供了 9 种交易场景，几乎打通了所有的支付环节。

登录 1688 卖家工作台，点击左侧的“交易”菜单，如图 2-50 所示。

图 2-50

机会太多，只能抓一个。抓多了，什么都会丢掉。

可以看到 9 种交易方式的列表，如图 2-51 所示。下面我们一一介绍这 9 种交易方式。

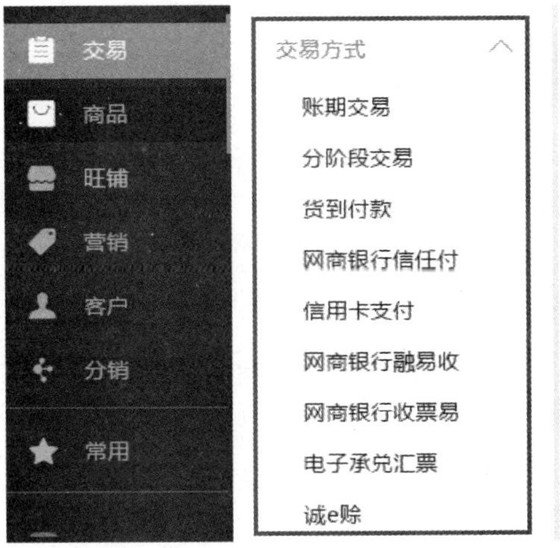

图 2-51

1．账期交易

在 1688 平台，卖家可以授予存在合作关系的老客户一定的信用额度，被授信的买家在线下单后不用立即付款就能完成进货，对于账期内确认收货的全部订单款项，买家在结算日到期前向卖家统一支付即可，这种全新的交易方式就是账期交易。因为买家是先拿货再结算的，所以卖家如果想授予买家这种信用额度，一定要选择靠得住的买家，不然就会有风险。

账期交易流程分为六步。

（1）卖家开通账期交易，如图 2-52 所示。

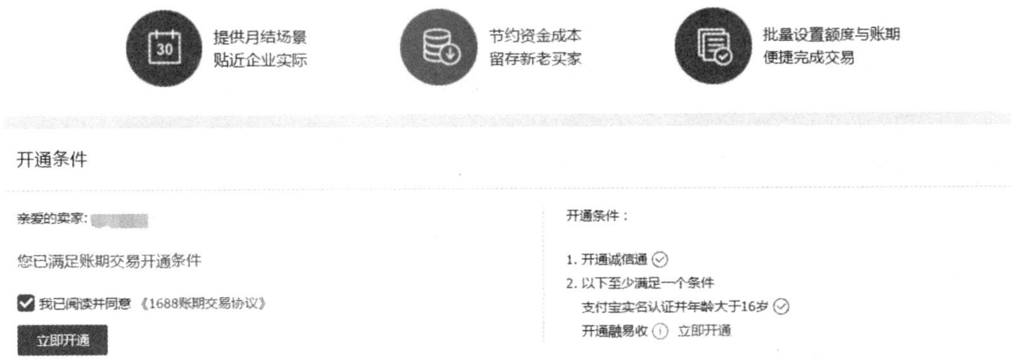

图 2-52

说了不一定有机会，但不说一定没机会。

（2）选择会员，授予信用额度并设置结算日期，如图 2-53 所示。

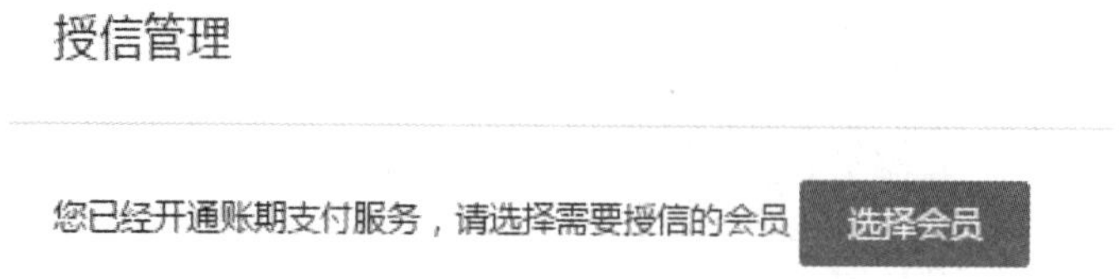
授信管理
您已经开通账期支付服务，请选择需要授信的会员
选择会员

图 2-53

（3）买家使用账期交易下单并使用账期额度付款。给买家的账号设置好授信额度以后，在授信的额度内，买家购物无须立即付钱，实际支付的时间根据之前设定的结算时间确定。

（4）卖家发货。卖家按照正常的流程进行发货，更新物流（快递）单号。

（5）买家确认收货。买家收到货后，确认收货即可。

（6）买家在结算日到期前完成付款。

2．分阶段交易

分阶段交易是阿里巴巴针对在线交易推出的分阶段付款交易方式，支持 3/7、3/6/1 等多种分阶段付款方式。卖家在发布产品时可自行评估并选择产品所支持的分阶段付款交易方式，以供买家在下单时选择其所支持的交易方式进行交易。

3．货到付款

货到付款是卖家委托物流公司送货，在买家验货后，物流公司代为向买家收取货款的服务。

4．网商银行信任付

网商银行信任付是为解决中小经营者资金紧缺问题，而由浙江网商银行提供的一款只需要花少量服务费，即可延期支付的产品，使用信用支付，买家能够延期付款。网商银行信任付能解决买家下单时手头资金不足的问题，有效促成交易。

5．信用卡支付

通过信用卡支付服务，买家无须通过网银向支付宝充值，就可以直接在网上刷信用卡完成交易，信用卡支付服务目前包括“信用卡大额支付”“信用卡快捷支付”和“信用卡分期支付”。卖家开通该功能后，全店货品（虚拟类目等特殊类目除外）都可以支持信用卡付款。目前部分银行的信用卡尚不支持此项服务，支持此项服务的信用卡发卡行在相应页面列表中。

开通服务后，买家使用信用卡支付时，卖家需要支付交易金额（包括运费）的 1%作为交

你感觉不舒服的时候，就是成长的时候。

易手续费，但买家只需要支付交易金额（不开通此项服务买家也可以使用，不过手续费由买家承担）。

6．网商银行融易收

网商银行融易收是 1688 网站与网商银行合作提供给企业卖家的大额资金收款服务，同时买家可以直接通过银行汇款的方式进行支付（特别适合支付宝有限额及未注册支付宝的买家）。

网商银行融易收目前有两种模式（两种模式可一起开通），卖家可以进入“网商银行融易收”页面进行查看。这两种模式分别是：结算到对公银行账户的融易收服务（对公转账），结算到个人支付宝的融易收服务（银行转账）。要注意的是，如果店铺绑定了企业支付宝，就不能开通个人融易收服务。

7．网商银行收票易

网商银行收票易是 1688 网站与网商银行合作，为企业卖家提供的一种大额资金收款服务，买家可使用任意银行的电子银行承兑汇票付款（目前只支持账期交易订单）。

8．电子承兑汇票

电子承兑汇票支付是 1688 大企业采购业务在支付方式上的重大变革，目前已成功实现票据在线上的交易流转。但目前电子承兑汇票支付尚处于产品升级优化阶段，并没有大范围使用。

9．诚 e 赊

诚 e 赊是 1688 基于买家信用，给予买家授信额度，支持买家使用该额度享受确认收货后 30 天免费账期的服务。1688 引入阳光保险，承担买家的应付款风险，如果买家在账期结束时不归还货款，则阳光保险来支付货款给卖家。同时，为了帮助缓解卖家的资金回款压力，在卖家愿意开通服务并为买家提供账期但是资金又有压力时，诚 e 赊可以为卖家提供应收账款贷款服务。但诚 e 赊服务对卖家收取 0.5%的费用，卖家提前收款时也会产生一定费用。

扫码继续学习商学院课程

Back To Basic.

第3章

知己知彼

1688店铺总体定位思路

找到清晰的定位，是任何企业成功的先决条件，对于电商店铺或电商品牌也是一样的。知己知波，百战不殆，怎么找到差异化的定位，并据此进行运营策略的制定，进而不断地为优化经营效果打下坚实的基础，是开店的重中之重。

本章讲述了 1688 店铺的定位思路与技巧。

3.1　1688 店铺的定位策略

在当今线上竞争如此激烈的情况下，新老商家都需要对店铺和现有的产品进行全面的定位。商家除了要做市场分析，还应该对公司经营模式、店铺运营策略有清晰的认识。

1．公司经营模式

公司经营模式包括生产型和贸易型。在 1688 平台，生产型的企业占大多数，它们大部分都具有产品优势，但是在电商运营上还有很大的提升空间。对于这种类型的企业来说，未来几年打通淘宝和跨境电商这两个领域将会非常重要。

贸易型企业由于没有自己生产的能力，所以选择在某些产地集中的产业带地区开展业务，这样运营成本可以更低，也能提升自己企业的优势。义乌小商品、常州刀具、虎门服装等吸引着越来越多的贸易型企业入驻其产地。由于成本差距，贸易型企业需要比生产型企业更好地展现组货及电商运营能力才能有更多机会。

不论是哪种经营模式，对于企业来说，拥有较强的“商品力”才是未来的核心实力。

2．店铺运营策略

店铺运营策略指的是商家在平台上开设店铺时对开店数量的选择。客户大多是通过在平台上搜索关键词而进入店铺的，为了让更多的商品有被曝光的可能性，平台搜索规则根据相关性和匹配度限定了展示商品的数量。为了在有限的展示位内展示更多自己的商品，多店运营要比单店运营更有优势。

3.2　1688 店铺的基础搭建

在店铺的基础搭建中，店铺首页的装修是非常重要的。就好比在线下开店，如果想要吸引客人进店，门面总需要装修一下。线上店铺也是一样的，有了一个不错的店铺首页才能让潜在的买家停留的时间更久，购买的可能性更大。

3.2.1　一键安装

第一步：登录 1688 卖家工作台首页，在左侧点击“旺铺”菜单，如图 3-1 所示。

第二步：点击“装修旺铺（PC 版）”按钮，如图 3-2 所示。

第三步：进入“模板管理”页面。

当你只需要一根针时，千万不要去磨铁棒。

第四步：前往模板市场，如图 3-3 所示。

图 3-1

图 3-2

图 3-3

第五步：选择适合自己的模板，然后点击“试用”按钮，如图 3-4 所示。

第六步：查看试用效果，如果整体感觉满意就可以直接购买使用，如图 3-5 所示。

第七步：要更换其他模板，可以点击“退出试用”按钮，并继续选择其他模板，如图 3-6 所示。

别把沙子放大为绊脚石。

图 3-4

图 3-5

图 3-6

别把自己太当回事，也别把自己太不当回事。

3.2.2 自行设计安装

旺铺的装修通常有两种设计类型：平常型和活动型。具体的设计和制作十分复杂，这里我们仅提供两种类型的布局结构，不详细讨论设计和制作方法。

1. 平常型

平常型即平常使用的排版设计方式，一般来说，在这种设计中最重要的元素就是店招和首屏海报（Banner）。平常型的排版是按照一个普通客户的浏览习惯而设计的。

店招、首屏海报、新品页被称为黄金三屏，因为无论客户通过什么途径进入店铺，这些位置都会被优先看到，所以需要将店铺的优势、新品的卖点等信息优先考虑放到这个位置，以便吸引买家下单。

2. 活动型

活动型的设计主要用于营销活动期间，一般快消品类用得比较多。活动型店铺的装修要重点表达店铺里的促销活动，要一下就能吸引买家的眼球。活动型的店铺设计整体上以图片为主，如图 3-7 所示，其布局结构如图 3-8 所示。

图 3-7

你自己觉得有，别人感觉不到你有，你就是没有。

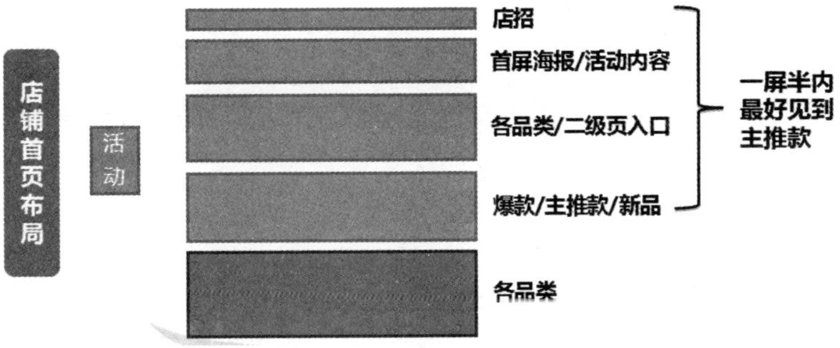

图 3-8

3.3　1688 店铺的运营规划

合理的日常运营有助于 1688 店铺的健康成长，所以制订合理的店铺运营规划就变得尤为重要。1688 店铺日常运营规划主要从 4 个方面进行制订。

1．全年各类活动

制订一份适合自己行业的全年活动计划，是做好 1688 店铺活动的最重要的一个环节。

1688 每年都有适合全行业的平台官方活动，例如 3.28、6.28、9.20、12.20 四次官方大促活动，1688 会整合全部资源和流量入口，帮助商家做好店铺运营和引流促销，商家可以选择适合自己的活动报名参与。1688 针对每个商家的产品类目，会自动匹配适合店铺参与的活动，只要店铺满足相关活动的报名要求，就可以非常方便地报名参与。

最终我们需要结合自己行业的情况，将活动信息整理成一份表格，这样 1688 店铺的活动情况就能一目了然，我们可以方便地知道什么时间应该报名参与什么活动。

2．产品的不断优化

如图 3-9 所示，商家可以通过查看生意参谋来不断优化自己的产品。以下几种做法都是优化产品的好方法。

（1）稳步提升店铺浏览量。

（2）提升店铺的点击转化率。

（3）吸引更多访客进店下单。

（4）经常关注店铺层级及排名。

（5）认真分析访客。

有勇气去改变可以改变的事，有胸怀去接受不可改变的事，用智慧去分辨两者的不同。

（6）对展现率低的产品，尤其是没有成交、没有展现的产品进行修改。

图 3-9

3．产品测试

通过网销宝可以快速测品、选品，通过“大促通”和各类专场活动可以进行爆款产品测试。

制作精美的产品主图及详情页，再配合网销宝做推广，是目前可以比较快速对新产品进行测试的有效方法。网销宝的特点是“点击付费”，而且与自然排名相比更靠前，所以合理利用网销宝进行推出新品前的市场预热或测款是比较高效的方式。

4．数字化运营

数字化运营就是灵活运用 1688 平台的数据工具，分析各类数据，制订适合公司发展的运营方案。

全新改版后，卖家工作台更加人性化、简单化，让新老商家都可以快速地对店铺进行操作，而且已经帮助商家把店铺运营划分为四大部分，非常清晰明了，商家只需要一步一步操作就可以了，如图 3-10 所示。

图 3-10

自得其乐是一种能力。

3.4　1688 店铺的运营思路

在有条件的情况下，在 1688 开多个店铺是一个非常不错的选择，下面列举了三种开店模式，可以从不同维度分析店铺运营，如表 3-1 所示。

表 3-1

属性	模式一	模式二	模式三
名称	单店“霸屏”模式	多店“霸屏”模式	单店加代理模式
位置	标王+实力商家+网销宝广告（主搜区、侧边栏）+正常排名		
定制	单店占据上述展示位置	营业执照不同的多个店铺占据上述展示位置	本店+1688 诚信通代理商，多个店铺占据上述展示位置
要点	网销宝“卡位”	产品不能雷同	招募诚信通代理
本质	“烧钱”	排名	分销

1．模式一：单店“霸屏”模式

在这种模式下只运营一个店铺，要尽可能使用标王等数字营销工具，并开通“实力商家”服务来提升店铺的竞争力。

2．模式二：多店“霸屏”模式

注册两个或两个以上店铺，不同的店铺经营不同的产品，这样会有更大的排名靠前的可能。

3．模式三：单店加代理模式

如果你是国际知名品牌的中国代理，或者你的公司具备招募加盟代理的条件，就可以充分利用 1688 客户资源优势，进行诚信通平台内的代理招募，并结合微供、伙拼、天天特卖等进行客户开发。

扫码继续学习商学院课程

快乐和烦恼都是自己给的。

第4章

慧眼识珠

1688店铺选品思路与技巧

店铺定位好以后，下一步的关键就是选品。选品是通过数据分析，从一堆杂乱的产品中精准地找出自己需要的。要想选择适合自己店铺经营的产品，需要从市场整体趋势、产品面向的人群、产品的竞品等多个角度进行分析。

本章通过市场分析、客户分析、竞品分析和选品策略，讲述了如何做好选品。

选品的目的是从很多款产品中找到一款或几款（通常为五款），使其成为主推产品，通过这些产品为店铺带来源源不断的流量。

我们通过以下四节讲述选品：市场分析，客户分析，竞品分析，选品策略。

4.1　市场分析

我们主要运用阿里指数（http://index.1688.com）进行市场分析。主要分析指标有市场热销产品属性、产品营销属性、产品价格属性等。

4.1.1　市场热销产品属性

以快递袋为例，我们先看一组数据。

（1）产品用途属性（见图 4-1）。

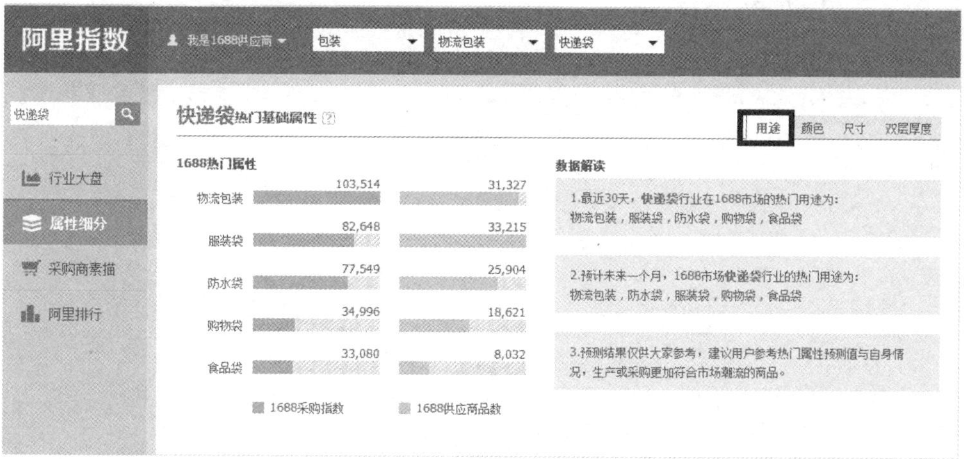

图 4-1

（2）产品颜色属性（见图 4-2）。

分享是学习的“姥姥”。

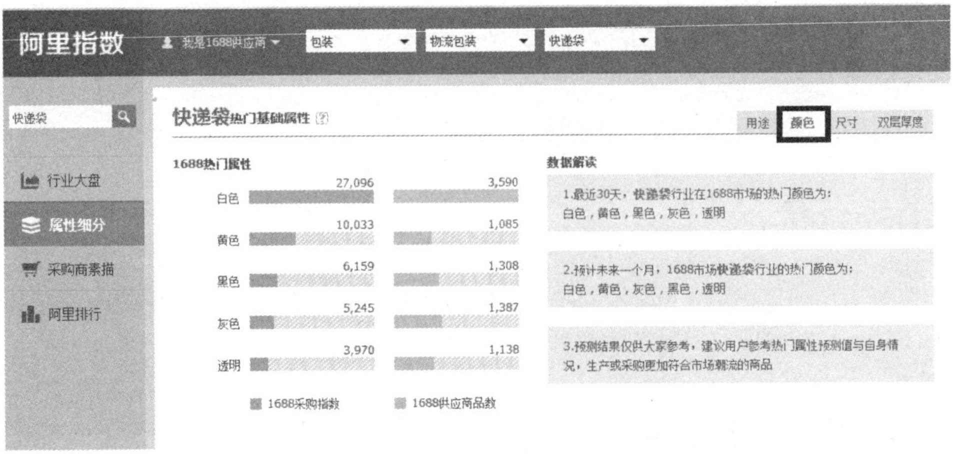

图 4-2

（3）产品尺寸属性（见图 4-3）。

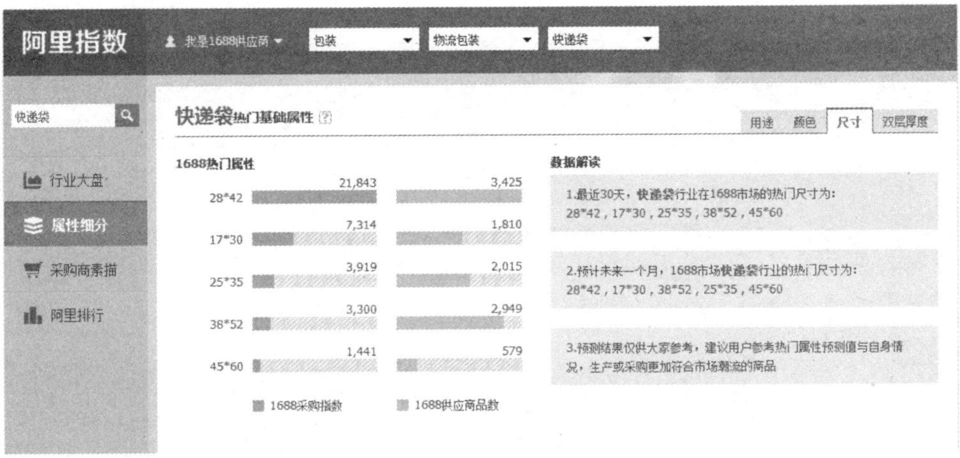

图 4-3

我们提取排名前三的数据进行分析（由于“双层厚度”一项没有数据，所以只提取三项数据），如表 4-1 所示。

表 4-1

用途属性	颜色属性	尺寸属性（cm^2）
物流包装/服装袋/防水袋	白色/黄色/黑色	28×42/17×30/25×35

我们得出一个结论：在接下来的 30 天里，表格中这几类用途、颜色、尺寸的快递袋很可能成为市场热销品。

必须高调地把目标喊出来，让别人帮你，也让别人监督你。

不同类目的产品所参考的属性是不一样的，图 4-4 所示为运动、休闲棉袜类产品的参考属性。

图 4-4

4.1.2　产品营销属性

如图 4-5 所示，通过分析快递袋的热门营销属性，我们可以得出这个行业的几个营销规律。

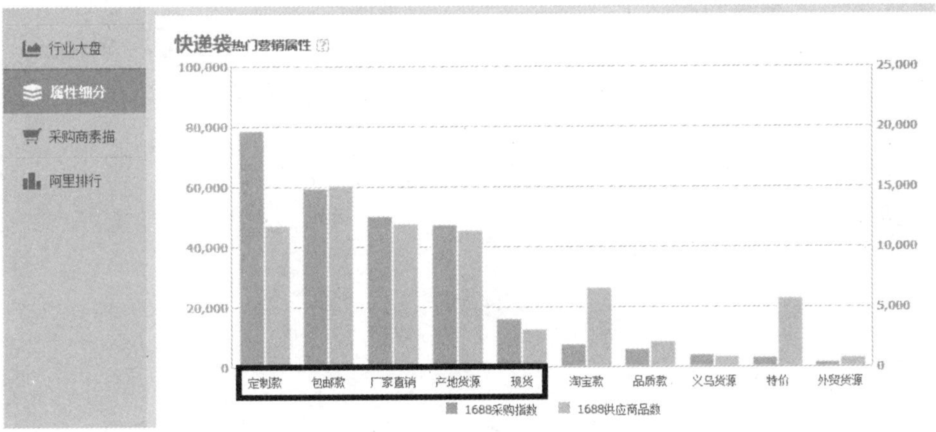

图 4-5

（1）产品定制的需求强烈，所以整个店铺要突出定制的调性，在店铺首页以及产品详情页的文案中要能体现出定制的优势。

（2）在采购时，客户更希望店铺能够包邮，所以对于包邮产品，在营销文案中要突出这一点，以促使客户下单。

不要害怕把自己的弱项暴露给他人。

（3）客户在店铺身份的选择上更倾向于源头工厂，所以在视觉营销上要精心设计，让客户一眼就能识别出你们是源头工厂。

（4）有充足现货是店铺营销能够持续的保障，所以店铺要有一定的库存量。

以上四点就是从热门营销属性分析中得出的结论，我们可以参考这些数据和结论，用以指导店铺的营销方向。

4.1.3 产品价格属性

产品的价格分析，可以作为我们选择这个行业主推品价位，以及新品开发时控制成本的参考依据。在 1688 平台上，对于每个价格区间的产品浏览和交易的占比情况，我们可以通过产品价格带分布进行分析，如图 4-6 所示。

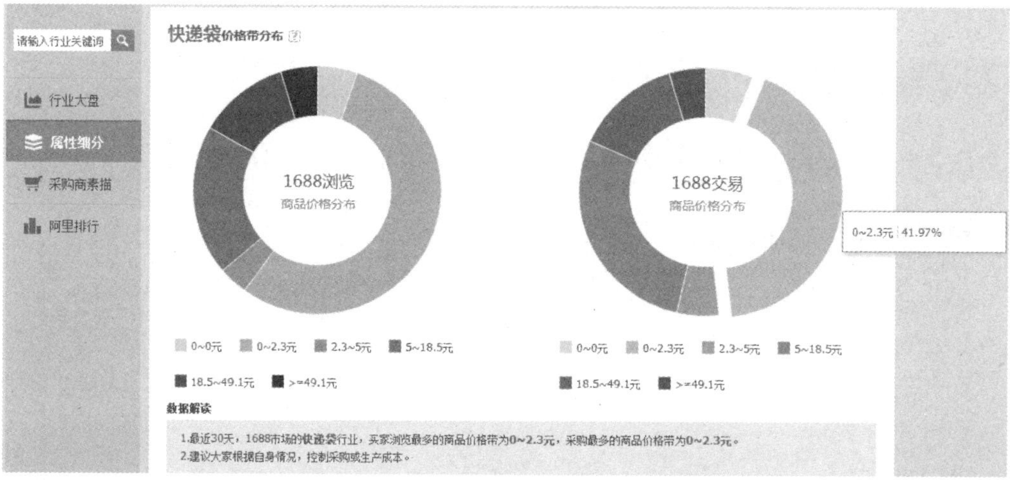

图 4-6

通过上图我们可以总结出表 4-2。

表 4-2

价格带前三区间（元）	客户浏览占比	客户交易占比
0 ~ 2.3	54.77%	41.97%
5 ~ 18.5	19.61%	28.11%
18.5 ~ 49.1	11.48%	13.66%

通过以上数据，我们可以得出如下结论：处于 0 ~ 2.3 元和 5 ~ 18.5 元的价格带的产品浏览

平凡人做非凡事。

量大，这两个价格带的成交客户占比达 70.08%，所以我们要结合自己的情况制订引流产品的价格策略，以及关联营销产品的价格策略。

4.1.4　市场分析汇总

现在我们可以对以上三种分析进行汇总，综合分析该行业的市场数据，如表 4-3 所示。

表 4-3

用途属性	颜色属性	尺寸属性（cm^2）	价格带前三区间（元）	客户浏览占比	客户交易占比	营销属性
物流包装	白色	28×42	0 ~ 2.3	54.77%	41.97%	定制
服装袋	黄色	17×30	5 ~ 18.5	19.61%	28.11%	包邮
防水袋	黑色	25×35	18.5 ~ 49.1	11.48%	13.66%	厂家、现货

通过以上分析可以得出结论，在快递袋行业，用途属性是物流包装，尺寸为 28cm×42cm，且价格为 0 ~ 2.3 元的白色快递袋成交情况最好，定制袋和现货需求量都很大，而且客户更喜欢采购商家包邮的快递袋，符合这些特点的快递袋适合在 1688 平台主推。当然，也可以根据实际情况和产品特点主推其他用途、尺寸、价格、颜色的快递袋。

对于不同的行业，营销属性会有区别。比如，运动产品、户外产品在营销上会重点体现创意款、网店代理、外贸货源等属性，如图 4-7 所示。

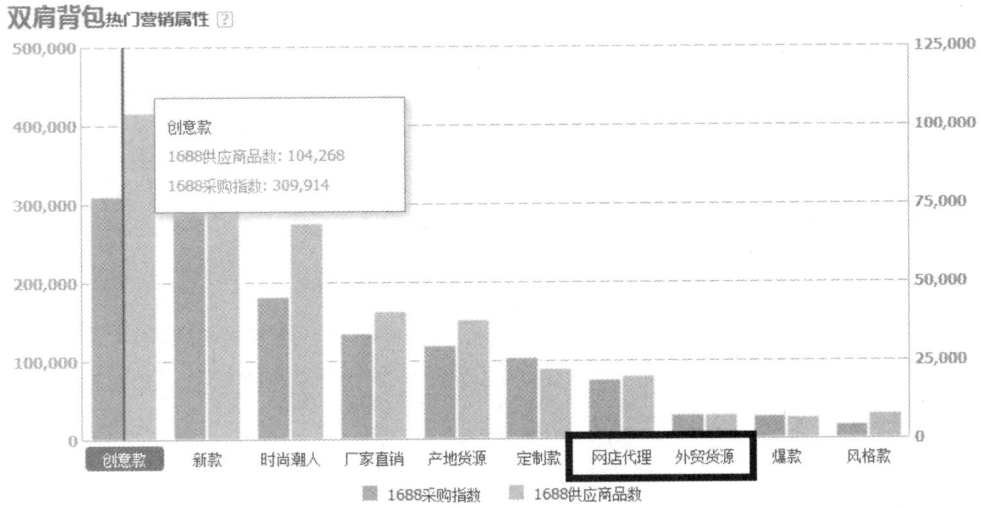

图 4-7

认真做事，大度做人。

所以，在 1688 平台上选择某个行业开店，在开店前你一定要了解这个行业的市场状况，只有这样，开店才会有更高的成功率。

4.2 客户分析

在本节中，我们分析的客户主要是指在 1688 平台采购的客户。1688 作为一个网络批发平台，汇集了各类客户，例如贸易公司、生产加工型企业、实体店、微商，以及采购产品后自用的个人、企业等。到底哪类客户属于你？这类客户有什么特征？

4.2.1 客户类型的选择

1688 平台上的客户类型很多，并不是所有的客户都是我们需要的，我们应该结合企业发展战略、生产能力、原有销售模式、运营及服务团队的配备等来确定我们到底需要什么类型的客户。

1. 结合线下客户类型选择客户

目前 1688 平台的商家，有很多是传统生产型企业或线下批发型企业转型做 1688 业务的。如果在过去的传统业务中，企业以产品的定制批发为主业，那么在 1688 平台上可以选择定制批发类客户；如果在过去的传统业务中，企业的主要客户是外贸客户，那么在 1688 平台上可以选择跨境电商客户；其他如微商供货、淘宝供货等情况都可以依此类推。

2. 平台横向数据分析

如果不确定店铺业务是否可以向横向市场发展，我们就可以对横向市场进行分析，在一些特定的网络平台对比同类产品的销售情况。

例如，我们想知道自己的产品是否适合微供市场，就可以进入微供平台，对同类产品的代理商转发数据进行分析，看看这个行业是否有大量的微商进货。

如图 4-8 所示，从近 7 天转发量可以很清楚地看出，童装行业的微供优势明显大于女包行业。如果近 7 天转发量少于 100 次，那么这个行业在市场中的整体体量是偏小的，商家可以考虑其他横向市场。

己所欲，施于人。

图 4-8

再到淘货源市场看看，我们会发现女包在这个市场中有很大的客户群体，如图 4-9 所示。这时候，我们就可以考虑把淘宝卖家作为我们的主要客户。

图 4-9

3. 阿里指数数据分析

我们来看几个案例，如图 4-10 所示。

> 我说你听，我做你看，你说我听，你做我看。

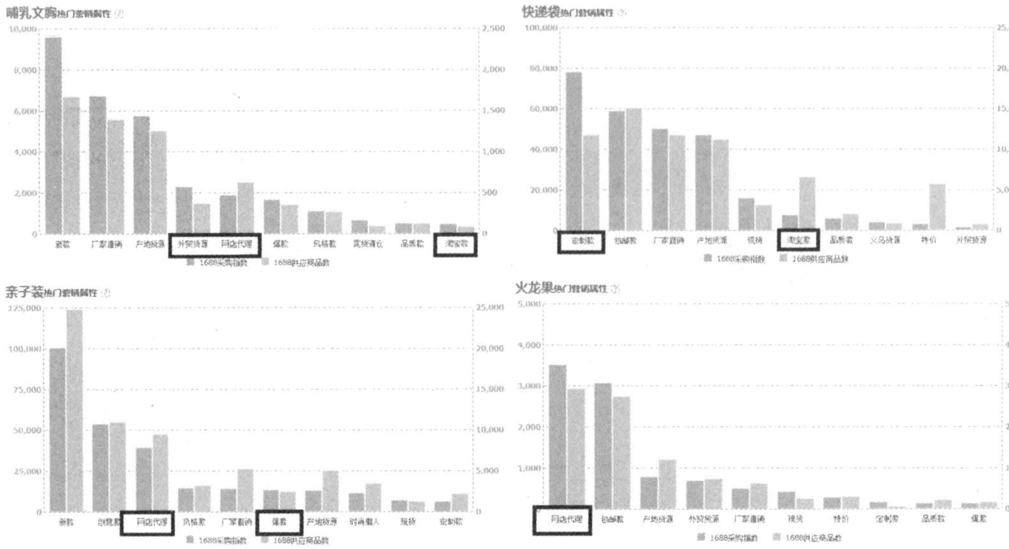

图 4-10

可以看出，每种产品适合什么类型的客户，在阿里指数的热门营销属性中已经给出了很明确的方向。

通过以上三种方法，我们在 1688 平台上基本上就可以确定自己所需要的客户类型。

4.2.2 客户画像

每种客户都有自己的特征，我们称之为“客户画像”。我们在平台上找到了自己需要的客户之后，还要了解这类客户。下面我们就针对平台上的两种主要客户，“描绘”客户画像。画像的内容：分布、上网习惯、黏性、下单特点、交易特点等，“描绘”的依据是生意参谋中的“客户特征”和“流量概况”两个板块。

企业定制类客户画像，如表 4-4 所示。

表 4-4

分布	上网习惯	黏性	下单特点	交易特点
沿海省份	工作时间基本在线，以电脑端上网为主	强	单笔订单额大	支付形式多样（支付宝、转账、分段付等）

淘货源类客户画像，如表 4-5 所示。

管理要外圆内方，做人也要外圆内方。

表 4-5

分布	上网习惯	黏性	下单特点	交易特点
沿海省份	在线时间长，以电脑端上网为主	强	单笔订单额小，但每天有很多代发订单	通过支付宝或诚 e 赊支付

我们"描绘"客户画像的目的是更好地了解客户，了解了客户才能更加精准地推广，更加精准地服务和营销。

除了以上两类客户之外，我们平台上还有很多其他类型的客户，图 4-11 所示为某包装店铺后台的客户类型。

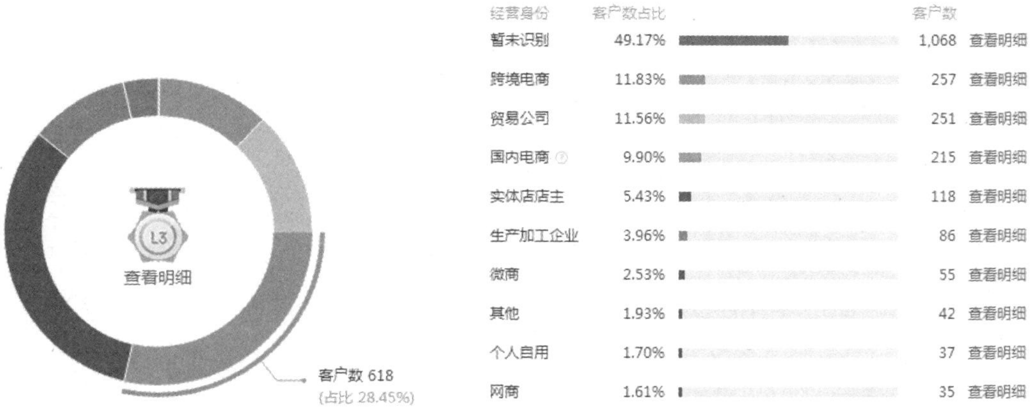

图 4-11

4.3　竞品分析

4.3.1　如何找对竞品

我们以女式 T 恤为例，分析如何找对竞品。首先在 1688 平台进行搜索，再选取热门属性及价格，最后按销量排序找出前五名，把前五名的产品确定为我们的竞品。这种方法也可以用于其他类目的产品。

我们通过阿里指数取得各项数据后，制成一个表格，如表 4-6 所示。

假话全不说，真话不全说。

表 4-6

女式 T 恤				
基础属性			价格带	
服装风格	第一	韩版	价格区间	销量占比
	第二	欧美	0 ~ 17 元	20.5%
	第三	日系	17.01 ~ 28 元	24.5%
流行元素	第一	印花	28.01 ~ 40 元	29.9%
	第二	拼接	40.01 ~ 58 元	13.9%
	第三	刺绣	58.01 ~ 104.5 元	7.9%
袖长	第一	短袖	104.5 元以上	3.3%
	第二	长袖		
	第三	无袖		
图案	第一	印花		
	第二	纯色		
	第三	字母		
工艺	第一	印花/印染		
	第二	拼贴/拼接		
	第三	刺绣/绣花		

筛选出的五款竞品如图 4-12 所示。接下来我们对五款竞品进行分析。

图 4-12

不要总认为自己比别人聪明。

4.3.2　竞品分析指标及方法

我们通过以下四个维度查看竞品的各项数据。

1．单品数据

从图 4-13 中可以采集到该单品的价格、30 天交易数、30 天成交金额、收藏量、评价、SKU 等数据，整理五款产品的单品数据，得到表 4-7。可以看到最下面一行是平均值。

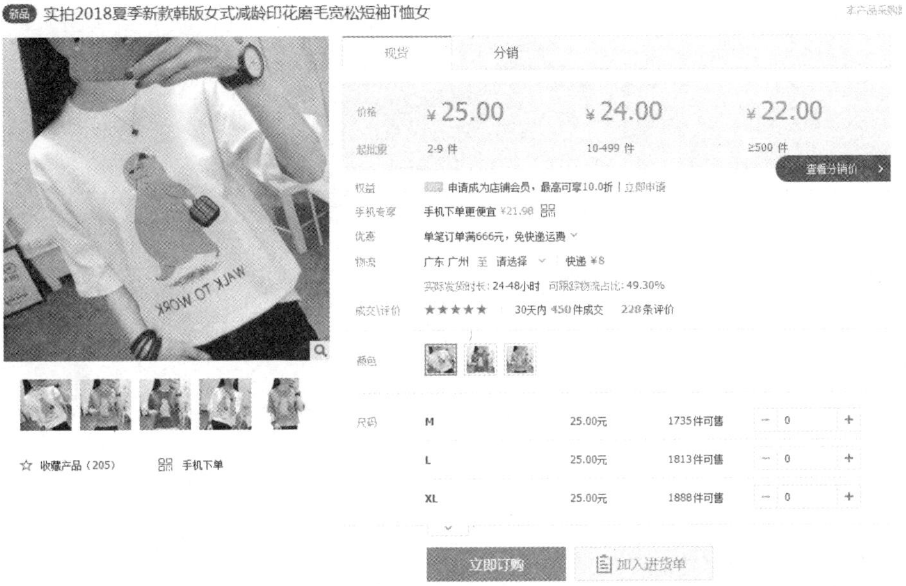

图 4-13

表 4-7

产品	单品数据					
	价格（元）	30 天交易数（笔）	30 天成交金额（元）	收藏量（次）	评价（条）	SKU
第一款	39	2223	89 000	76	55	24
第二款	19	2481	48 000	94	45	8
第三款	29	1845	46 000	1061	201	3
第四款	25	450	11 000	205	228	6
第五款	31	175	4468	25	8	4
均值	29	1435	39 694	292	107	9

不要给失败找理由，要为成功找方向。

2．店铺数据

店铺数据包括累计成交数、累计买家数、重复采购率、近 90 天退款率等，还要评估 BSR（买家服务能力）。

分别进入上面的五家店铺，找到店铺档案，如图 4-14 所示。记录店铺交易数据，并计算出五家店铺数据的平均值，如表 4-8 所示。

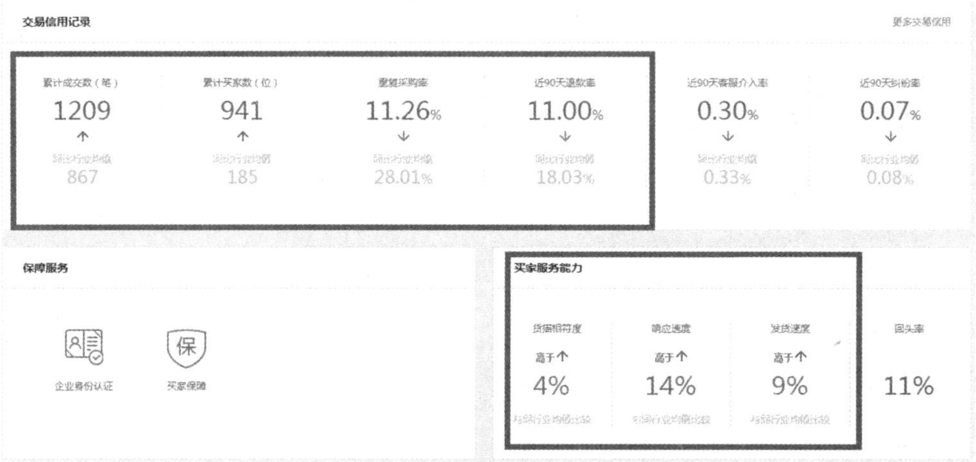

图 4-14

表 4-8

产品	店铺数据						
	累计成交数（笔）	累计买家数（位）	重复采购率	近 90 天退款率	货描相符度	响应速度	发货速度
第一款	1209	941	11.26%	6%	4%	14%	9%
第二款	738	352	19%	10%	3%	15%	9%
第三款	11 891	1522	35%	15%	4%	11%	9%
第四款	2014	982	21%	9%	5%	10%	11%
第五款	517	125	15%	11%	2%	15%	12%
平均值	3274	785	20.25%	10.2%	3.6%	13%	10%

3．横向市场

横向市场包括淘货源、微供、直播、跨境专供、伙拼、淘工厂等。

分别进入五家店铺，记录我们关注的产品参加了哪些横向市场活动，如图 4-15 所示。把这些信息整理成一个表格，如表 4-9 所示，分析这个表格，在这些横向市场中寻找自己的机会。

改变别人之前，先改变自己。

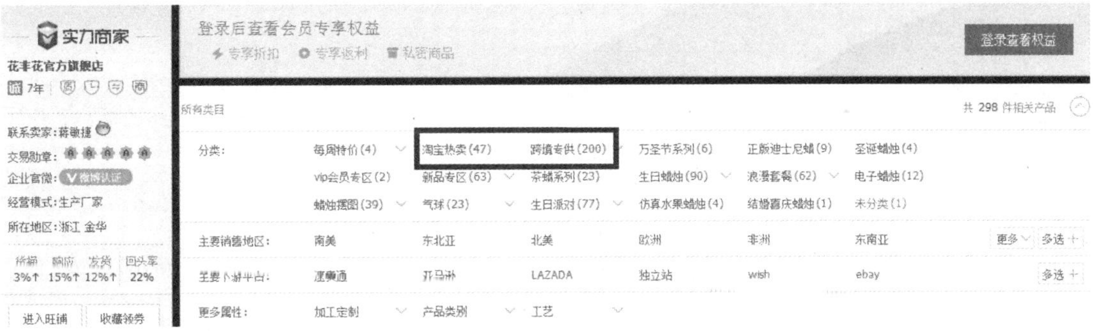

图 4-15

表 4-9

产品	横向市场					
	淘货源	微供	直播	跨境专供	伙拼	淘工厂
第一款	√	√	√	×	×	×
第二款	√	√	√	×	×	√
第三款	√	√	×	×	√	√
第四款	√	√	×	×	√	×
第五款	√	√	×	×	√	√

4．买家体验

买家体验是一个广泛的概念，主要涉及物流、产品品质、包装、售后服务等方面。

我们可以收集这五款产品的买家体验信息，整理得到表 4-10 所示的表格。

表 4-10

产品	买家体验			
	物流	产品品质	包装	售后服务
第一款	圆通	好	好	7 天包退，15 天包换
第二款	圆通	差	差	7 天包退，15 天包换
第三款	圆通	中	中	7 天包退，15 天包换
第四款	圆通	差	差	7 天包退，15 天包换
第五款	圆通	中	中	7 天包退，15 天包换

我们根据这个表格，找出自己店铺及产品的优势，争取在买家体验方面超越对手。

乐于揪头发，勇于照镜子。

4.4 选品策略

1. 确定产品

通过前面的分析，我们会发现定价为 17～40 元的韩版印花短袖女式 T 恤，或 17～40 元的欧美拼接短袖女式 T 恤是比较受欢迎的，所以我们的主推款可以是这两种。

2. 自我分析找到差距

在确定了主推产品后，再分析自己的单品及店铺数据，找到与对手的差距，根据实际情况，提升自己，超越对手。分析的维度与前面分析竞争对手时的维度保持一致。

3. 特定场景下跟款选品

我们还可以用其他方法选品，例如以淘货源为依据，参考淘宝热销产品进行选款，如图 4-16 所示。如果产品以跨境专供为主，那么可以选择速卖通、Amazon、eBay、Wish、敦煌网等跨境平台进行跟款。

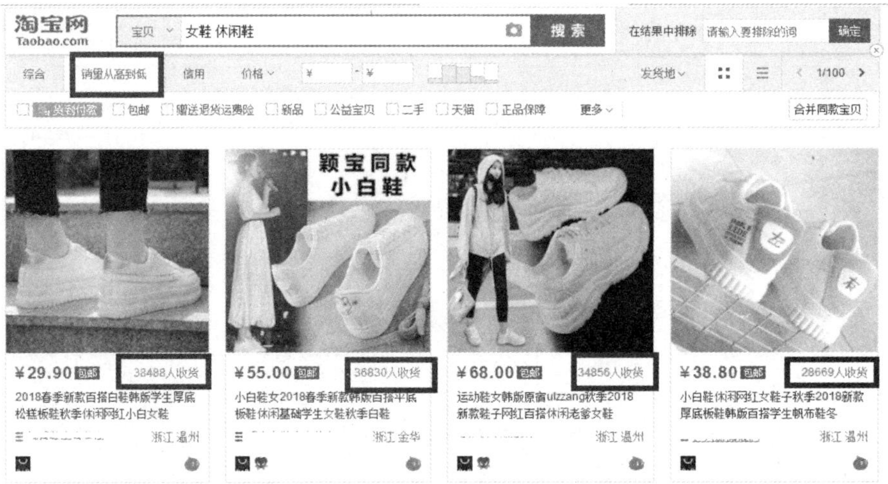

图 4-16

扫码继续学习商学院课程

不要让自己的队友失败！

第 5 章

眼见为实

1688 店铺视觉打造之路

装修决定了客户对店铺的第一印象。它不仅能增进客户对店铺的好感，还能提升店铺品牌形象，加强客户对店铺的信任，最终提高店铺转换率。能否把潜在客户转化为真正的老客户，这个第一印象起到至关重要的作用。

本章讲述了 PC 端和无线端的店铺设计与装修。

5.1 店铺视觉设计的重要性

在 1688 平台上，不同的商家对店铺有不同的定位。有一部分商家想提高品牌知名度，更多商家则是为了提升转化率，获取更多客户和订单。无论出于哪种目的，店铺视觉设计在这个过程中都起到了举足轻重的作用。

对于品牌型商家来说，如果店铺视觉做得不够好，店铺中的产品就会缺乏“品牌感”和“旗舰感”，这样的设计不仅不能起到提升品牌知名度的作用，而且会造成负面影响。对于想提升转化率的商家来说，如果没有做好店铺视觉，转化率就可能会大打折扣。

原因在于，买家通过搜索、活动页面或者横向频道等寻找商品时，首先进入他们视野的是以主图为主的产品信息。如果这些信息没有设计好，那么点击率就会很低，造成的直接后果就是访客很少。另外，如果详情页没有设计好，访客进店查看详情页后会直接离开，那么跳失率就会很高。还有一部分访客看完详情页后会继续看首页或者供应产品页等，假设这些页面在视觉设计上不足以吸引买家，没有体现出优质供应商的形象，那么就会带给买家很高的信任成本，询盘和转化率会受到影响。

所以说，做电商除了卖产品以外，很多时候也是在“卖图片”“卖视觉”。

5.2 结合店铺定位做视觉设计

做视觉布局之前，需要先明确店铺自身的定位。店铺定位通常围绕以下四方面开展：主营产品、目标客户群、经营模式、企业性质。

我们要结合视觉定位分析。首先，对于主营产品部分，不仅要想到一级类目，还要细化到精准的三级类目。例如一家卖女装的商家不能只是说自己的产品是女装，而应该更加细化，例如韩版连衣裙。不同产品呈现出的视觉主题是不一样的，例如生鲜水果有自然清新的风格，女式休闲鞋有潮流时尚的风格，包饺子机械有科技风格。

其次，可以把目标客户群和经营模式放在一起思考。前者主要思考产品卖给谁，是实体店主、淘宝卖家、微商，还是跨境客户等。后者需要梳理清楚卖家通过什么方式把产品销售给买家。1688 平台经营模式分为批发、定制、淘宝一件代发、跨境专供等，针对不同客户的不同经营模式，在视觉布局的内容和形式上侧重点都会不同。

最后，企业类型也尤为重要。工厂型的企业，视觉设计可以围绕工厂展开，描述工厂的实力。品牌代理型企业，要突出产品的多样性和寻找产品的便捷性。品牌旗舰店，需要有品牌故

让你的员工为共同的目标工作，绝不要为你的人格魅力工作。

事的呈现，设计要更加大气而富有“旗舰感”。

当然，除此之外，还需要思考 1688 店铺的装修和淘宝店铺的装修有哪些区别。1688 客户的采购是理性消费，淘宝客户的购买是感性消费。前者第一次成交难度大，但一旦产生合作，只要卖家的产品质量好、性价比高，且服务做得到位，买家的黏性就会比较强，大部分有回购需求的客户会选择多次合作和采购。在后者的销售场景中，回购特征不太明显，冲动型消费占多数，所以淘宝店铺在视觉呈现上要更注重围绕产品本身展开。

另外，针对消费品和工业用品也有区别，核心区别在于实力展示部分的布局，工业用品店铺要比消费品店铺更重视公司实力的展示，所以就内容占比而言，公司实力展示部分在工业用品店铺中所占比例更高，公司实力和产品展示比例一般是 5∶5 或者 6∶4。

5.3　PC 端店铺视觉设计要点

在设计 PC 端视觉之前，需要考虑 PC 端视觉布局有哪些模块。从页面角度可以分为以下模块。

（1）首页。包括店招、导航栏、轮播海报、产品分类、产品橱窗、自定义内容、背景等。

（2）详情页。包括主图、详情内容等。

（3）供应产品页。

（4）自定义页面。包括定制专区、代理加盟专区、在线看厂模块等。

具体设计要求和技巧如下。

1. 店招

通常店招设计有两种模式。代理型店铺要突出自身品牌，可以在纯色背景中放一个 Logo，简洁明了，如图 5-1 所示。这种模式适用于深度快消品（受众多、更换快的消费品），例如女装、女鞋等。

INFLATION®

MEN

图 5-1

重复等于强调。

另一种是常规的店招，店招所在的位置是店铺最显眼的地方，所以它决定了买家对店铺的第一印象。内容布局建议参考以下店招公式：

店招=公司名称+品牌 Logo（可选）+定位（主营产品和经营模式）+优势+联系方式

图 5-2 所示为常规店招。设计店招时要注意可视范围，因为不同类型的电脑屏幕所能覆盖的尺寸不一，一般店招宽度是 1920 像素，有内容的部分最好控制在 1200 像素以内，以免在某些屏幕上显示不全。

图 5-2

2．导航栏

导航栏的布局是根据买家浏览习惯而定的，一般人习惯从左往右看，所以越重要的内容越要靠近左侧，如图 5-3 所示。每个店铺需要根据自身定位去安排顺序，通常首页之后紧跟着供应产品页，紧接着是公司档案页，接下去定制类店铺放定制专区，淘宝代发类店铺放代理加盟页，微商代发类店铺放微商代理页，批发类店铺放在线看厂页。其他的根据实际情况考虑是否需要放。

图 5-3

3．轮播海报

轮播海报属于“黄金三屏”中的第一屏，所以至关重要。

首先，轮播海报从尺寸上有两种选择，一种是 1920 像素 × 500 像素，另一种是 1920 像素 × 800 像素，后者宽度更大，一张海报可以覆盖一个屏幕，更加吸引眼球。

其次，轮播海报可分为产品型、实力型、代理型、活动型四大类，具体案例分别如图 5-4 ~ 图 5-7 所示。

不要以“为别人考虑”为理由，不能丢弃“舍我其谁”的使命感。

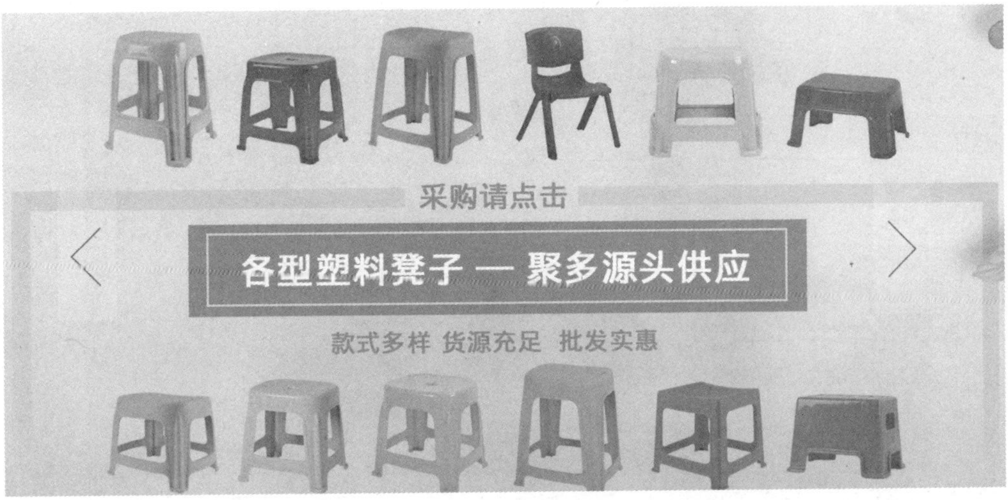

图 5-4

图 5-5

图 5-6

错误的决定比没有决定要好。

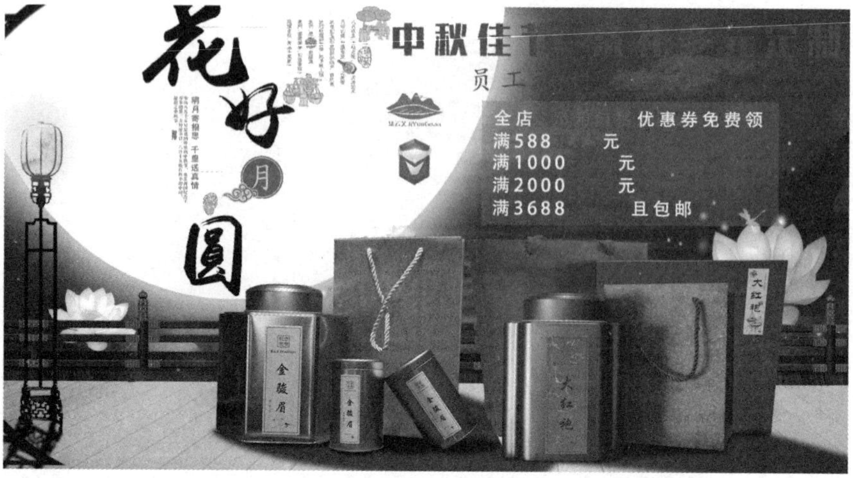

图 5-7

4．产品分类

制作产品分类模块时要遵循三个原则：符合模板和主题、注意分类、做好分类超链接，如图 5-8 所示。

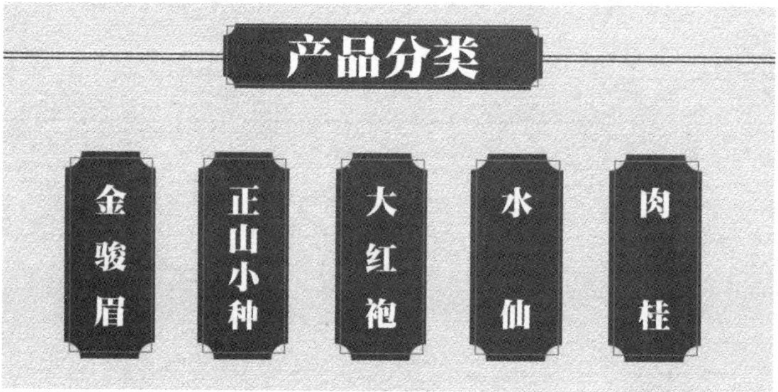

图 5-8

5．产品橱窗

产品橱窗的主题要和店铺产品主题保持一致，且能体现出价格信息，还要加上“立即订购”“BUY”等引导下单的按钮。图片要突出产品，一排不宜堆砌过多产品，最好控制在 2 个或者 3 个，图片清晰度要高，因为这样一排基本能占据一个页面，会更加抢眼，如图 5-9 所示。

开会不能总讲和气，越和气就越微妙。

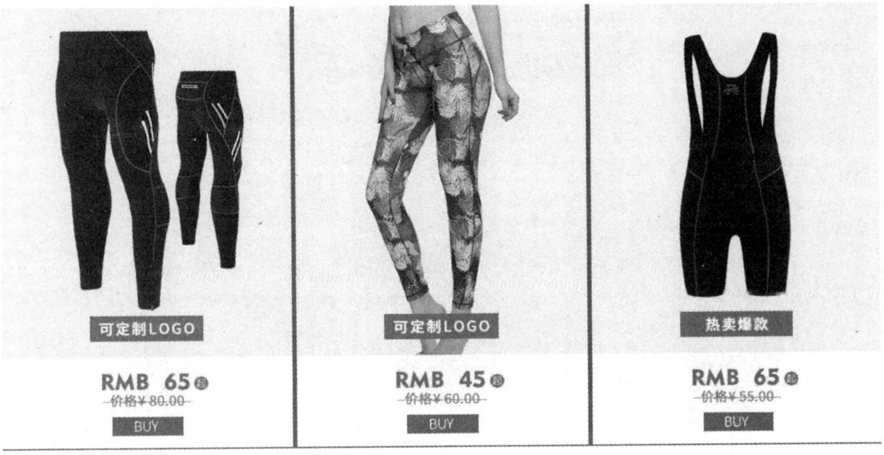

图 5-9

6．自定义内容

就整个首页来看，自定义内容是最灵活的，可以嵌入文字和图片，内容也可以由自己编排，如图 5-10、图 5-11 所示。就内容而言，这一部分是实力展示的集中区域。生意参谋有数据表明，买家访问最多的是详情页，其次是供应产品页，然后是首页。看首页的访客通常希望看到产品以外的内容，主要是公司的实力展示。因此本区域内容布局建议如下。

图 5-10

管理者要学会自己舔伤口，舔完自己的伤口还要去舔别人的伤口。

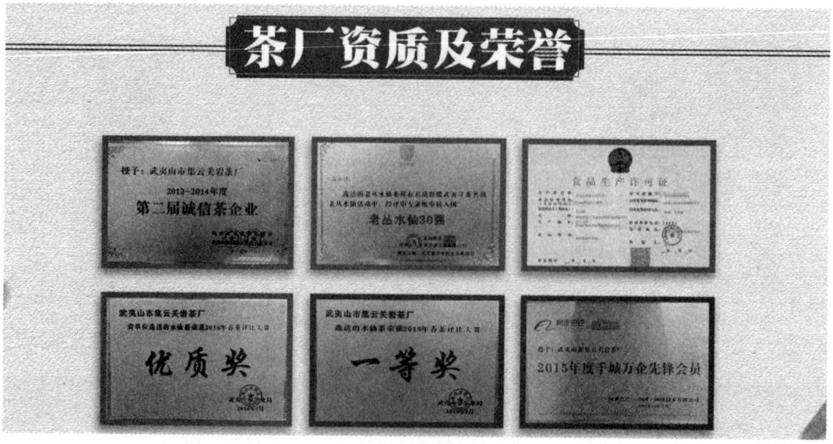

图 5-11

工厂外景 工厂内景

生产流程 公司资质

所获荣誉 团队风采

合作客户 地理位置

生产技艺 定制流程

质量把关 产品情况

7. 背景

旺铺的背景需要和旺铺的整体视觉风格保持统一。如果认为模板的背景达不到视觉要求，可以对背景进行修改，从色彩和内容两方面着手。色彩上可以使用不同的纯色，内容上也可以适当添加一些元素，例如实力商家的牛头标志，或者某城市、某行业源头厂家标志，并加入联系方式，倾斜 45 度左右展示。

8. 主图

1688 平台要求主图至少要有 3 张，通常 5 张比较合适，同时还有一些其他标准，例如不能加水印等，具体如下。

在设计主图的时候，要把 5 张主图当成一个微详情页一样来设计，在设计布局时要结合平台对七星产品的要求和行业标准，从提升点击率的角度展开。

对七星产品的要求和行业标准都要求第一张图中不能有文案，但可以加 Logo，Logo 放在

任何人的错都是我的错。

左上角，200 像素 × 200 像素以内。虽然原则上第一张不能加文案，但如果为了提升点击率，可以设计创意图并合理加入非营销类文案，但是要注意避免出现“牛皮癣”，可以用生意参谋中“异常商品诊断”功能检测图片是否合格。

第二和第五张建议都描述产品，第五张必须是白底图，第三、第四张可根据行业不同做不同的设计。女装、女鞋等深度快消品的主图中一般应展示产品本身，百货、家纺等普通快消品，以及工业用品的主图中可以做实力展示，比如第三张描述公司实力，第四张描述公司优势。

除此之外，对于一件代发类的商家，如果店铺产品想让代理直接上传到淘宝店铺，那么五张图必须都是产品图，而且要站在淘宝卖家的角度设计主图，不允许出现公司本身的信息。

9．详情内容

如图 5-12 所示，数据表明，详情页的浏览次数是店铺所有页面中最多的，因为新访客进入店铺的第一个页面一般是详情页，所以详情页对于提升店铺转化率起到至关重要的作用。

图 5-12

非代发模式的详情页内容一般包含产品展示和实力展示两部分，具体模块分为五部分，包括产品模块、实力模块、服务模块、引导模块、活动模块（可选）。

快消品实力展示部分比例为 20%～30%，如果是工业用品，建议实力展示部分比例增加到 30%～40%。

产品模块要图文结合，不宜只用文字或者只用图片，具体可以描述产品的性能、品质、差异化优势、适用人群、适用场景、质检流程等。

实力模块包括工厂或公司的规模、生产工艺、成功案例、生产流程等。服务模块的主要内容包括使用什么快递、有无 7 天无理由退货服务、售后问题如何解决等。引导模块则突出自身优势，包括产品优势和商家优势。

详情页的布局遵循一屏展示一个大卖点的原则，一屏中不宜出现内容堆砌的现象，同时逻辑上要十分清晰，每个板块要有标题说明。视觉营销有一个很重要的原则，即能够让视觉解决

> 你刚来可以抱怨你的手下是一群混蛋，但是如果过了一年你还在抱怨，那么你才是一个真正的混蛋。

的问题，千万不要让客服人员出马。这意味着视觉本身就是一名无声的客服人员，因此在详情页中还可以列举访客常问的一些问题，针对这些问题做自问自答，方便访客自行查阅。

另外，详情页需要设置关联营销。就目前而言，1688 详情页中有三处关联营销可以设置。第一处是商品推荐设置中的“商家热推”和“组合推荐产品”模块，位置在主图下方，属性上方。第二处是常规的关联营销位，位置最明显，在详情页页首，通常以九宫格或者六宫格等形式出现。第三处是智能橱窗，位置在详情页页尾。

对于一件代发类（淘货源分销代理）店铺，在设计商品详情页时要注意以下要点。

（1）详情页可以根据淘系商品详情页的布局逻辑进行设计，重点表现出商品图片、属性信息、特色卖点、功能说明、商品对比、好评、优惠、物流及售后等。设计风格要简洁明了，让买家能直观地了解有关于商品的信息，触发下单购买欲望（切不可包括企业自身的信息，包括公司名称、联系方式、发货地址等）。

（2）色彩定位需要根据产品类目、客户群体、所属季节、当前网络流行色等维度考虑，目的在于形成个性化、差异化，触发买家购买欲望。

（3）对于品牌商品，需要突出商品品牌，但自主品牌且不具备高知名度的，无须添加品牌信息。

（4）在有条件的前提下，建议准备多套不同风格、不同拍摄角度（场景）的详情页，并配合差异化主图（设计多套主图）供淘系分销代理商选择。若淘系平台对不同客户使用同一套主图和详情页，会影响搜索权重。

（5）淘系卖家的分销申请通过审核，使用“一键铺货”功能即可快速上架新品。

（6）为了不重复发布自己店铺的分销商品，可将不同设计风格的主图和详情页通过旺旺发给分销商，指导他们自行上传至各自店铺中。原有链接依然可以使用“一键铺货”功能。

10. 供应产品页

供应产品页的浏览量仅次于详情页，这一点可能会颠覆很多 1688 商家的认知。为什么呢？因为大部分商家几乎每天都会去看看自己的店铺首页，所以潜意识里认为首页最重要，其实不然。查看供应产品页才是大部分访客看过详情页之后的首选，因为他们首先想要看的是产品。

这个页面能够动的地方不多，主要是产品的调性，主图风格不一的供应产品页会给访客杂乱无章的感觉。因此，与供应产品页相关联的更多是主图，建议在主图的设计上色系要更协调一些。

没有愚蠢的问题，只有愚蠢的回答。

11．定制专区

不同的店铺可以根据所处行业和店铺自身情况开展有针对性的自定义页面设计，比如定制专区就是用定制业务模式的商家可以自行设计的板块，如图 5-13 所示。

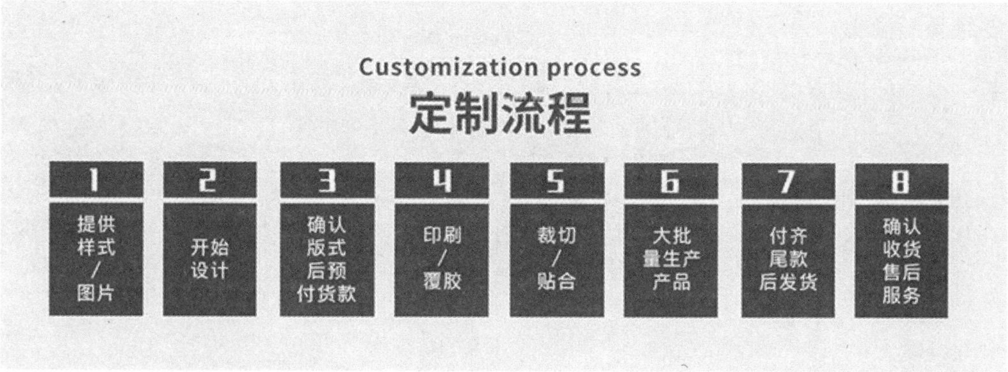

图 5-13

定制专区通常包含如下内容。

（1）公司介绍。

（2）定制业务介绍。

（3）定制优势介绍。

（4）已合作成功案例。

（5）定制流程。

（6）定制注意事项。

（7）定制类视频展示。

12．代理加盟专区

设置代理加盟专区的目的是方便有代理加盟意向的访客查看，招募到精准和优质的代理商，具体内容设计建议如下。

（1）公司介绍（发展历程、实力、产品等）。

（2）代理加盟业务。

（3）代理加盟优势。

管理不是为了方便自己，而是为了方便别人。

（4）代理加盟政策。

（5）代理加盟服务（主要是售后服务）。

（6）代理加盟流程。

13. 在线看厂模块

自定义页面里的在线看厂模块主要针对源头工厂型店铺，核心目的是增加买家的访问深度（平均每个访客在一个店铺里浏览的页面数），增加买家对店铺的信任感，从而促成更高的转化率。

在线看厂模块建议用图片形式展开，最好图文结合，核心内容参照首页自定义内容模块。

工厂外景 工厂内景

生产流程 团队风采

生产技艺 定制流程

在展示时，在线看厂模块需要比自定义内容模块更详细，展开更多，描述更细化，每个场景的图片可以更多一些，确保查看的访客能够全方位地了解工厂。

5.4 无线端店铺视觉设计要点

1. 无线端首页

由于 1688 平台的客户以商人为主，他们的采购是理性的，因此对于新的客户而言，在一家店铺拿样本或者下单之前，他们会用屏幕更大的电脑进行查看，尽管最终可能在无线端成交。当然，也会有一定比例的新客户直接通过无线端搜索进店浏览，并决定是否下单。

老客户对老供应商已经很熟悉，访问店铺更多的目的是查看新品，或者寻找老品下单，这时无线端会使用得更多，因为用手机操作更便捷。

基于以上分析，针对新客户的部分更需要描述商家实力，并做产品展示。针对老客户的部分需要让他们快速便捷地寻找到原来采购过的产品，并了解店铺有哪些新品。

所以在做无线端布局时的具体思路如下。

（1）要有店招的概念，尽管没有 PC 端那么大的面积展示店招，却要重视它的背景，如果是工业用品店铺，还可以在店招中加入联系电话。

（2）轮播海报可以多放几张，可以描述公司实力和优势，以及自己的差异化服务。

员工为自己的发展负责，管理者为下属的发展负责。

（3）产品橱窗部分建议展示热销产品和重点分类产品。

图 5-14 所示为两种风格的店招。

图 5-14

2．无线端详情页

无线端详情页布局分为两种类型。

第一种是常规式布局。设计时可以参考 PC 端详情页布局，将其运用到无线端。

第二种是基于无线端特点设计的布局。这种布局适用于以无线端访客为主的店铺，设计要点有四条。

（1）选择字号时要考虑无线端屏幕尺寸，一般 20 号字较合适，字数不宜过多。

（2）图片尺寸建议为 790 像素 × 1042 像素，注意控制好图片大小，利于加载。

（3）控制好单屏信息，每屏有一两个细节描述即可。

（4）常规手机是竖屏的，所以要使用竖屏思维设计无线端详情页，图片尽量用竖图，少用或者不用横图。

主管要学会三个方向的沟通：向上沟通，要有胆量；平行沟通，要有肺腑；向下沟通，要有心肝。

5.5 1688 平台视频设计及运用

由于视频对于提升转化率有很大帮助，又能降低买家的信任成本，所以 1688 平台增加了允许上传的视频数量，无线端首页和详情页也可以上传视频，主图小视频功能也已经上线。1688 店铺涉及的视频主要是首页的公司视频和主图小视频。

添加公司视频的核心目的是全方位地展示公司实力，因为图片展示没有那么立体，视频展示的内容更为丰富，能加深买家对公司的认识，与那些没有视频展示的同行店铺形成鲜明的对比，因此能缩短买家决策时间。除此之外，还有一点特别重要，即视频吸引访客观看时，访客停留时长对于店铺精准流量的获取至关重要。因为搜索引擎会结合访客的停留时长和转化情况来判断一个店铺的承接能力，两种数据都很好，意味着店铺基础设施做得很好，在“千人千面”的规则之下，平台会推送更多的优质流量。

就目前而言，视频制作分为两种类型。一种是外包给专业公司制作的，需要付费，在此不赘述。另一种是自己制作的免费视频，是我们想重点讲述的。

5.5.1 店铺视频

通常介绍公司的视频不宜太长，控制在 4 至 8 分钟较为合适，制作时要注意以下几个要点。

1. 结合目标访客进行定位与布局

1688 店铺经营模式有批发、定制、一件代发、高单价产品的零售以及跨境模式。不同类型的店铺在视觉内容的布局上侧重点会不一样，做批发和一件代发的店铺会更常规一些，主要突出现货储备能力和货源稳定性，定制类店铺可以展示整个定制流程，跨境类店铺则会加入外贸和英文元素，高单价产品零售类店铺一般在机械产品等工业品类中出现，展示方式与批发类店铺相似。

无论是快消品类还是工业用品类店铺，在视频展示上都要突出店铺实力描述，源头工厂是这样，组货商更是这样，实力描述一般包含如下部分。

（1）工厂本身的实力展示，例如工厂外景与内景、各生产车间与设备、样品间、仓库、团队、办公区域等。

（2）资质与荣誉证书，例如营业执照、行业资质证书（如 ISO9001 认证证书、食品行业 SC 证书、专利证书等）、行业内荣誉证书（如税务机关颁发的证书、产品参赛的获奖证书、知名品牌认证证书等）。

对自己要以身作则，对团队要将心比心，对业务要身先士卒。

（3）已合作客户的成功案例介绍，包括知名的和非知名的，原则上需要对方的许可，要事先做好沟通。

在内容结构上，根据是否带配音，有两种建议。

第一种是带配音的，其结构建议及制作注意事项如下。

（1）要有大气磅礴的开场和结尾，配上恢宏的背景音乐，开始以远镜头大范围取景为主，可以展示工厂整体场景，适当配一些城市场景。

（2）中间描述公司发展历史、公司主营产品、工厂和产能情况，以及目标产品覆盖的目标客户群。

（3）最后要突出企业文化和经营理念，凸显企业的价值观。

（4）配音建议以普通话标准且声音浑厚的男声为主。

第二种是不带配音的，内容更简单，具体包括以下方面。

（1）大气的片头和片尾。

（2）工厂（或公司）展示（厂房、设备、仓库、办公区域等）。

（3）产品成品展示或产品生产过程展示。

（4）团队展示。

（5）生产师傅讲话。

（6）厂长致辞。

2. 视频拍摄注意事项

拍摄前需要对工厂的厂房进行打扫，确保整洁干净。

最好使用单反相机拍摄，因为手机拍摄的视频效果达不到理想状态。实在没有相机时才可以用视频拍摄功能好一些的手机。拍摄时注意焦距的使用和取景的角度，确保远景和近景都有，这样镜头中出现的内容会更全面。

拍摄时要用横屏，因为竖屏拍摄的视频剪辑后两侧会有大量留白。拍摄视频时最怕摇晃，所以一定要平稳，可以使用支架固定摄像机，以均匀的速度从左至右或者从上到下进行拍摄。

拍摄的时候一定要围绕内容定位和布局展开，避免遗漏。

团队的成长是管理者最大的成功。

3．如何制作视频

制作视频的工具有很多，会声会影、Camtasia Studio、Adobe Premiere、Adobe After Effects 都是功能比较全面的软件，前两个使用起来比较简单，后两个比较复杂，制作时的注意事项如下。

（1）根据定位规划视频结构，按照视频结构对要拍摄的所有素材进行分类并归档。

（2）上网下载大气的片头和片尾，并下载合适的背景音乐。

（3）按照视频软件的剪辑方法对视频进行剪辑，剪辑完毕后导出。

4．如何优化

制作调查问卷发放给老客户，让老客户填写，通过问卷找出视频的问题，并做优化。

5.5.2 主图小视频

主图小视频即描述产品的小视频，主要对产品做展示。

它的拍摄原则、制作方法、制作工具与店铺视频基本无异，区别主要在内容上。做主图小视频不仅为了吸引买家，还为了把产品全方位展示出来。

就形式而言，制作时可以加入轻松一些的音乐，有条件的商家可以加入轻松的配音。

内容上要有很强的逻辑性，引导买家一步一步了解产品的材质、功能卖点、使用场景、适用人群以及操作方法。

主图小视频通常需要控制在 60 秒以内，建议以短镜头为主，这样会更清晰，视觉上会更有冲击力。

扫码继续学习商学院课程

最好的领导是做心灵的导航仪，而不是做赶车人。

第 6 章

广开门路

1688 横向市场及其玩法

1688 横向市场打造了更多元、更丰富的营销场景，帮助 1688 商家顺利“对接”海量批发采购商家。1688 横向市场有很多，如伙拼、淘货源、淘工厂等，都是巨大的流量来源。

本章系统介绍了各种横向市场的概况和活动玩法，帮助 1688 商家迅速找到商机。

6.1 商品营销（伙拼、天天特卖、疯狂店促、尖货试销）

伙拼（huopin.1688.com）是 1688 推出的批发型团购频道，以“工厂店、好品质、超划算”的口号为主旨，汇聚最具人气、利润最高的品质货源。目前，伙拼产品覆盖了服装、母婴、鞋包配饰、食品、百货、家纺、家装、美容等消费品和工业品品类，用拼单的方式满足买家采购需求，让商家以更低的成本、更高的效率进行网络批发。

6.1.1 商品营销的类型

不同类型的活动非常多，主要有以下几种。

（1）伙拼：主打爆品和源头爆款定制（只允许单款商品参加活动）。

（2）天天特卖：主打特殊折扣（针对尾货、断码货、临期货、滞销货、库存货等打造的活动专场）。

（3）疯狂店促：主打店庆、上新日、清仓日等店铺基本大型活动（厂商直供，可选 5 ~ 12 款商品，其中至少有一款是三折商品）。

（4）尖货试销：针对风格类、品质类的浅库存新品打造的活动场景，包含拿样、倒计时抢批等多种玩法。

（5）行业类目特色活动：特色类目商品可以参加活动，如内衣行业的花样内衣等。

（6）官方大促伙拼活动：如“伙拼 5 周年庆”等。

6.1.2 伙拼报名路径

在 1688 卖家工作台首页，单击左侧菜单栏中的“营销”按钮，在“官方活动”下面找到“伙拼报名”入口，单击即可进入报名页面，如图 6-1 所示。

图 6-1

6.1.3　伙拼的报名流程

伙拼的报名流程分为 7 步，如图 6-2 所示。

（1）选择活动。

（2）选择活动日期和专场。

（3）报名资质审核。

（4）选择报名产品。

（5）设置产品条件。

（6）确认合同并提交。

（7）一键通知客户。

图 6-2

6.1.4　报名注意事项

（1）报名后，1688 平台根据卖家选择的活动时间，提前 4 个工作日通知卖家初审结果（大型活动除外）。

If not now, when? If not me, who?（此时此刻，非我莫属。）

（2）平台要求寄样的，卖家应在产品初审通过后的 3 天内寄样到指定地址（杭州市滨江区网商路 699 号阿里巴巴园区，伙拼收），平台将在收到样品后 3 个工作日内反馈样品审核结果与排期。

（3）平台不要求寄样的，会根据卖家选择的产品活动时间提前反馈排期（大型活动除外）。

（4）卖家需要缴 1 万元保证金方可申请报名（平台另有要求的除外）。

（5）排期确定后，展示时间一般为 2～3 天，具体活动时间以系统通知为准。

（6）卖家同意并提交报名申请并不意味着报名成功，报名结果应以平台的最终审核结果及通知为准。

（7）SKU 不能修改，否则本来能通过的活动可能会被系统驳回，无法参加本次活动且影响下次报名通过率。

（8）价格、起批量、限购不能修改，后果同上。

（9）商品一旦确认报名，无法撤销，无法取消，只能等待审核。审核的结果只有通过和被拒绝两种。

（10）报名前最好确认好以上信息，商品属性也尽量不要更改，尽量做到报名后就不再修改任何信息。

（11）参加“疯狂店促”与“天天特卖”活动时，对于特价商品，需要计算好盈亏，控制好库存和限购数量。

（12）一般来说店铺达到 3A 或者 3A 以上级别才可以报名，个别行业放宽到 2A 级别，比如箱包、汽车用品、工艺品、数码家电、母婴用品、玩具、家装建材、纺织等行业。

（13）同一个卖家（指卖家身份，而非账号或店铺，下同）一个月报名参加伙拼活动“单品团”不超过 4 次，“疯狂店促”不超过 4 次，且同一个卖家的同一款产品一个月只能参加一次伙拼活动（大型活动除外）。

6.1.5 违规处理

违规处理细则如表 6-1 所示。

心有多大，舞台就有多大。

表 6-1

序号	违规行为	违规行为定义	违规处理
1	排期确定后临时退出	offer 正常的情况下，卖家签订《伙拼活动方案》协议并确认排期后，主动要求临时退出	大量扣减下架产品质量分，1 个月内与店铺终止合作
2	上架后退出	offer 正常的情况下，产品已上架，在伙拼活动开始后中途退出	大量扣减下架产品质量分，1 个月内与店铺终止合作
3	零动销	产品上线当天截至 14:00 时，产品销量为 0	伙拼有权进行下架处理，扣减产品质量分
4	销量不佳	产品上线当天截至 16:00 时，产品伙拼销售额低于 10 000 元且产品伙拼买家数不足 10 名	伙拼有权进行下架处理，扣减产品质量分

6.2　淘货源

6.2.1　什么是淘货源

淘货源（tao.1688.com）是由原来的“代销市场”升级而来，是面向数百万名淘宝和天猫卖家，为国内电商卖家提供货源服务的专业性垂直市场，为用户提供一件代发、批发经销、加工定制三种服务。淘货源采用大数据智能化技术，匹配多样化精准货源，提供平台分销工具，打造完善而可依赖的交易保障服务和金融服务，立体化解决国内电商卖家的货源问题，让卖家做生意更简单。

6.2.2　淘货源的定义和范围

1．什么是店铺淘货源成交

淘货源市场的客户主要为淘宝和天猫店铺的卖家，1688 商家的淘货源成交指的是：

（1）买家身份是淘掌柜（即下单账号在淘宝或天猫有店铺），则产生的交易属于淘货源成交。

（2）经过身份认证的采购小号，所产生的成交，属于淘货源成交。采购小号认证链接：https://tao.1688.com/page/Tao_VIP.html。

2．如何查看店铺淘货源经营数据

第一步：进入卖家工作台，如图 6-3 所示。

今天最好的表现是明天最低的要求。

图 6-3

第二步：点击“分销首页”菜单，如图 6-4 所示。

图 6-4

蹲下来是为了跳得更高。

第三步：查看淘货源经营数据，如图 6-5 所示。

图 6-5

6.2.3　淘货源的优势

1．智能化流量

无缝对接淘宝、天猫卖家日常使用的卖家中心、千牛工作台，帮助商家获取精准、优质的淘宝与天猫卖家客户。

2．智能化商家成长

对商家的能力和类型进行分层、分类，导入差异化的运营场景，帮助商家获得可持续性资源。

3．智能化买家匹配

根据买家日常经营特性（类目、价格段、生命周期等），在公共场景及商家个人场景中把货品智能推荐给合适的淘宝卖家。

4．智能化场景联营

淘货源 × 淘宝特价版，淘货源 × 手机聚划算……助力商家与淘宝卖家进行协同营销，拓展

生命在于折腾，不在折腾中崩溃，就在折腾中涅槃！

零售市场。

6.2.4 淘货源的入驻要求

（1）商家需要加入“买家保障”体系。

（2）店铺需要绑定已通过认证的支付宝账户。

（3）商家近 90 天内的纠纷率低于 0.01%。

（4）商家为阿里巴巴中国站诚信通会员。

（5）已开通阿里巴巴中国站买家保障服务且保证金可用余额不低于 3000 元。

（6）违规累计扣分低于 36 分，其中知识产权侵权累计扣分低于 24 分且无知识产权严重侵权行为。

（7）近 90 天内店铺不得存在两次及以上违反《产品品质违规处理规则》第 4 ~ 11 条的违规行为。

（8）诚信等级需高于 BB 级。

（9）商家 BSR（买家服务能力）指标不低于 4.3 分（货品描述评分、发货评分、响应评分均不低于 4.3 分）。

（10）商家近 30 天内至少为一个淘宝店主服务过（至少有一个淘宝店主在本店下单）。

6.2.5 淘货源的入驻流程

淘货源的入驻流程分为两步。

（1）申请入驻：商家按入驻要求填写入驻信息，平台会校验入驻条件，校验通过后发起在线协议签署。

（2）发布招商信息：商家按招商要求填写招商信息。

入驻之后，就可以发布提供“一件代发”服务的商品了。

6.2.6 招募分销商攻略

对于一个普通商家而言，线上分销的关键在于做好招商、管货、管人、管优惠四大环节，只有这样，才能借助 1688 分销体系玩转线上分销。

1. 招商门槛设置

供应商入驻淘货源市场之后，首先要做的就是进入 1688 分销管理后台发布招商信息。目前淘货源市场支持商家设置招商门槛，只有符合条件的分销商才能申请淘货源分销、传淘宝（即把 1688 店铺的商品上传到指定的淘宝店铺）、关联宝贝和代销下单。招商条件主要有四项：开店年限、信用等级、好评率和主营行业。供应商按照自己的需要，设置好相应的门槛并保存，招商门槛就可以立即生效，如图 6-6、图 6-7 所示。

图 6-6

图 6-7

梦想不足以让你到达远方，但是到达远方的人一定有梦想！

2. 选择审核方式

设置好招商门槛后，符合条件的分销商仍然可以直接传淘宝、关联宝贝、申请分销和分销下单，无须供应商确认。对不符合条件的分销商，供应商可以选择两种处理方式：一是让系统自动拒绝，这样分销商就无法做任何铺货下单动作；二是人工审核，不符合门槛的分销商会进入人工审核环节，供应商根据分销商的资质决定是否同意建立合作关系。

3. 操作示例

（1）设置招商条件：开店年限为 5 年以上、信用等级为金冠以上、好评率为 95%以上，主营行业是“男装”或“女装/女士精品”类目，如图 6-8 所示。

图 6-8

（2）在“审核方式”一栏，选择人工审核方式。

（3）不符合条件的分销商可以提交合作申请，供应商查看到申请记录后，可以选择同意或者拒绝，如果选择同意，双方将达成代销合作，如图 6-9 所示。

图 6-9

想不等于做，做不等于做到，做到不等于得到，更不等于成功。

（4）供应商可以批量审核分销商的申请记录，并且选择分销商的等级，如图 6-10 所示。

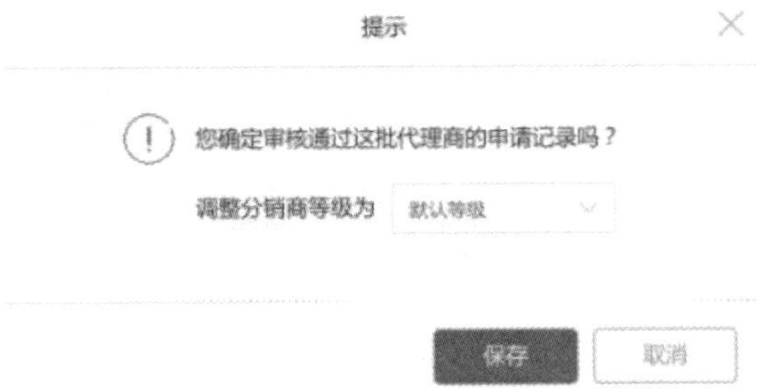

图 6-10

4. 灵活运用门槛设置

对不同类型、不同诉求的供应商来说，有一些设置可供灵活选择。

（1）希望所有分销商都需要审核：品牌供应商需要对分销商逐个审核并授权，可以选择把门槛设置高一些，条件严格一些，这样大部分分销商都需要人工审核。

（2）希望系统帮助筛选优质分销商：精力有限的供应商，可以设置合理的门槛，同时不选择人工审核方式，这样所有的分销商都会由系统自动判定是否符合条件，符合的通过，不符合的拒绝。

（3）希望系统筛选，但又希望能灵活吸纳一些等级不高但能力不错的分销商：如果招商条件比较灵活，对有些不符合条件的分销商也想再看看是否可以合作，那么可以设置好门槛，同时选择人工审核。这样，对不符合条件的分销商都可以人工确认是不是要建立合作关系。

（4）分销商不足，希望能大量增加分销商：新加入淘货源的商家，可以选择不需要任何招商条件，以吸引更多分销商合作。

6.2.7　管控分销商产品库存

为了让库存同步更加好用，1688 开发了新的库存管控功能，由商家自行选择哪些产品同步库存，哪些不同步库存，十分灵活。

1. 库存管控功能简介

新库存管控功能上线后，供应商可以在产品加入淘货源或者修改分销信息时，匹配传淘宝的规格信息，同时打开或者关闭某个产品的库存管控。库存管控生效时，在“我的代销产品”

听到，知道，悟到，做到。

中可以看到“已管控”字样。如果开启管控后，产品仍然显示“未管控”或者提示“管控失败”，那么可能有三个原因。

（1）产品所在类目暂时未开放库存管控。当前库存管控只支持部分类目，在未开放此功能的类目中开启库存管控都不会成功。

（2）产品处在活动中。如果产品处在活动中，那么只有等活动结束后才能开启管控。

（3）产品的 SKU 没有全部完成匹配。如果产品的 1688 和淘宝规格关系没有完成匹配，管控也是无法生效的，此时去完成产品规格匹配后即可开启管控。

2. 库存管控的开启和关闭

产品加入代销时，可以选择该产品传淘宝后的规格信息，同时选择开启或者关闭该产品的库存管控，要注意的是，库存管控开关在次日生效。

6.2.8 设置渠道专享优惠

在分销管理后台设置的优惠可以是打折或减钱，打折即在采购原价（代销原价）的基础上打折，减钱即在采购原价（代销原价）的基础上减去一定金额。

1. 四种优惠形式

（1）全店统一折扣：即全店所有产品针对所有分销商设置统一的优惠，这里的“折扣”可以是打折或减钱。

（2）对不同的产品分组设置优惠：即针对供应商的不同产品分组（产品线）设置不同的优惠。

（3）对不同的分销商等级设置优惠：即对不同等级的分销商设置不同的优惠。如供应商有三个等级的分销商，分别是皇冠分销商、钻石分销商、星级分销商，设置之后他们可以分别享受 8 折、9 折、减 5 元的优惠。

（4）灵活设置：即在不同的产品分组中，不同等级的分销商可以享受不同的优惠。这是四种优惠形式中最灵活的形式。

供应商只能选择其中的一种优惠形式，并且每当选定一种新的优惠形式时，原来的优惠形式将失效。

做发动机，不要做飞轮。

2. 四种优惠形式的设置

进入分销管理后台，点击左侧的“分销优惠管理”按钮，在分销优惠管理页面选择一种优惠形式，设置优惠内容后提交即可。

（1）全店统一折扣。全店所有产品针对所有分销商设置统一的优惠，优惠可以是折扣或减钱，如图 6-11 所示。

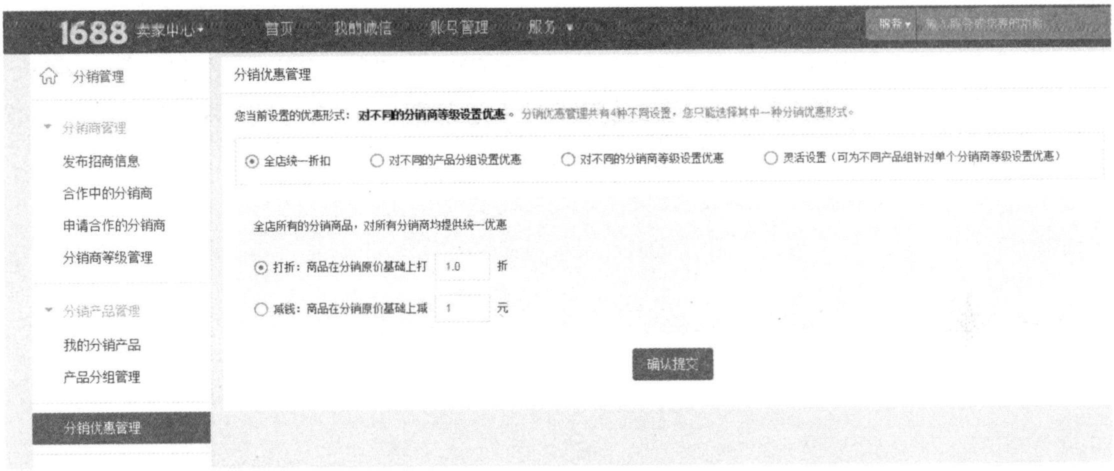

图 6-11

（2）对不同的产品分组设置优惠，如图 6-12、图 6-13 所示。

图 6-12

公司要为员工创造环境，但员工的成长最终要靠自己。

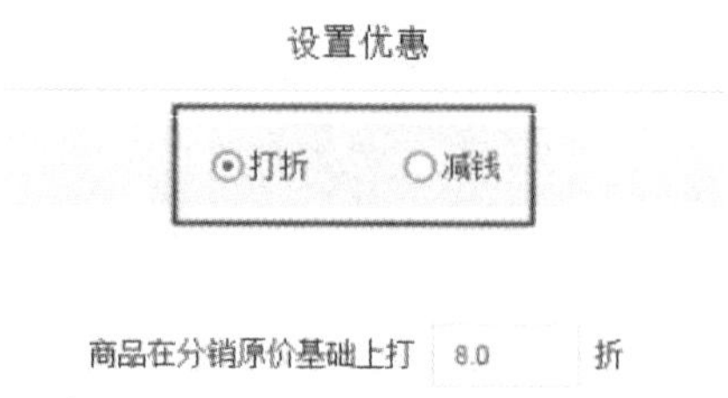

图 6-13

（3）对不同的分销商等级设置优惠，如图 6-14、图 6-15 所示。

图 6-14

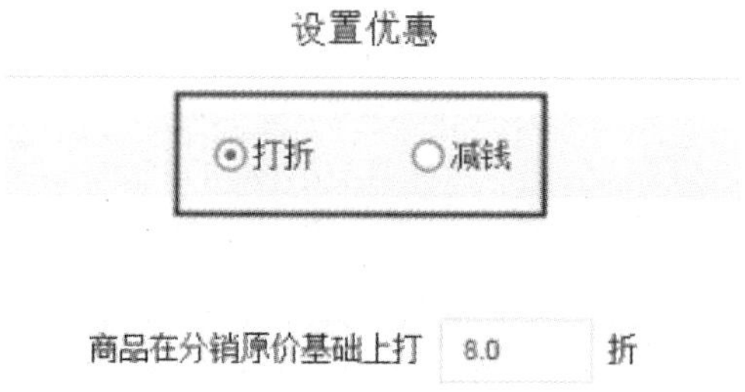

图 6-15

（4）灵活设置优惠。与上面两种优惠的设置方式基本相同，但“设置优惠”界面的设置项目更为具体，如图 6-16 所示。

今日因，明日果。

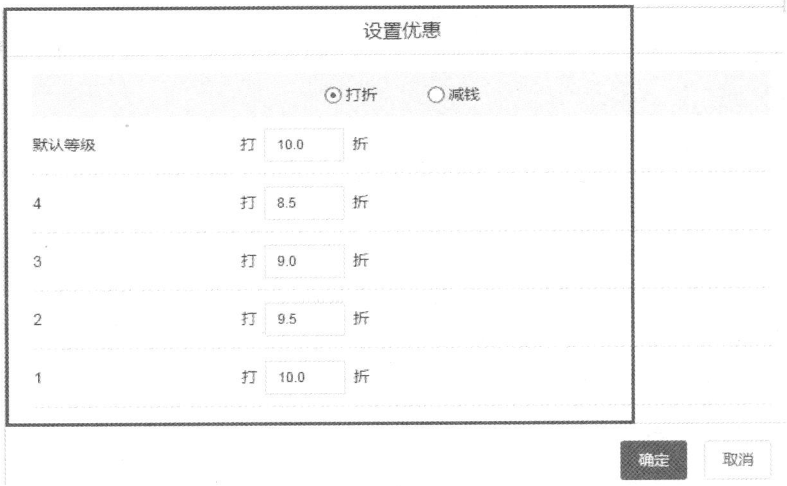

图 6-16

6.2.9　灵活使用平台工具

淘货源官方提供了多种平台工具，提升了 1688 的商家与客户在整个交易环节中的效率，包括超级下单工具、自动分账工具、批量下单工具。

1. 超级下单工具

超级下单工具是淘货源提供给淘宝卖家的一款免费浏览器插件。通过超级下单工具，淘宝卖家可以在淘宝卖家中心“已卖出的宝贝”板块快速向供应商下单采购一件代发类商品。超级下单工具不仅可以智能推荐商品，而且可以实时同步供应商发货情况及物流信息，如图 6-17 所示。

图 6-17

使用说明如下。

（1）关联宝贝。如果该宝贝是第一次在 1688 平台被下单购买，则订单上会有一个“关联宝贝”按钮，点击这个按钮，输入 1688 供应商产品链接完成关联。

（2）代销下单。关联成功后，订单上就会出现“代销下单”和“修改关联”两个按钮，点击“代销下单”按钮，可以直接进行下单操作，买家的收货地址会被自动填写。下单成功后，供应商发货系统也会自动操作，淘宝店铺同步发货，物流信息同步录入，无须手动操作。

（3）查看订单。代销下单成功后，按钮自动变成“查看订单”，点击后可以快速查看自己在阿里巴巴的采购订单。

（4）处理特殊订单。当一个订单中包含同一个供应商的多个产品时，请按照以上流程将产品一一关联，关联成功后，可以合并进行代销下单。当一个订单中包含不同供应商的多个产品时，可以分别下单。

2. 自动分账工具

自动分账工具是淘货源平台提供的交易金额分账的工具。利用自动分账工具，1688 商家选择信用较好的分销商，授予自动分账的权限，并且设置分账额度，分销商手动确认开启该服务后，如果淘宝店铺有订单，系统就会自动按照淘宝的订单在 1688 店铺下单，无须分销商垫付资金。消费者确认收货后，消费金额按照采购成本和零售利润自动分账，分别给 1688 商家和淘宝卖家。

自动分账工具开通流程如图 6-18 所示。

图 6-18

心要大，脚要实。

自动分账工具使用流程如图 6-19 所示。

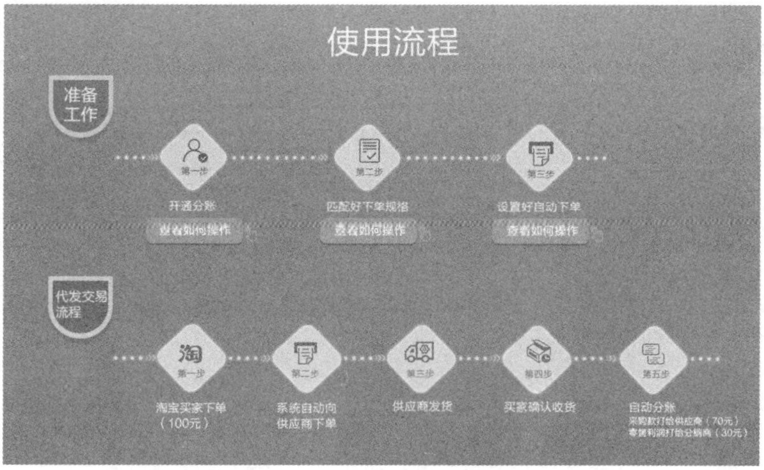

图 6-19

3．批量下单工具

批量下单工具是针对国内电商平台“一件代发”快速下单的工具，对拼多多、淘宝、天猫以及其他电商平台的订单，通过关联商品，批量上传零售平台订单信息，可以一次性下单，提升卖家批量下单的效率以及准确性。图 6-20 所示为淘宝、天猫平台的批量下单工具。

图 6-20

再大的愿景都要从小处着手，越大的图越要从小处描绘，越小的东西越要从大处着眼。

6.3 淘工厂

6.3.1 什么是淘工厂

淘工厂是连接电商卖家与工厂的生产加工定制平台，能让买家流量更精准、生产过程可监控、智能找买家更便捷、工厂产能在线化，帮助工厂实现精准开源、智能升级、产能优化，吸引全网加工、定制、贴牌生产的订单。

6.3.2 淘工厂的优势

商家加入淘工厂的优势如下。

（1）加入淘工厂后，店铺可以带淘工厂官方标识，彰显与众不同的“身份”。

（2）精准开源，智选供应链，实现精准引流。

（3）与买家询价精准匹配，提高成交率。

（4）勋章牌级体系帮助商家分层运营。

（5）有丰富的优质线上活动，帮助商家获取精准客户。

图 6-21 所示为淘工厂优势展示。

图 6-21

6.3.3 淘工厂的入驻流程

登录 1688 卖家工作台，在搜索框中输入“生产管理”进行搜索，在左侧出现的菜单中点击“入驻淘工厂”即可，如图 6-22 所示。

士兵需要的不是望远镜，而是地图。

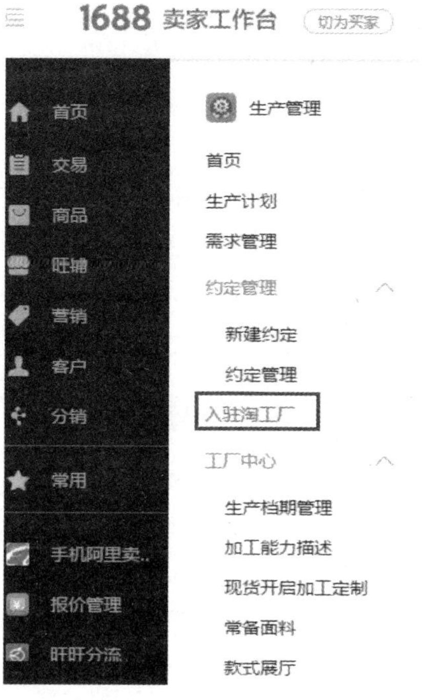

图 6-22

目前淘工厂开放的行业有服装、饰品、运动装备、箱包皮具、鞋靴、纺织品、玩具、母婴用品、食品、数码产品、家用电器、毛巾、床上用品、日用百货、办公文教用品等几十个行业（“KA 工厂”仅支持女装、童装、男装行业）。

6.3.4　淘工厂核心商家权益详解

依据工厂加工定制的特性，淘工厂建立加工勋章体系，按照工厂积分，淘工厂加工勋章等级（简称牌级）从高到低分别为：钻石，金牌，银牌，铜牌，无牌。钻石级和金牌级商家是淘工厂的核心商家。

勋章不同的工厂享受的权益也不一样，如表 6-2 所示。

表 6-2

分　类	权　益	铜　牌	银　牌	金　牌	钻　石
官方标识彰显工厂身份	官方打标，彰显工厂专属身份	√	√	√	√
	可加入旺铺“加工专区”	√	√	√	√

说出来的是你想的，做出来的是你说的，交出来的是你做的。

续表

分　类	权　益	铜　牌	银　牌	金　牌	钻　石
精准流量推荐及展示	买家询价单推送服务	√	√	√	√
	淘工厂搜索排名加权	√	√	√	√
	活动资源排序加权	√	√	√	√
	淘工厂行业“楼层”推荐		√	√	√
	1688 搜索直达展示			√	√
“淘卖智选供应链”推荐工厂	淘宝、天猫生意参谋推荐			√	√
	淘宝卖家后台“体检中心”推荐			√	√
	淘宝卖家中心“工厂”推荐			√	√
	淘工厂“市场行情”推荐			√	√
	千牛“淘工厂”推荐			√	√
淘工厂双淘会权限	双淘会报名资质及参与优先权			√	√
	双淘会报名优先权及免费参与机会				√

对于核心商家，淘工厂对应的类目小二会指导新入驻商家做好淘工厂。小二每个月都会为核心商家做店铺诊断，制定提升方案。帮助核心商家更精准地对接淘宝、天猫的买家，获得更多客户订单。

1. 双淘会（线下订货会）

核心商家可以“直达”双淘会，双淘会是淘工厂搭建的一个线下的展会，会邀请淘宝“腰部”以上的核心买家来参加，同时邀请淘工厂核心商家带着产品来参展，2018 年双淘会计划如图 6-23 所示。

图 6-23

一个方案是一流的 idea 加三流的实施；另外一个方案是一流的实施加三流的 idea，哪个好？我选一流的实施加三流的 idea。

2．淘宝店铺智选供应链

针对下游零售端的机会市场，淘工厂会联合淘宝、天猫运营资源，孵化工厂，打造新兴市场，让商家享受新兴市场的红利。

淘工厂核心工厂的商家会优先获得机会市场数据信息，并且优先享有与下游市场中的淘宝卖家做产需对接的机会。淘工厂已经在淘宝、天猫生意参谋，淘宝卖家中心，淘宝卖家后台（体检中心），千牛等核心场景中展示并推荐淘工厂优势工厂。

（1）淘宝、天猫生意参谋在“货源发现”页面依据品类精准推送工厂，如图 6-24 所示。

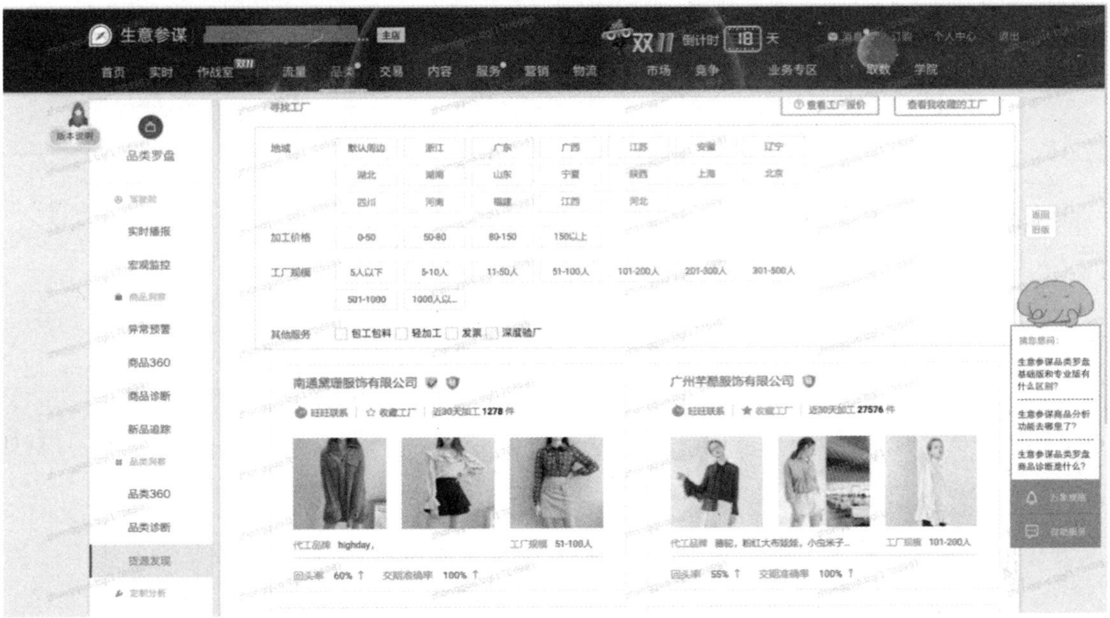

图 6-24

（2）淘宝卖家中心在首页推荐淘工厂，如图 6-25 所示。

（3）淘宝卖家后台（体检中心）依据行业类目数据定向推荐淘工厂，如图 6-26 所示。

与其等待与能力匹配的机会，不如培养与机会匹配的能力。

图 6-25

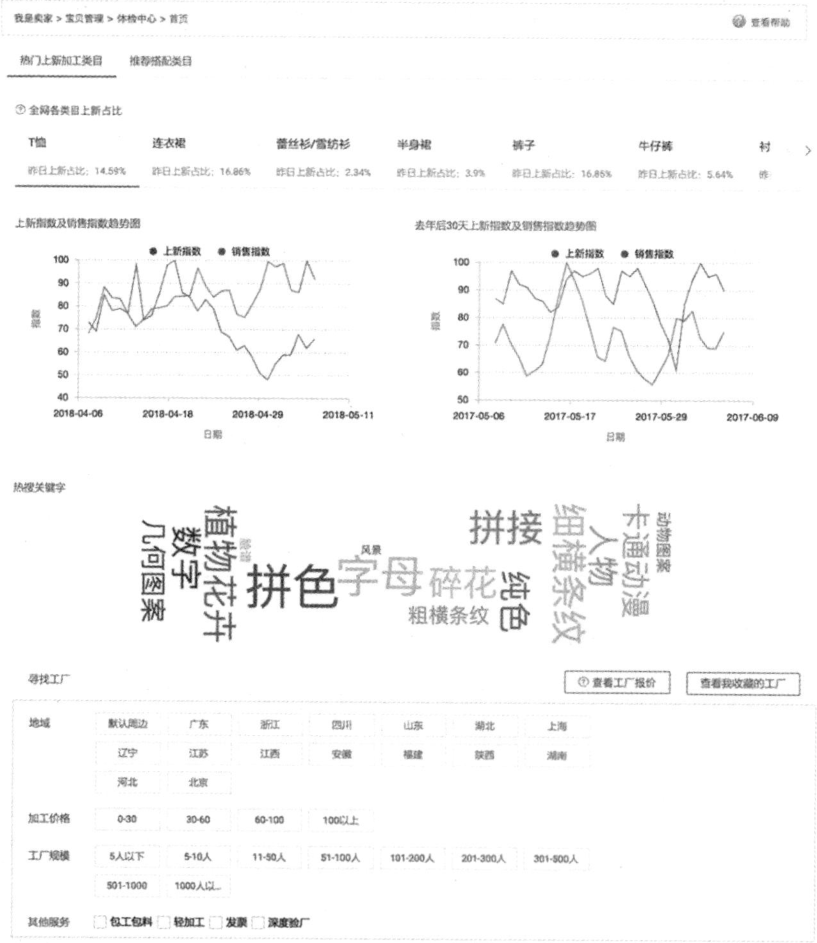

图 6-26

Don't complain. If you do want to complain, please complain with suggestion.

（4）淘工厂频道依据下游市场行情精准推荐匹配工厂，如图 6-27 所示。

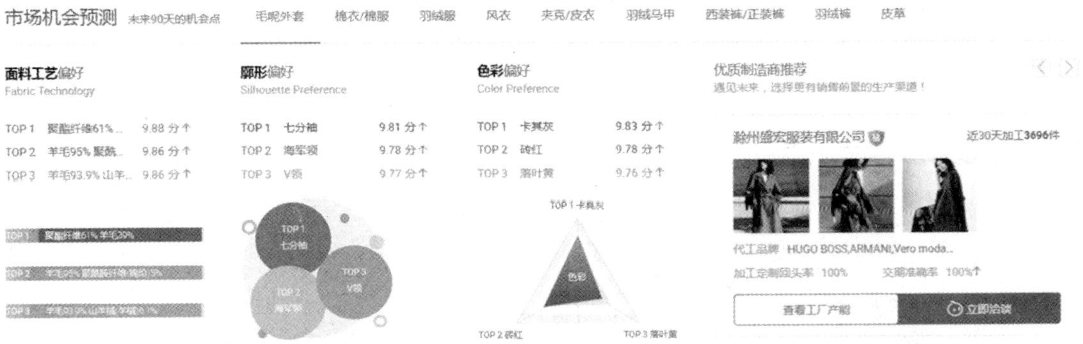

图 6-27

（5）千牛“淘工厂”板块优先展示核心淘工厂，如图 6-28 所示。

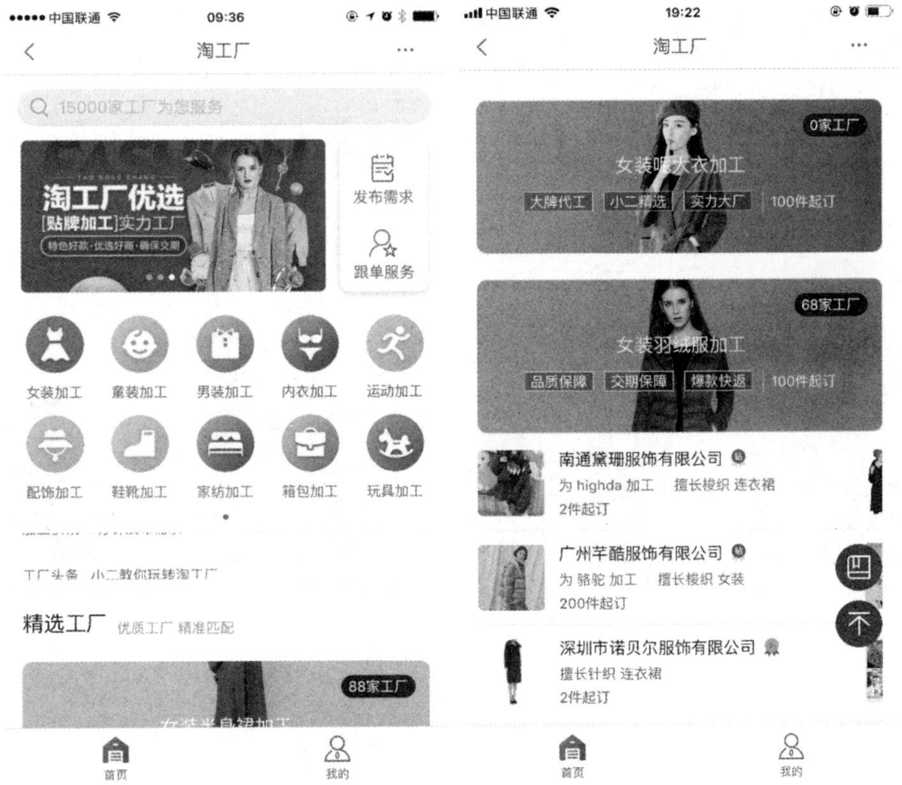

图 6-28

3．1688 搜索直达展示

买家搜索“加工”“定制”等关键词寻找工厂时，平台优先推荐淘工厂核心工厂，如图 6-29 所示。

图 6-29

4．淘工厂频道行业推荐位

淘工厂频道最好的位置会给予行业核心商家，按照交易额及牌级进行排序，如图 6-30 所示。

图 6-30

> 总是想要证明自己，就没有了投入工作的心态。

5. 营销活动海景房

核心商家在日常活动及大促期间，都会享受到“海景房”的资源，“海景房”会按照淘工厂牌级及交易额优先推荐核心商家，如图 6-31 所示。

图 6-31

6.3.5 淘工厂加工定制流程

以服装行业为例，淘工厂交易和生产流程有两个主要阶段：打样阶段和大货阶段。

1. 打样阶段

工厂需要先与买家进行沟通，商家要确定能否接单，若能接单则进行报价并告知打样完成时间，待买家付款后进行打样，具体流程如图 6-32 所示。

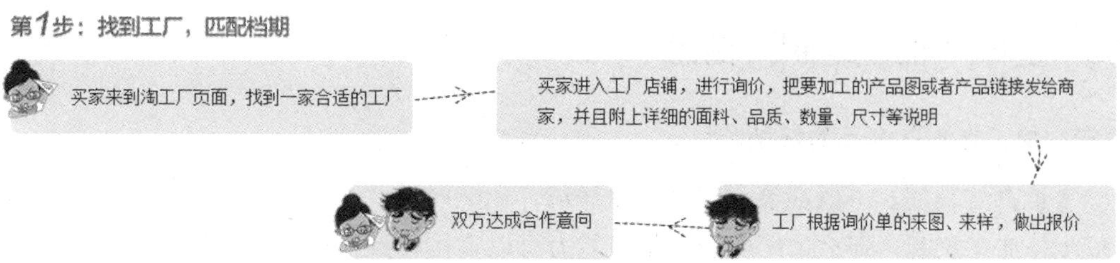

图 6-32

不要让事情找你，而要让你找事情。

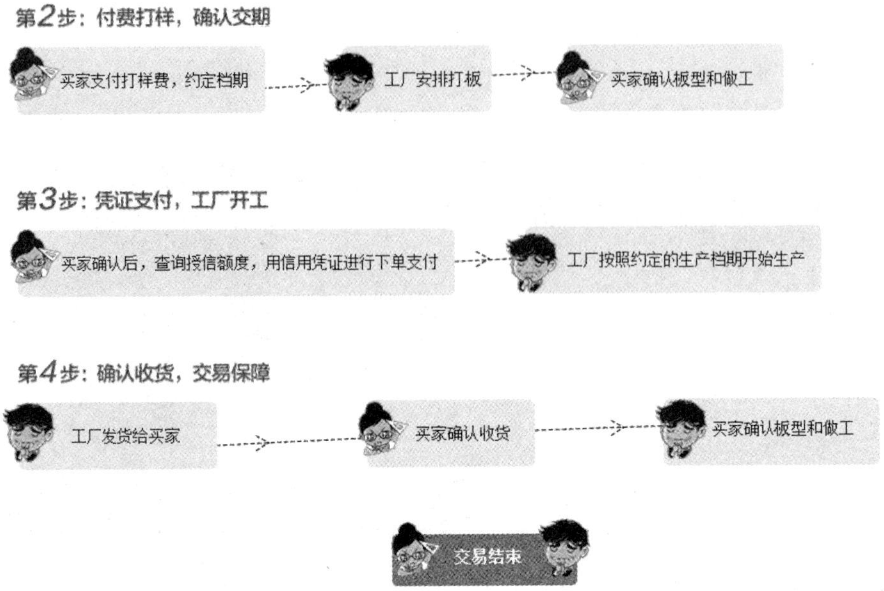
第2步：付费打样，确认交期
买家支付打样费，约定档期
工厂安排打板
买家确认板型和做工
第3步：凭证支付，工厂开工
买家确认后，查询授信额度，用信用凭证进行下单支付
工厂按照约定的生产档期开始生产
第4步：确认收货，交易保障
工厂发货给买家
买家确认收货
买家确认板型和做工
交易结束

图 6-32（续）

2. 大货阶段

样衣是大货验货的标准，所以买家对样衣满意后才会下大货订单。双方协商好大货订单细节后，买家需要输入单价与数量进行下单。对具有交期保障的订单，买家只需输入交期保障码下单，如果工厂未按约定交期发货则应该进行赔付。大货阶段的具体流程如图 6-33 所示。

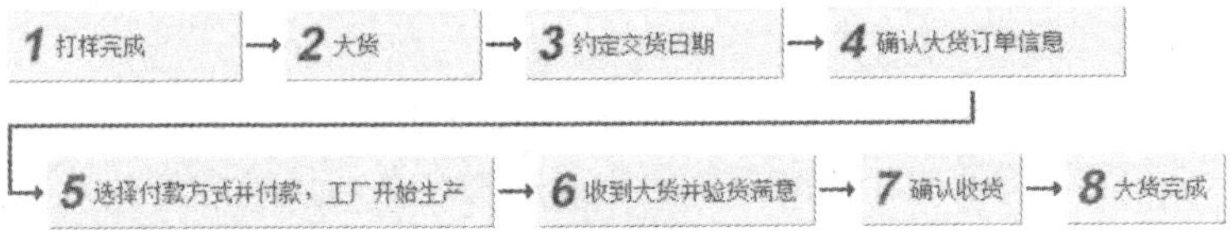
1 打样完成
2 大货
3 约定交货日期
4 确认大货订单信息
5 选择付款方式并付款，工厂开始生产
6 收到大货并验货满意
7 确认收货
8 大货完成

图 6-33

6.3.6 发布“加工定制”商品

1. 发布“加工定制”商品的好处

（1）商品详情展示。既能展示现货商品详情，也能展示“加工定制”商品的详情。如果您的工厂支持加工定制，那么工厂的加工制定能力可以直接得到凸显（如果只勾选“加工定制”选项，商品详情页仅展示加工定制商品信息）。

加班是应该的，不加班也是应该的，只有完不成工作是不应该的。

（2）节省发布商品信息的时间成本。在现货发布页面直接勾选“加工定制”选项，填写“加工属性”信息即可。

（3）加工定制商品交易既支持现货普通下单，也支持“约定交易”下单。在使用“约定交易”方式时，可提交与加工定制相关的补充协议让买家确认，协议涉及交货周期、价格、数量等，降低纠纷风险。

2. 发布“加工定制”商品及交易步骤

（1）在“商品发布”页面直接勾选“加工定制”选项，即可发布加工定制商品信息，如图 6-34 所示。

图 6-34

（2）在“商品发布”—“基本信息”页面，填写加工属性相关内容，如图 6-35 所示。

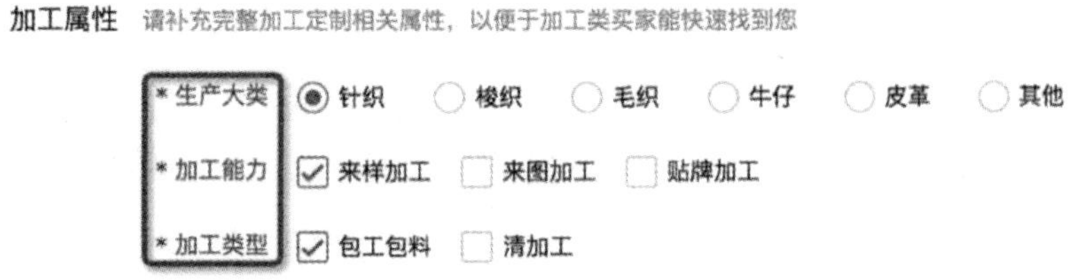

图 6-35

（3）在“商品发布”—“产品销售信息”板块，填写加工定制交易信息，如图 6-36 所示。

勇敢向上，坚决向左。

图 6-36

（4）在“商品详情”页面，加工定制商品详情被成功展示给 1688 买家，如图 6-37 所示。

图 6-37

加工定制场景下买家下单操作流程（建议卖家传递给自己的买家，方便买家下单交易）。

（1）选择合适的货品类型、加工能力、加工类型。

不要让事情找你，而要让你找事情。

（2）填写单价、数量、交货日期等交易相关要求，然后下单。可以选择立即下单或约定交易下单，两者的区别是，在约定下单模式中，买家可以提交补充协议给卖家，约定品质要求等。

如选择约定交易下单，可在图 6-38 所示位置提交补充协议。

图 6-38

6.3.7　约定交易订单操作指南

约定交易是淘工厂为加工定制类商家与买家能良好地沟通而打造的专业化交易方式，双方可以将沟通内容、验货标准、商品规格都在交易合约中写清楚，方便加工定制订单管理及查询。约定交易操作步骤如下。

1．新建约定交易

登录 1688 后台，在搜索框中输入"生产管理"，点击搜索按钮进入生产管理页面。在这里可以依据买家的需求单，创建打样或大货约定，如图 6-39 所示。

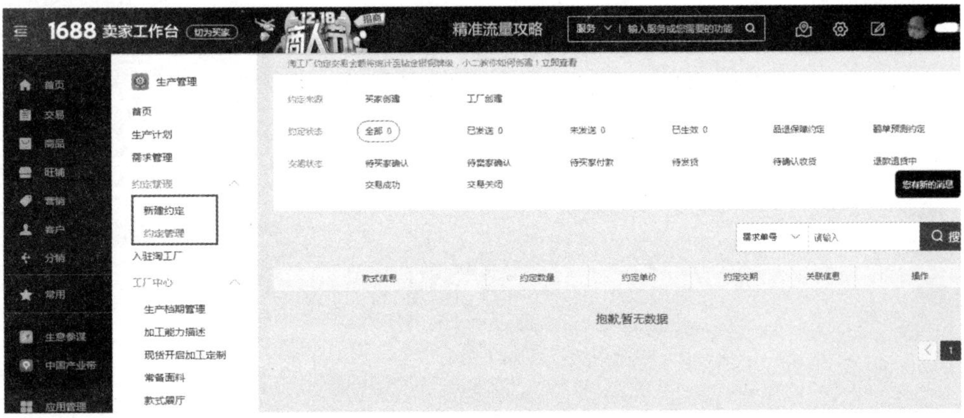

图 6-39

总是想要证明自己，就没有了投入工作的心态。

点击左侧的“新建约定”菜单，选择对应的商品，按照流程提示创建新的约定交易，如图 6-40 所示。

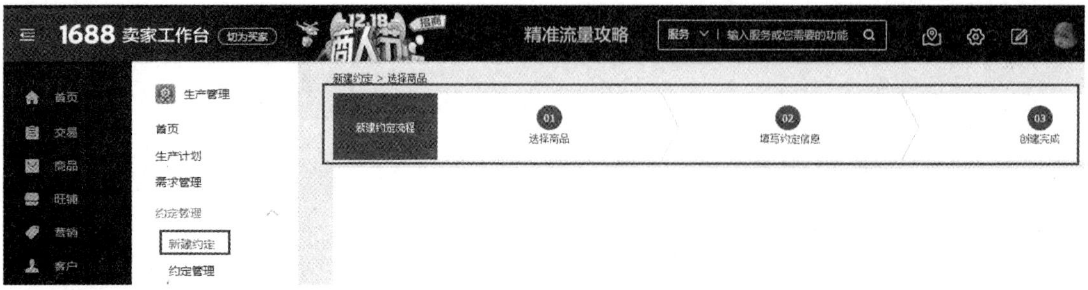

图 6-40

2. 填写约定信息

必填信息有：加工类型、产品大类、加工数量、加工单价、发货日期，以及买家确认订单日期。其余为非必填信息，可依据实际情况添加，如图 6-41 所示。买家在提交订单时仍可更改支付方式，所以商家需要提前与买家协商一致。

图 6-41

剥洋葱，刨根问底。

3．填写其他信息

其他信息虽然是非必填项，但最好与对方约定后仔细填写，以防止不必要的纠纷，如图 6-42 所示。

图 6-42

4．通知买家支付

约定交易创建完成后，系统会通知买家确认订单信息并支付。为了让买家及时支付，商家也可以将订单二维码或支付链接发给买家。

5．工厂发货

发货后千万不要忘记点击“去发货”按钮，不然会直接影响准时交货率的统计，影响工厂的淘工厂等级，如图 6-43 所示。

不要让事情找你，而要让你找事情。

图 6-43

如果商家自主联系物流公司发货，那么请务必及时填写线上发货信息，以便系统捕捉物流状态通知买家，如图 6-44 所示。

图 6-44

淘工厂约定交易支持账期支付，和普通交易是一样的，前提是已给买家设置账期支付额度，如图 6-45 所示。

加班是应该的，不加班也是应该的，只有完不成工作是不应该的。

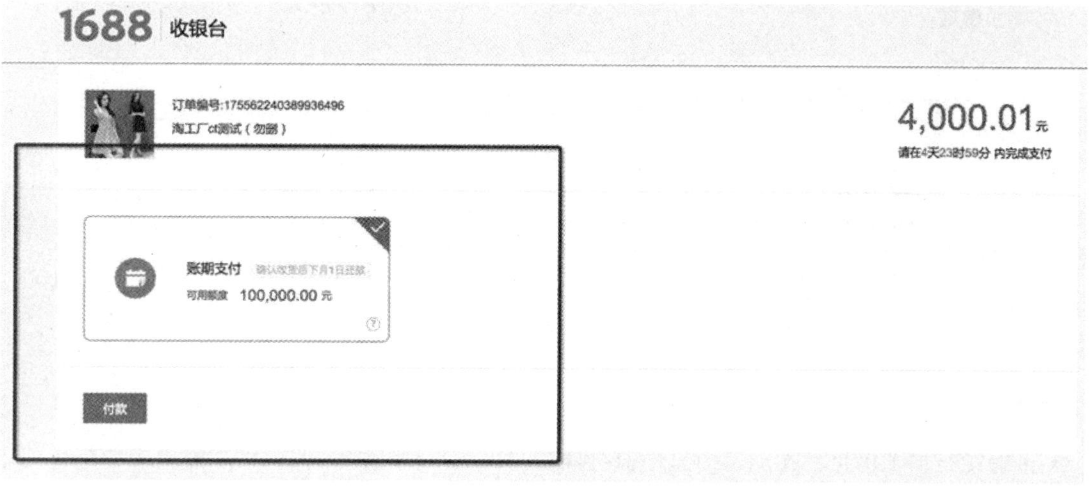

图 6-45

6.3.8　淘工厂接单攻略

1．检查是否入驻成功

入驻成功后，公司“名片”中会出现“淘工厂”标志，如图 6-46 所示。没有出现这个标志则说明没有入驻成功。

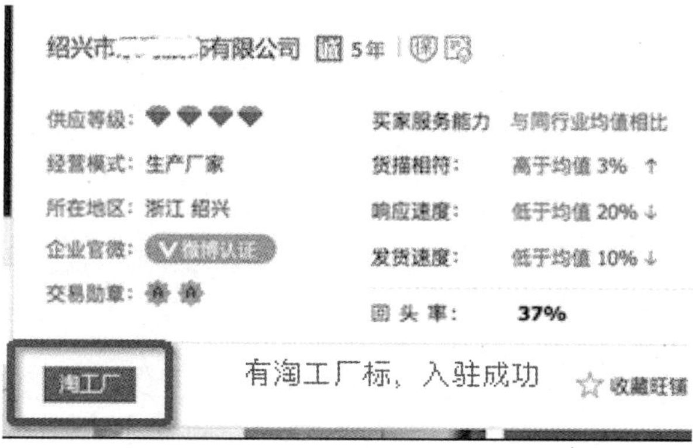

图 6-46

2．填写入驻表单

表单是工厂的“身份证”。表单内容会在公司档案、加工能力板块中展示，在派单时也会展示给买家，且派单是根据表单类目做匹配的，所以所填信息请务必真实，如图 6-47 所示。

勇敢向上，坚决向左。

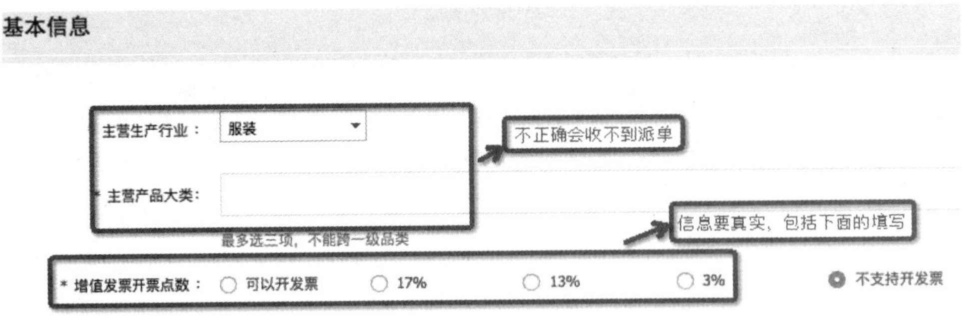

图 6-47

3．发布加工信息

正确发布加工信息，在加工信息中充分体现自家工厂的生产工艺、加工能力等特色优势十分重要。如果发布的信息不合格，信息将不能展示出来。

（1）找到发布加工信息的入口，如图 6-48 所示。

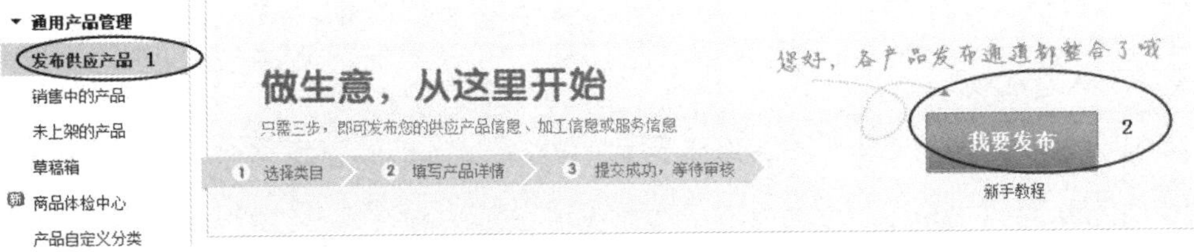

图 6-48

（2）选择正确的类目，如图 6-49 所示。

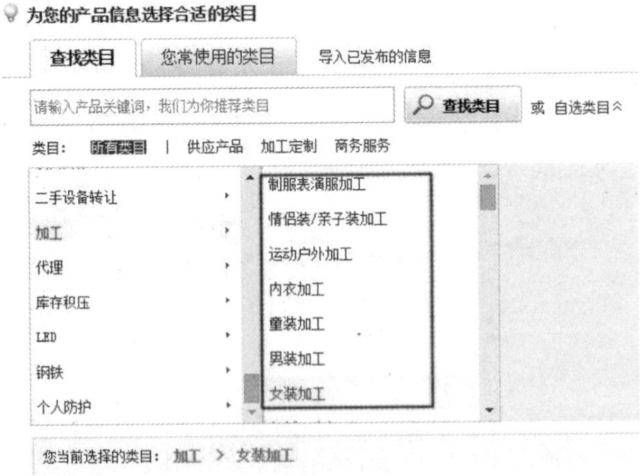

图 6-49

一个方案是一流的 idea 加三流的实施；另外一个方案是一流的实施加三流的 idea，哪个好？我选一流的实施加三流的 idea。

4. 约定下单（工厂主动发起订单）

发起约定交易的具体步骤见“6.3.7 约定交易订单操作指南”。对于工厂主动发起的订单，买家可以使用手机千牛扫码付款，十分方便。

5. 拿勋章，提升排名

淘工厂的搜索是根据工厂牌级进行排序的，拿下“金牌”的工厂还可以享受奖励，淘工厂牌级如图 6-50 所示。

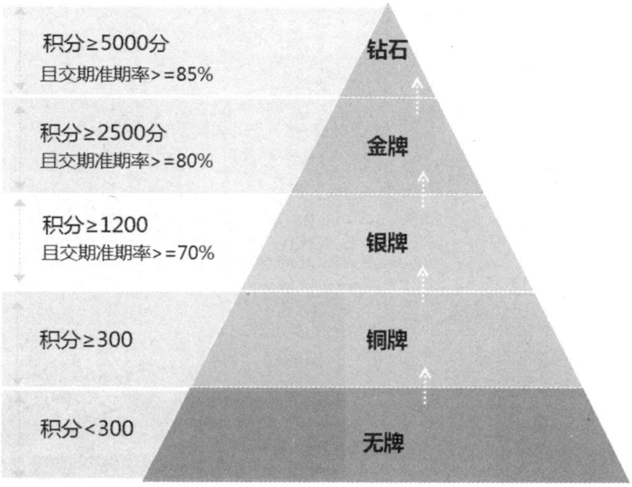

图 6-50

6. 用专业客服提升询盘转化率

有专业的客服人员及时响应买家咨询，可以获得买家的好感。假如客服人员不能随时都在电脑前，可以设置自动回复，也可以用千牛在手机上接待买家。

6.4　微供

6.4.1　什么是微供

1688 微供（为微商供货）市场是一个安全、高效、低成本、一站式的社交分销货源服务市场，微供能帮助商家对接社交型分销买家，同时服务千万名社交型买家，通过社交途径提升商品从传播到成交的效率。

说出来的是你想的，做出来的是你说的，交出来的是你做的。

在 1688 微供市场（https://wg.1688.com）右上角，点击“供应商入驻”按钮，即可开始微供市场的入驻流程，如图 6-51 所示。

图 6-51

要想入驻微供市场，首先要选择入驻类型，填写对应类型的入驻表单，并开通“保密代发”服务，然后等待小二审核。初审、复审工作最多需要 7 天时间，完成店铺微商代理模块装修的店铺会被优先审核。审核通过后，商家可以发布微供分销商品，学习微供商学院新手商家课程。

6.4.2 如何发布微供商品

微供商品分为公开商品和非公开商品。

1. 公开微供商品

大市场批发商品在分销后台加入微供分销后，全都是公开商品，全部支持代理一件代发。

发布公开微供商品需要两步。

第一步：发布商品时选择“大市场商品”，如图 6-52 所示。

刚工作的几年比谁更踏实，再过几年比谁更有激情。

图 6-52

第二步：在“分销”—“我的微供产品”—“添加微供产品”页面，勾选要加入微供的商品，点击“加入微供”按钮，如图 6-53 所示。

图 6-53

如果你惧怕或计较 KPI，那你还不是在创业。

2. 非公开微供商品

曾经在采源宝及微供市场行业频道展示，之后却仅在采源宝展示，不在阿里巴巴大市场展示的商品，属于非公开微供商品，买家在电脑端及阿里巴巴 App 端无法查看该商品。

要想发布非公开微供商品，只需在发布商品时选择“非公开商品”即可。

6.4.3 如何发布微供动态

1. 为什么要发布动态

合理发布动态是做好微供业务的关键，因为代理商们每天都需要看动态，把商家发布的动态转发到朋友圈、微博、QQ，从而影响他们身边的潜在客户。

2. 在哪里发布微供动态

（1）在电脑端卖家服务台搜索“微供”，进入微供管理后台。点击菜单栏中的“发布动态”菜单，按照提示填写即可。

（2）在采源宝 App 中“我的”板块，有个“发布动态”按钮，点击这个按钮就可以发布动态了，如图 6-54 所示。

图 6-54

100 米赛跑的时候你是没有时间去看你的对手的，跑得最快的方法就是盯着终点的白线拼命跑。

3．微供动态如何编写

微供动态的基本内容是对商品的品质、优势、设计等的描述，但不局限于商品描述，还可以有其他有助于影响代理商、帮助代理商营销的各种营销素材，比如出单图、发货图、好评图，以及客户反馈、促销活动文案等。

动态通常无须置顶，近期最重要的动态才需要置顶。置顶的动态就等同于店铺通知、店招，会出现在采源宝店铺顶部，能引起代理商的注意。

6.4.4　如何查看微供数据

进入微供后台，点击左侧“微供经营数据”菜单，即可查看微供数据，如图 6-55 所示。

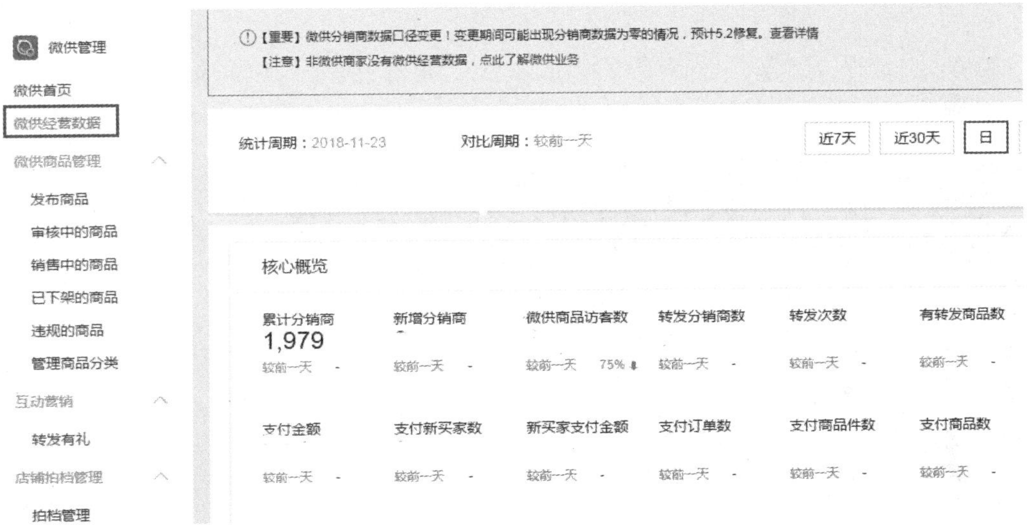

图 6-55

那么哪些数据算微供市场的，哪些数据不算微供市场的？

微供数据一方面要求商家必须是入驻微供市场的商家，另一方面要求代理商必须满足以下条件之一：代理商要完成微商身份认证；代理商是通过“拍档”引入的；代理商在采源宝中开通了“微小店”。

（1）微供和伙拼互斥。无论代理商以什么身份转发了多少次，只要代理商下的是伙拼订单，该订单数据都不算微供数据，包括该订单产生的买家数、交易额。

（2）同样，微供也和跨境专供互斥，跨境专供数据也不算微供数据。

与其怕失败，不如狠狠地失败一次。

（3）若代理商的身份是淘宝卖家，代理商近 30 天转发次数大于等于 3 次，则该代理商下单后的数据算微供数据，同时也算淘宝卖家数据。

6.5 跨境专供

6.5.1 什么是跨境专供

跨境专供是致力于为所有出口电商商家（包括但不限于速卖通店主、Amazon 店主、Wish 店主等）提供高性价比的全球时尚产品和放心服务的平台。

6.5.2 跨境专供入驻流程

跨境入驻流程：申请入驻→签署在线协议→等待审核结果→入驻成功，获取推广资源，如图 6-56 所示。

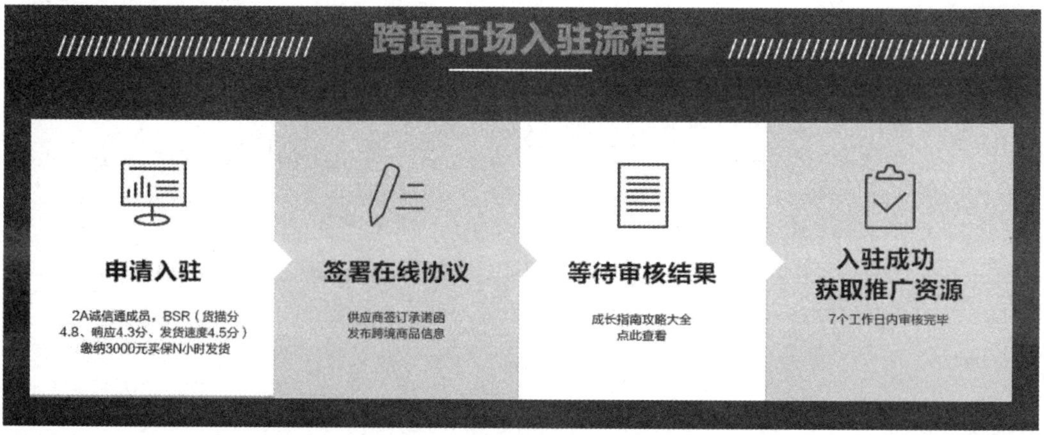

图 6-56

6.5.3 入驻跨境专供的好处

（1）店铺专用标识：店铺会带有“跨境市场”专用标识。

（2）跨境市场搜索结果展示：当买家在跨境市场内搜索时，结果页只展示入驻跨境市场的商品。

永远不要跟别人比幸运，我从来没想过我比别人幸运，我也许比他们更有毅力，在最困难的时候，他们熬不住了，我可以多熬一秒钟、两秒钟。

（3）营销活动报名资格：跨境营销活动只接受跨境市场入驻商家报名。

（4）跨境市场资源位：跨境市场入驻商家每周按全店跨境交易额分配资源位。

（5）海外代发与一键铺货：跨境市场入驻店铺详情页比大市场商品详情页多一键铺货、海外代发功能。

（6）线下对接会：跨境市场入驻商家可参加卖家对接会、跨境峰会暨大型供应链选品对接会。

6.5.4　跨境专供的主要阵地

跨境市场重要的主要流量阵地有以下几个。

1. 1688 首页顶部导航（和伙拼位置相同，日均展示给百万名跨境零售商），如图 6-57 所示。

图 6-57

2. 1688 首页特色货源市场（精准识别买家，展示给百万名跨境零售商），如图 6-58 所示。

有功无过是短暂的，无功有过是行不通的，有功有过是最好的。

图 6-58

3. 1688 搜索结果页顶部广告栏（买家搜索任何跨境热词，均可一眼看到）和筛选框，如图 6-59、图 6-60 所示。

图 6-59

图 6-60

4. 1688 首页左侧类目词导航，如图 6-61 所示。

今天很残酷，明天更残酷，后天很美好。但是绝大部分人是“死”在明天晚上，只有那些真正的英雄，才能见到后天的太阳。

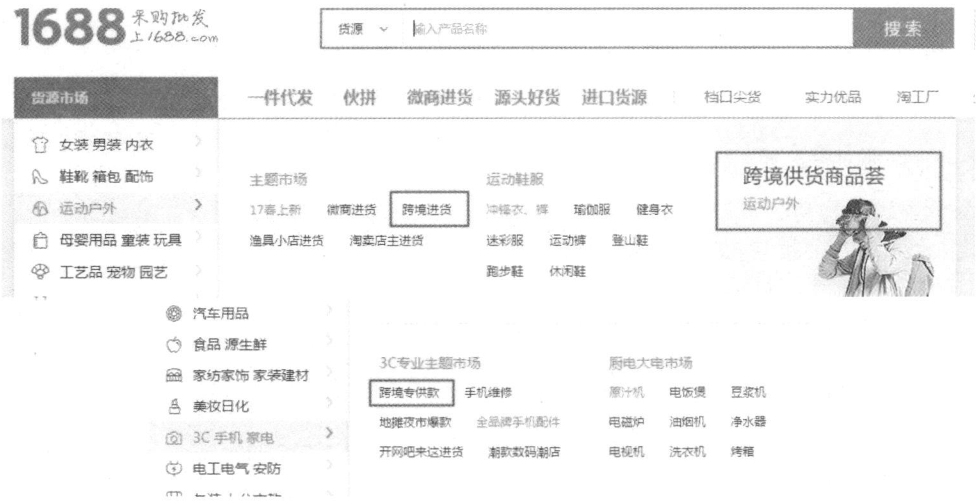

图 6-61

5. 1688 无线端首页醒目入口，如图 6-62 所示。

图 6-62

即使跌倒一百次，我也可以第一百次站起来。

6. 各行业频道醒目入口，如图 6-63、图 6-64 所示。

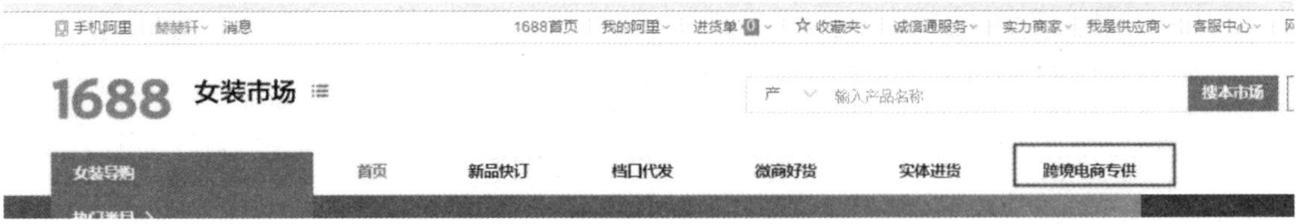

图 6-63

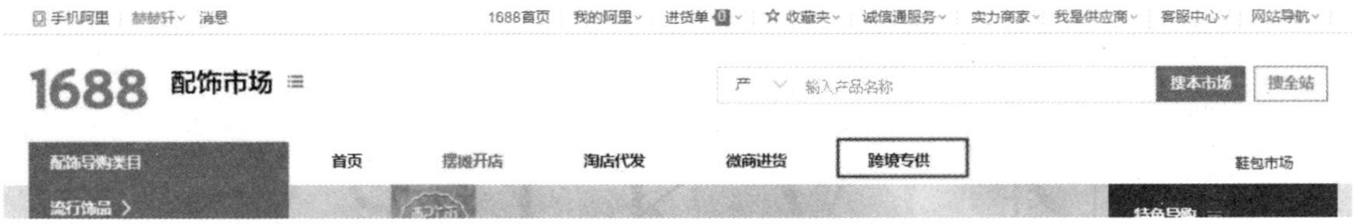

图 6-64

7. 各外部媒体推广引流，如图 6-65 所示。

图 6-65

6.5.5 加入跨境专供市场的条件

符合以下条件的供应商可以加入跨境专供市场。

不难，要你干吗？

供应商勋章等级必须是 AAAAA 级、AAAA 级、AAA 级、AA 级之一。

会员加入“买家保障”。

会员发货速度需满足“24 小时发货”或“48 小时发货”之一。

要求主营行业是箱包皮具、运动户外、汽摩及配件、童装、内衣、数码、电脑、女装、办公、文教、玩具、母婴用品、汽车用品、宠物及园艺、服饰配件、饰品、鞋、家用电器、家装、建材、日用百货、男装、工艺品、礼品、家纺家饰、美容护肤/彩妆之一。

会员绑定支付宝，并通过验证。

已开通诚信通至少 1 个月。

符合风险评估标准。

顾客回头率需大于等于 0.10。

货物描述相符分需大于等于 4.8 分。

客服响应速度评分需大于等于 4.6 分。

发货速度评分需大于等于 4.5 分。

企业诚信等级必须是 AAA、BBB、AA、A 之一。

注意：即使符合以上条件，也不代表就能被审核通过，审核过程还会重点关注以下内容。

（1）店铺主营跨境类产品的优先。

（2）自己有注册商标且可以授权的商家优先。

（3）可以为买家提供实拍高清图片包的商家优先。

（4）商家有自己的工厂且现货库存充足的优先。

（5）支持国际代发的优先。

（6）在 3C 行业有原始设计制作能力的优先。

6.5.6　无线端店铺装修须知

（1）跨境专供无线端有两个入口，一个是在“管理旺铺”—“无线建站中心”，如图 6-66 所示。

> 一个方案是一流的 idea 加三流的实施；另外一个方案是一流的实施加三流的 idea，哪个好？我选一流的实施加三流的 idea。

另外一个是在“服务”—“无线运营中心”—左侧栏“无线店铺装修”，如图 6-67 所示。

图 6-66

图 6-67

（2）进入“无线建站中心”，即可看到“无线装修”页面，点击“装修”按钮，如图 6-68 所示。

不要再纠缠于“长期”和“短期”，很多时候长期已经成了现在不做事情的借口。

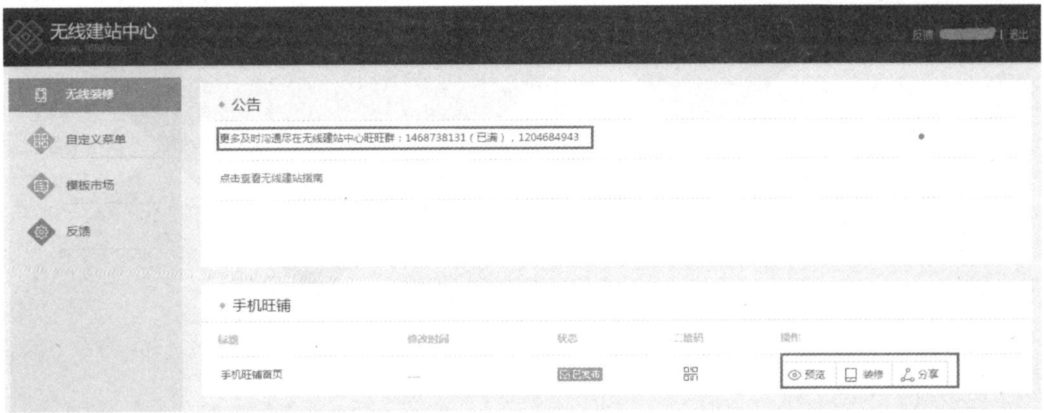

图 6-68

点击“装修店招”按钮，此时只能插入图片，不能添加链接。在“自定义背景”中，选择要上传的图片上传即可（限制为 720 像素×311 像素），如图 6-69 所示。

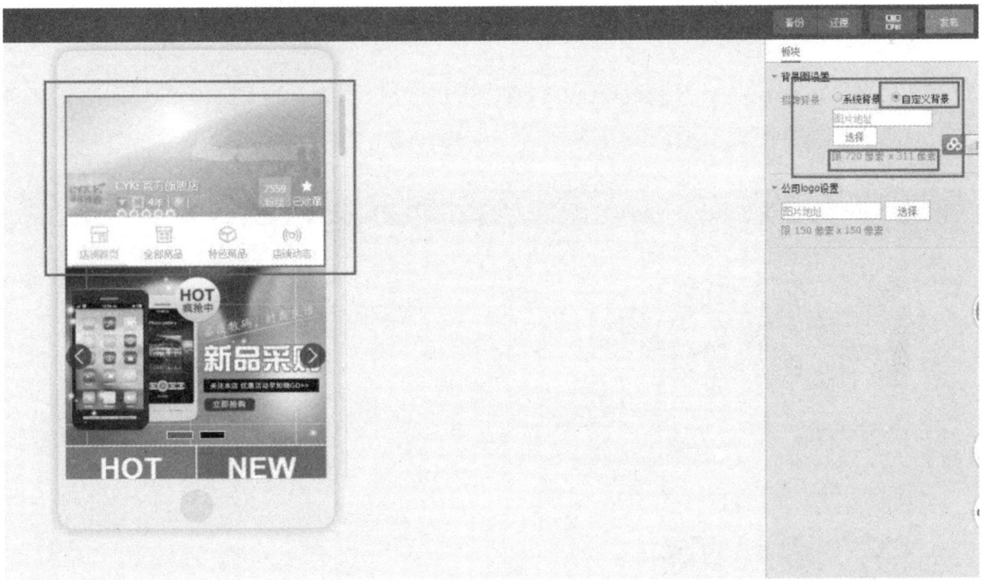

图 6-69

（3）在无线端店铺首页插入轮播海报大图。如果是默认的装修模板，则在左侧栏点击“大图轮播”，将其拖曳到相应的位置，如图 6-70 所示。

Don't complain. If you do want to complain, please complain with suggestion.

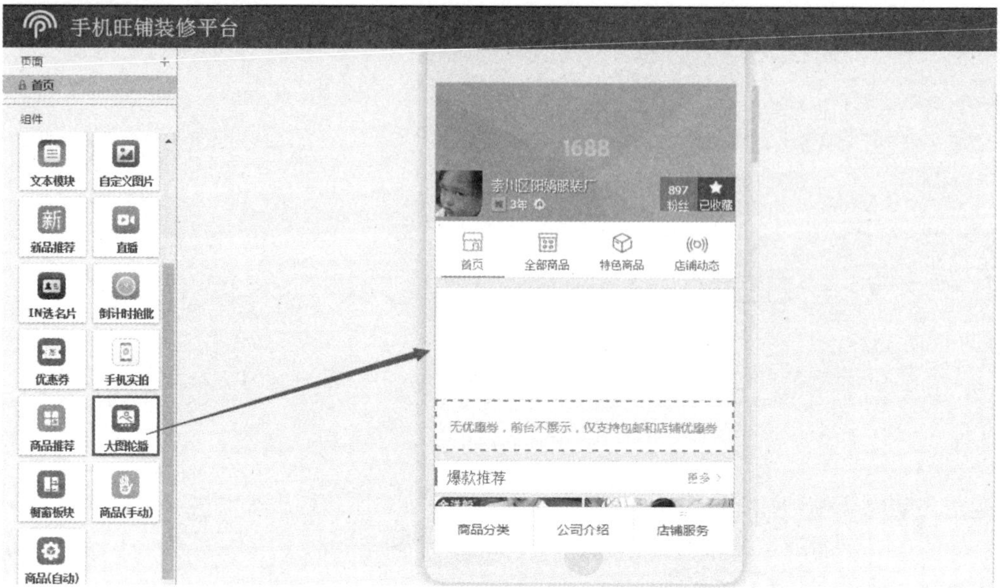

图 6-70

选中插入的“大图轮播”，在右侧栏可以添加图片（限制为 720 像素×270 像素），如果使用装修模板，请注意装修模板所要求的图片像素，如图 6-71 所示。

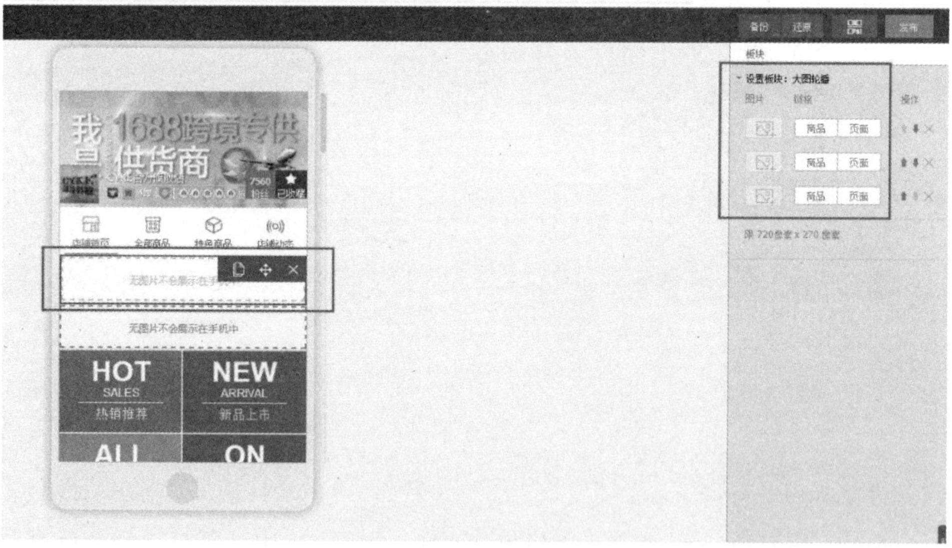

图 6-71

点击“选择图片并上传…”按钮，插入预先做好的海报图片，点击“确定上传”按钮，如

与其抱怨老板关注细节，不如比老板更“细节”。

图 6-72 所示。

图 6-72

等海报上传完成后，可根据需要添加相关页面和产品链接，如图 6-73 所示。

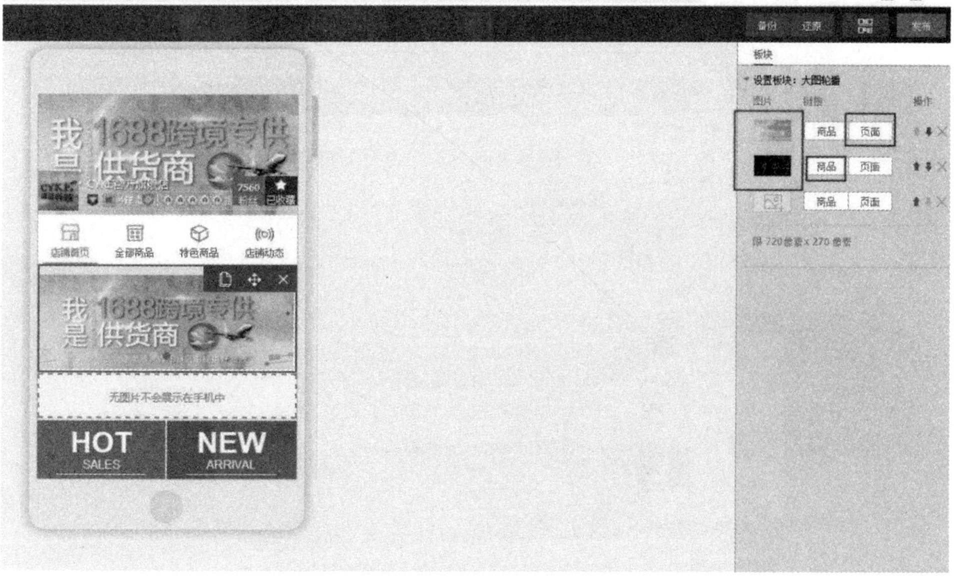

图 6-73

有些事情想想很困难，其实只要行动起来，困难也就解决了。

（4）设置跨境专区分类。跨境专区可以分为两部分。

第一部分：在“供应产品”左侧栏点击“产品自定义分类”—“添加分类”按钮，输入“跨境电商选货专区”以添加专区，如图 6-74 所示。

图 6-74

然后在“供应产品归类”中选择相关的产品加入“跨境电商选货专区”，如图 6-75 所示。

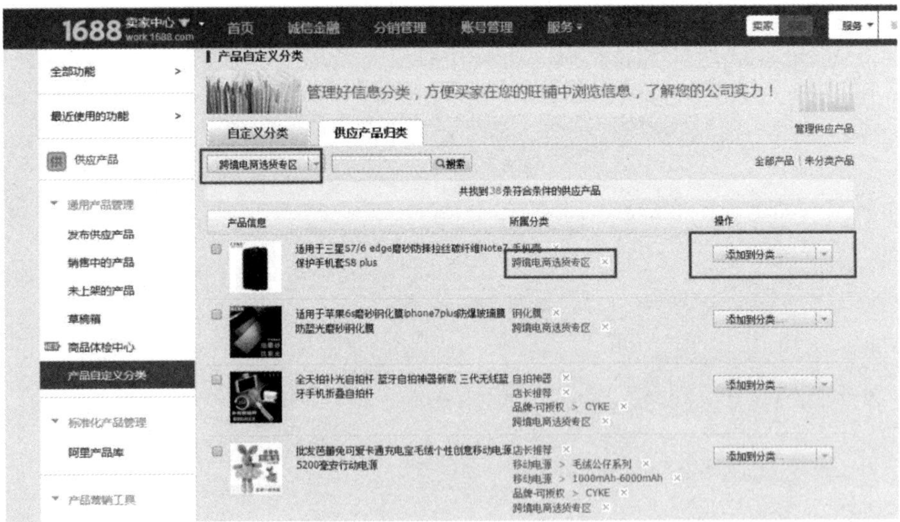

图 6-75

把你手头的工作当作吃饭来对待，你一定可以做好。

请注意，“自定义专区”在无线端没有直接展示，商家需要在店铺底部查看“产品分类”，如图 6-76 所示。

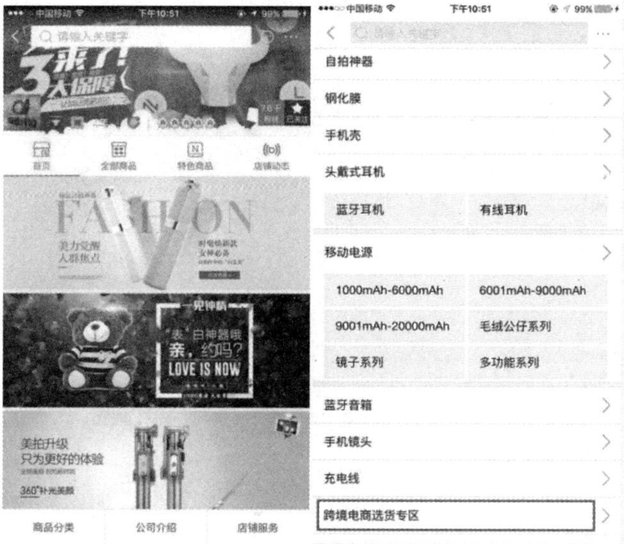

图 6-76

第二部分：要在无线端展示跨境产品，可以在“标题”中设置“跨境专供产品”，再选择要添加的产品，如图 6-77 所示。

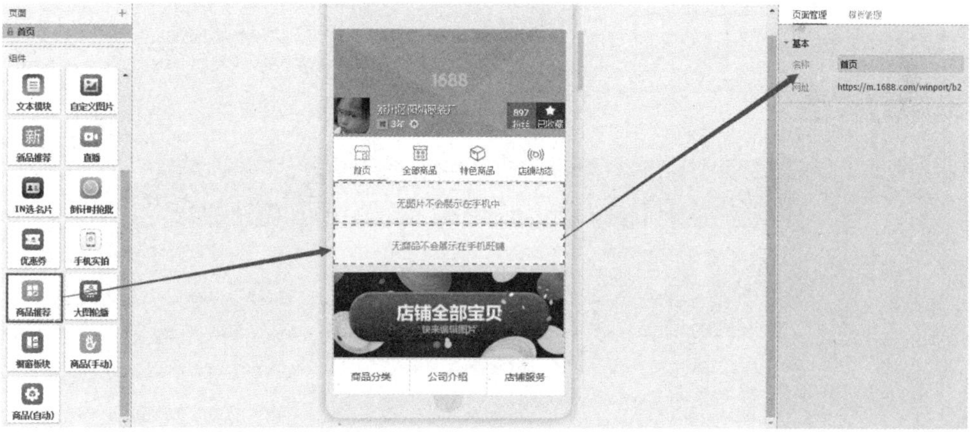

图 6-77

Never never give up.

6.5.7 报名跨境市场营销活动步骤

跨境市场为供应商打造了很多营销活动，能帮助商家获得免费的跨境流量。点击“专场活动报名”菜单，在“活动类型”中选择“跨境专供”即可，如图 6-78 所示。

6.5.8 提升跨境选品能力

1688 跨境专供市场的买家多为速卖通、Amazon、eBay 等跨境电商平台的卖家，要服务好他们，供应商务必要培养自己的选品能力，确定自己需要的国外市场，研究相关的买家需求，确定产品的风格。

初期我们可以重点去看下游市场的需求，在完成选品之后，上架的产品主图最好是白底图或者是纯色底的图，且有基本的跨境数据，这样能在市场中更好地展示。

图 6-78

要么态度有问题，要么能力有问题，要么两者都有问题。

要想提高选品能力，需要在平时记录客户对产品的建议，研究客户的采购思想。学会研究市场，学会分析市场走向。留心大品牌的产品，提取其产品色系和相关元素，并对自己的产品进行设计。

以下网站中的相关信息，也可以作为选品的参考。

（1）数据网站：

米库：http://amazon.malllib.com/amazon。

海鹰：http://www.haiyingshuju.com。

（2）跨境电商媒体资讯网站：

雨果网：http://www.cifnews.com。

亿邦动力网：http://www.ebrun.com。

亿恩网：http://www.ennews.com。

（3）选品参考网站：

易选品：https://www.yixuanpin.cn/home。

超级店长：http://www.superseller.cn。

物托邦：http://www.votobo.com/views/index.php。

6.5.9　清退标准

平台将对严重不符合跨境专供市场要求的商家进行清退，清退商家标准如下（符合下列任意一项就清退）。

（1）近 30 天全店无跨境交易额。

（2）BSR 三项得分均低于 4.2。

（3）勋章下降至 1A 或无勋章。

（4）商家不符合风险评估标准。

每月 15 日跨境市场将统一考核商家一次，并通过旺旺警告不达标商家，每月 30 日仍未达标的商家将被清退，被清退的商家将失去在 1688 跨境专供市场的全部权益。

商家被清退后，可以在一个月后重新报名入驻跨境专供市场。

男人的胸怀是被冤枉撑大的。

6.6 进口货源

6.6.1 什么是进口货源

全球化是阿里巴巴集团未来十年最重要的战略之一。未来阿里巴巴要为全球 20 亿名消费者服务，并让 10 亿名中国消费者享受世界各地商品服务。1688 进口货源平台（jinkou.1688.com）作为阿里巴巴集团全球化战略中的重要布局，是中国国内为一般贸易进口服务的一站式采销平台。仅 2017 年，1688 进口货源平台就将来自全球 158 个国家和地区、3 万家海外中小品牌的近 30 万种进口商品通过两万家分销商送至全国 140 万家采购商手中。

在一般贸易类型的进口业务中，1688 进口货源平台可以帮助企业缩短中间链路，让国内批发商以最短的路径、最快的速度拿到外国优质商品。同时 1688 可以提供散货通路，也为海外商品进入国内提供简易、快捷的贸易服务。与传统进口模式相比，如果采购商从 1688 进口货源平台进货，成本可降低 20%至 40%，时间可节省 15 至 60 天，而这些降低的成本最后都将让国内消费者得到实惠。

1688 进口货源平台通过数字化赋能进口供应链，助力更多海外品牌在中国高效建立分销网络，帮助更多海外特色品牌与中国市场无缝对接。在实现精准匹配下游代理关系的同时，将充分发挥 1688 大数据的优势，海外品牌方可实时掌握下游分销的数据，继而推动海外工厂的供给侧改革。

6.6.2 进口货源商品特色流量场景（站内篇）

1688 进口市场聚焦海外地域特色和品质特色，集结全球优质进口商品，满足国内消费升级趋势下各渠道买家对于特色进口商品的进货需求。进口货源业务可以得到 1688 进口市场流量资源扶植，包括 1688 网站站内和站外多重流量资源扶植。

1. 1688 搜索流量资源扶植

按要求发布进口货源商品信息的进口商品，将在 1688 搜索市场获得专属“进口货源”标识，如图 6-79 所示。

如果你惧怕或计较 KPI，那你还不是在创业。

图 6-79

2．专属入口和独立频道

1688 进口市场在 1688 网站首页拥有专属入口，并且有独立频道（jinkou.1688.com）。

1688 网站 PC 端首页如图 6-80 所示。

图 6-80

通过搜索框的相关词提示，用户可以直达进口货源频道，如图 6-81 所示。

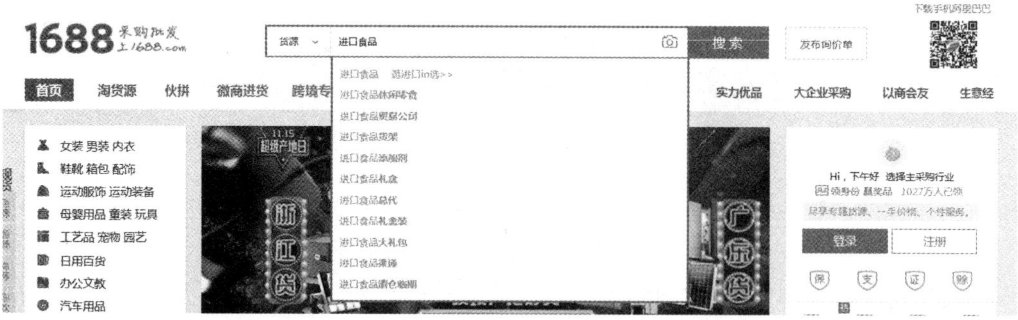

图 6-81

1688 网站 PC 端首页，进口货源固定进口“楼层”如图 6-82 所示。

图 6-82

阿里巴巴 App 端首页进口货源专属固定“门洞”如图 6-83 所示。

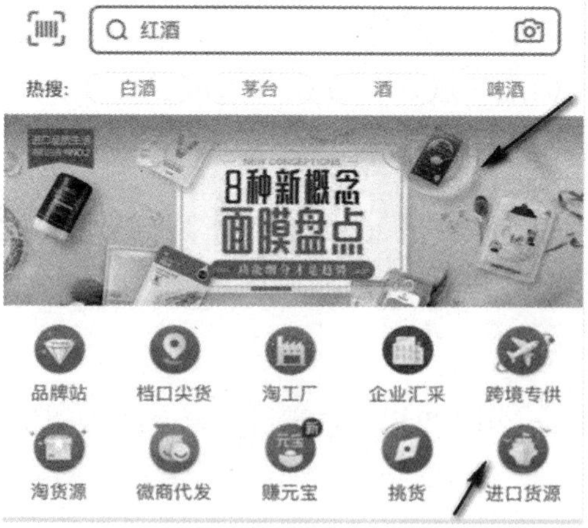

图 6-83

与其怕失败，不如狠狠地失败一次。

阿里巴巴 App 端首页进口货源专属固定“楼层”如图 6-84 所示。

进口货源频道丰富且特色化的前台导购场景，更加高效地满足了不同类型采购商的差异化进货需求。

1688 进口国家馆：与海内外政府机构、商会机构密切合作，不断将海外优质品牌引入中国，为国内买家提供海外优质进口好货源，如图 6-85 所示。

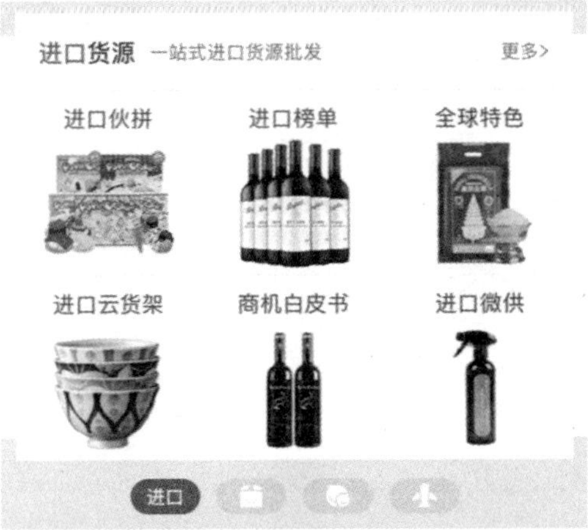

图 6-84

图 6-85

梦想不足以让你到达远方，但是到达远方的人一定有梦想！

1688 进口品牌站：为海外品牌多维数字化建档，孵化国内优势口岸分销商，从而精准匹配品牌代理关系，快速建设品牌线上分销体系，如图 6-86 所示。

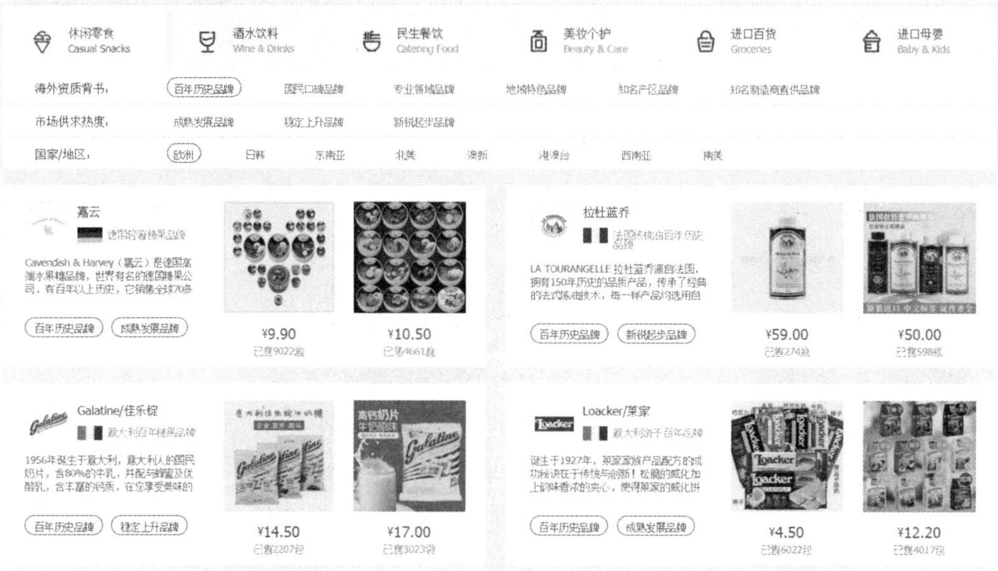

图 6-86

1688 进口榜单：依托阿里巴巴大数据算法，“标签化”解构国内终端消费趋势，智能匹配海外货源，为买家提供更精准的采购决策支持，如图 6-87 所示。

图 6-87

有功无过是短暂的，无功有过是行不通的，有功有过是最好的。

1688 进口超级组货：围绕海外货源热点，打造多维的精细化动态组货市场，针对不同铺货渠道提供一站式采购服务，如图 6-88 所示。

图 6-88

1688 进口货源日常特色营销活动如图 6-89 所示。

图 6-89

1688 全网大促进口货源独立调性会场如图 6-90 所示。

不难，要你干吗？

图 6-90

6.6.3 进口货源商品特色流量场景（站外篇）

如今很多国外特色小众品牌商家不愿进入中国市场，不是因为卖不动商品，而是因为没有中国本土运营团队支撑，心有余而力不足。针对这类痛点，1688 进口市场整合了国内领先的内容营销渠道为海外品牌造势，助其快速撬动国内市场关注度，实现品牌传播力的爆发式提升。1688 打造的进口生态就是这些海外品牌迈入中国市场的“下半场”，用各类直播、短视频、公众号等，做好海外品牌在国内营销的“关键 1 公里”。此外，买家对于品牌的认知度更是品牌商迫切需要去打造的，如通过参加展会为品牌提升认知度和寻找客户，是海外企业常见的商业营销方式。1688 进口市场通过打造多层次的互联网+展会直播新模式，帮助海外企业实现传统参展模式向数字化参展模式的转型，更大幅度提升了参展收益。

> 一个方案是一流的 idea 加三流的实施；另外一个方案是一流的实施加三流的 idea，哪个好？我选一流的实施加三流的 idea。

6.6.4　如何发布“进口货源”商品信息

1688 进口市场的流量资源仅分配给带有“进口货源”标识的进口商品，如图 6-91 所示。那么，如何发布“进口货源”商品信息呢？在后台发布商品信息时，“是否进口”选项选择“是”，然后按照提示完成相关进口属性的填写，并上传有效进口单证、票据，如图 6-92 所示。发布后等待产品审核通过即可。

图 6-91

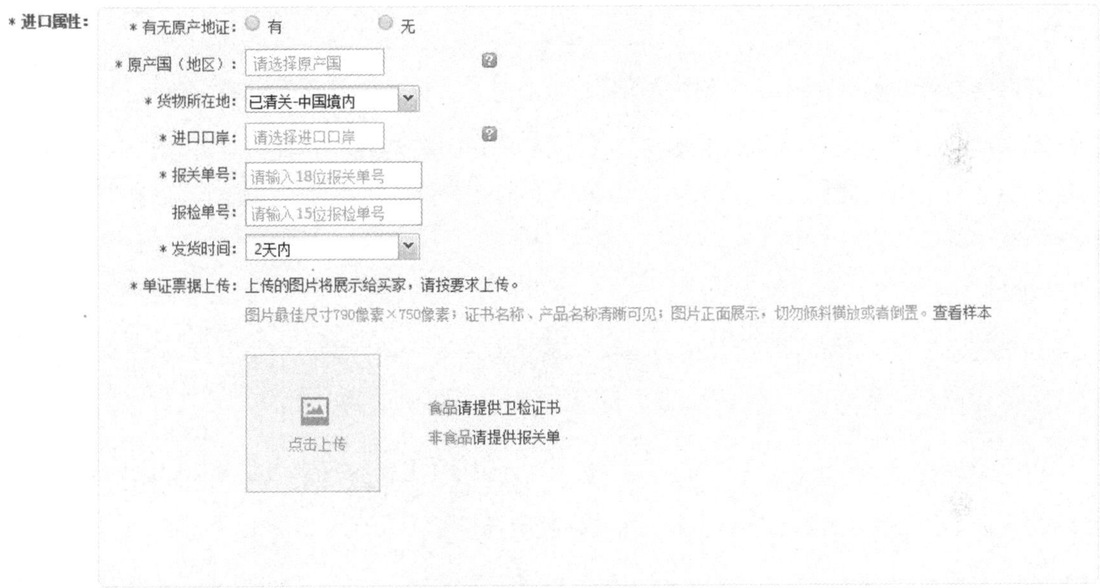

图 6-92

6.6.5　主图、标题、详情页规范

1．主图部分

一张高品质的主图是非常重要的，可以第一时间抓人眼球。主图第一张采用透明底或白底的 800 像素 × 800 像素以上的正方形图片。图片上可以只有产品，也可以有一些产品示意（如主要成分示意：绵羊；功效示意：水润）。

不要再纠缠于“长期”和“短期”，很多时候长期已经成了现在不做事情的借口。

如产品为礼盒套装，建议让礼盒包装呈现在后方，以提升档次（杜绝各种类型的“牛皮癣”上镜，如水印、功效、价格等均不要放到主图上），如图 6-93 所示。

图 6-93

2. 标题部分

好的标题要让客户在最短时间内看明白产品是什么，卖点是什么，一定要确保简单扼要。

基本结构参考：国家+品牌+主要成分+产品名称+规格+功效，其他内容可以自由发挥，但切记不要叠词，如：澳洲进口 Goat Soap 山羊奶手工皂 100g 洁面润肤。如果产品有“美白”等特殊功效，需要该功效取得国家认证之后才可以用。

3. 详情页

如果买家已经看到产品的详情部分，那么恭喜你，你已经打了一个小胜仗。

在产品详情部分应如何提升买家转化率呢？产品详情部分结构如下。

（1）至少包含 5 张精美产品图片+产品主要成分说明+主要功效（请注意功效用词规范）。

（2）产品影响力+品牌故事+品牌海外及国内市场份额。

（3）本企业实力（B 类的交易更倾向于考量商家资质）。

（4）相关产品导购（鼓励买家一站式采购，最大程度地留住买家）。

4. 准入品牌发布前的注意事项

准入品牌库会实时更新，没有获得授权的产品不要上架销售，获得品牌授权的请先申请品牌备案再上架，否则会引起侵权问题，导致店铺无法报名参加日常活动和大促活动。

5. 进口报关单

保持图片清晰，重要信息（如进口公司、产品明细）无涂抹（价格可进行涂抹处理）。为防止他人盗用，可在适当添加水印说明后上传。注意：产品明细需要和售卖的产品保持一致。

说了不一定有机会，但不说一定没机会。

6.7　工业品品牌站

6.7.1　什么是工业品品牌站

工业品品牌站是为品牌企业搭建的高效的一站式分销渠道管理及订货交易协同管理平台，能够有效地提升渠道管理效率，降低渠道管控和市场推广成本，成功加入工业品品牌站的商家将享有特殊权利。

6.7.2　加入工业品品牌站的好处

加入工业品品牌站的好处是能够获得更强的搜索加权、更特殊的身份标识、更优质的活动资源、更丰富的渠道推广、更精准的买家匹配。

6.7.3　工业品品牌站招募类目

工业品品牌站招募类目有电工电气、机械及设备、五金工具、安全防护、个人防护、仪器仪表、照明工业、精细化学、电子通信、橡塑、化工原料、包装包材等，如图 6-94 所示。

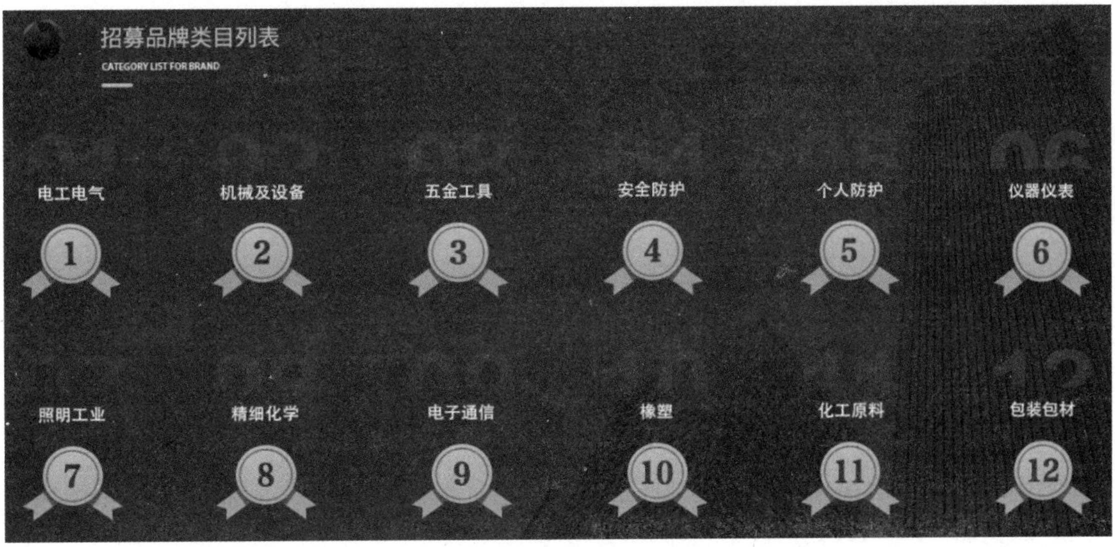

图 6-94

Don't complain. If you do want to complain, please complain with suggestion.

6.7.4 商家入选基础条件

商家入选基础条件如下。

（1）商家为服务中的阿里巴巴中国站诚信通会员。

（2）店铺在线产品数不少于 5 件。

（3）本年度因违规累计扣分低于 36 分且无知识产权严重侵权行为。

（4）店铺近 90 天在线交易纠纷率不超过 0.03%，或纠纷笔数不超过 1 笔。

（5）商家需开通买家保障服务。

（6）符合阿里巴巴认为商家需要达到的其他要求。

（7）店铺绑定支付宝账户并且通过实名认证。

6.7.5 招募品牌类型

招募品牌类型如表 6-3 所示。

表 6-3

国际知名品牌	跨国公司在国内外均有工厂和办事处，品牌源自国外，世界 500 强企业优先
国内知名品牌	国内龙头企业，行业领军品牌，国内制造业 500 强企业优先
行业优质品牌	在某一个垂直品类市场或者区域内品牌认知度高

6.7.6 修改产品信息

下面推荐两种方法修改产品品牌属性，即批量修改和单条修改。

1．批量修改

（1）进入 1688 卖家工作台，在页面顶端菜单栏中点击“商品”菜单，找到商机助理网页版，点击“立即使用”按钮，如图 6-95 所示。

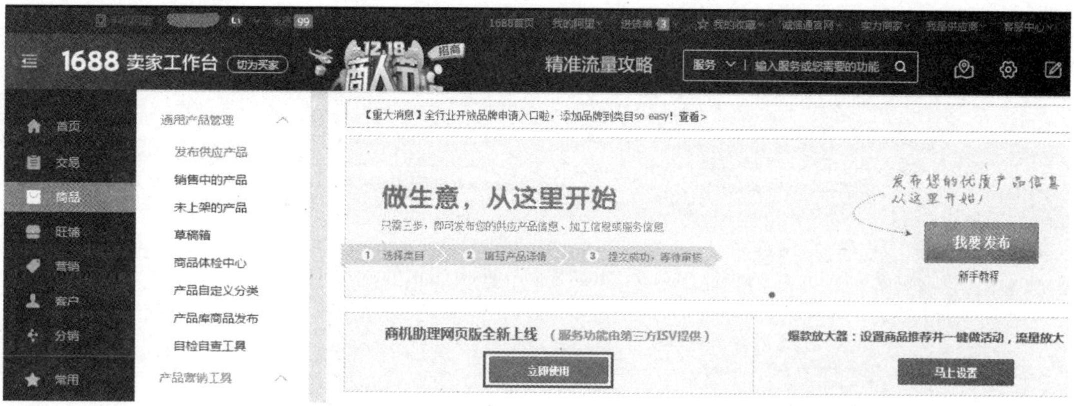

图 6-95

（2）点击“供应产品”链接，如图 6-96 所示。

图 6-96

（3）进入商机助理页面后，点击“批量修改”旁边的下拉箭头，在下拉菜单中点击“产品属性”，如图 6-97 所示。

你自己觉得有，别人感觉不到你有，你就是没有。

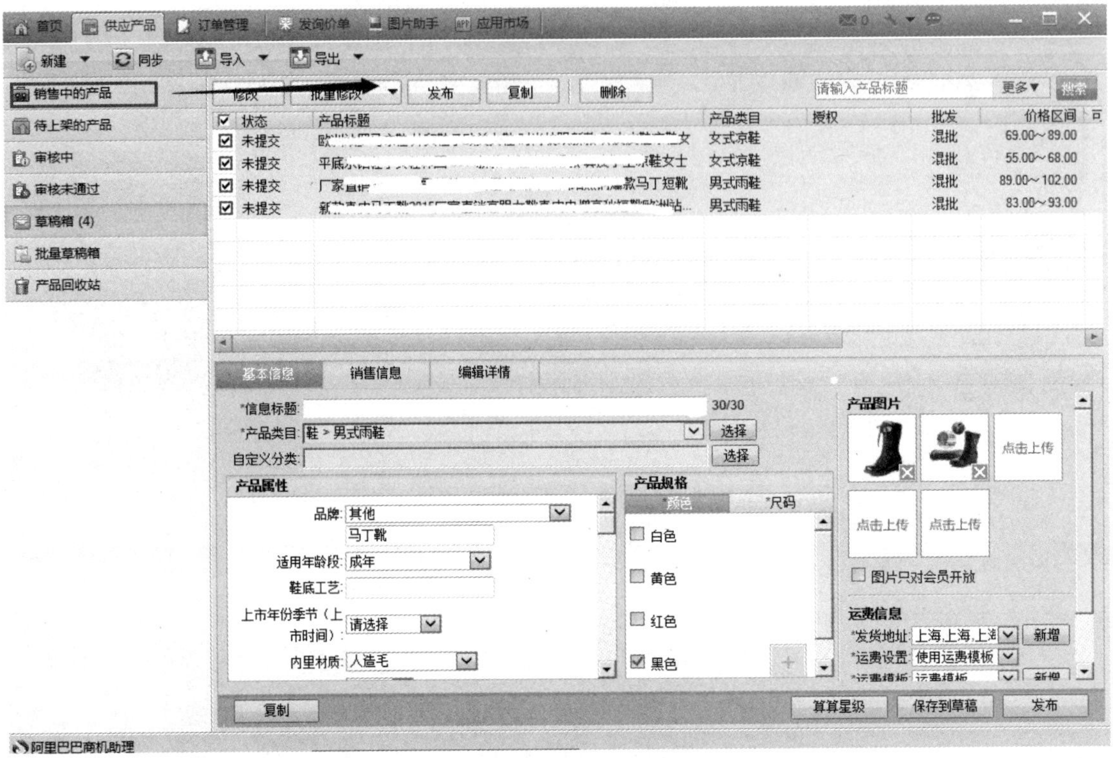

图 6-97

（4）有两种批量修改操作方式可以选择："当前选中的产品修改""按产品类目筛选修改"，如图 6-98 所示。

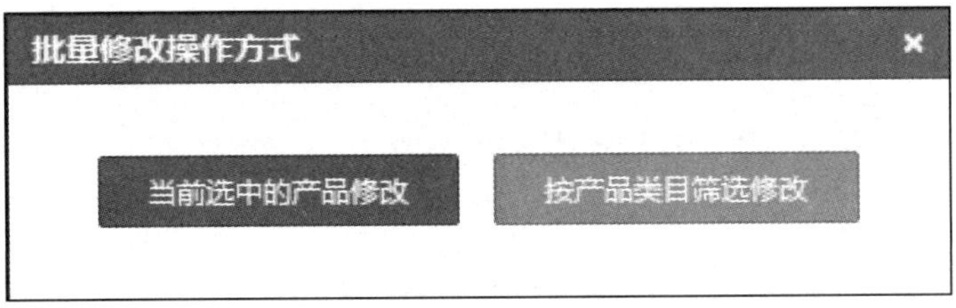

图 6-98

①"当前选中的产品修改"（只有类目一致的产品信息才能一起修改）：首先需要在展示的产品类目中，选中同一类目产品需要修改的信息，然后按照"批量修改"—"产品属性"—"当前选中的产品修改"路径进行修改。

②"按产品类目筛选修改"：可以按类目批量修改所有该类目下的产品信息，选择或搜索对应的类目进行修改，如图 6-99 所示。

有勇气去改变可以改变的事，有胸怀去接受不可改变的事，用智慧去分辨两者的不同。

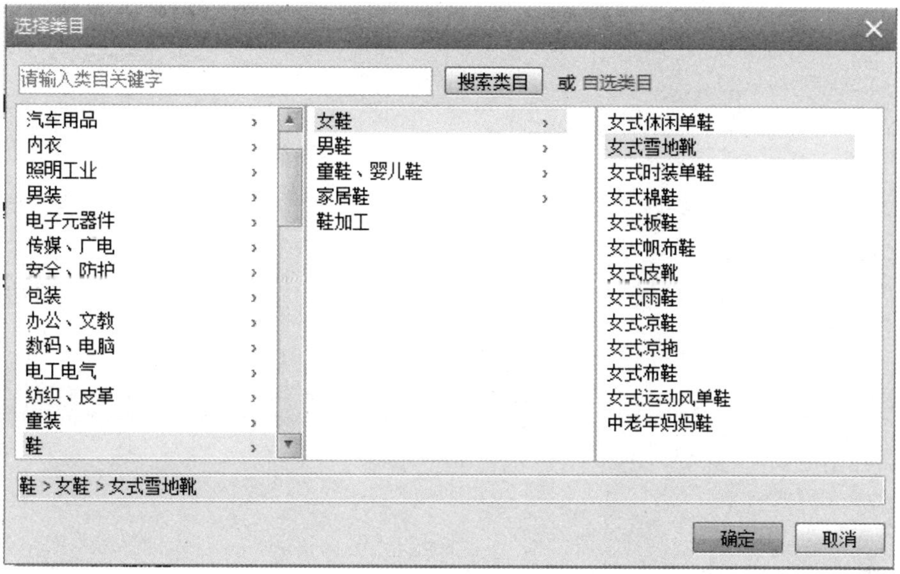

图 6-99

（5）选出要修改的信息后，点击“点击修改属性值”按钮，如图 6-100 所示。

图 6-100

（6）选择好品牌之后，点击“保存配置”按钮，如图 6-101 所示。

自得其乐是一种能力。

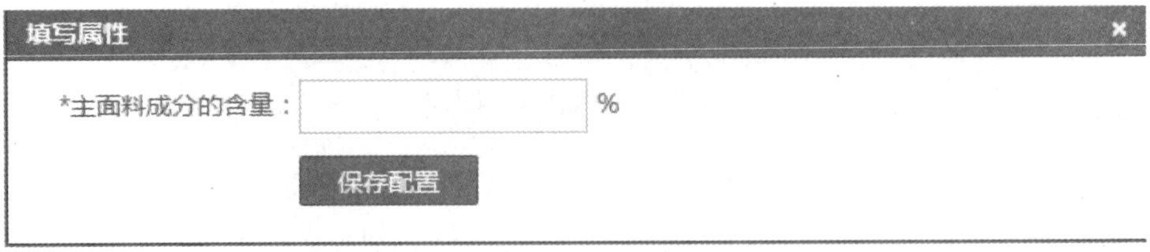

图 6-101

如果品牌词不在选项中，则选择“其他”选项，按入驻时提交的品牌词格式准确填写，如图 6-102 所示。

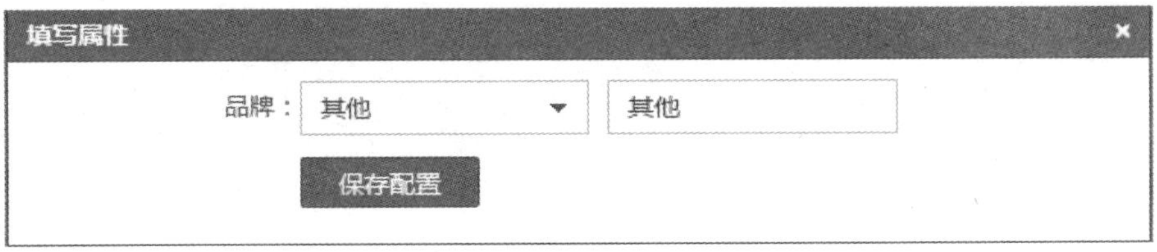

图 6-102

通过以上批量修改的方法可以将需要修改的多条信息一起修改。

2. 单条修改

（1）进入 1688 卖家工作台，点击“销售中的产品”菜单，在右侧点击“修改详情”按钮，如图 6-103 所示。

图 6-103

快乐和烦恼都是自己给的。

（2）在“产品属性”面板的“品牌”下拉菜单中选择品牌，如果品牌不在列表中，则选择“其他”选项，并填写准确的品牌词，如图 6-104 所示。

图 6-104

（3）拉到最下方，点击“同意协议条款，我要发布”按钮，如图 6-105 所示。

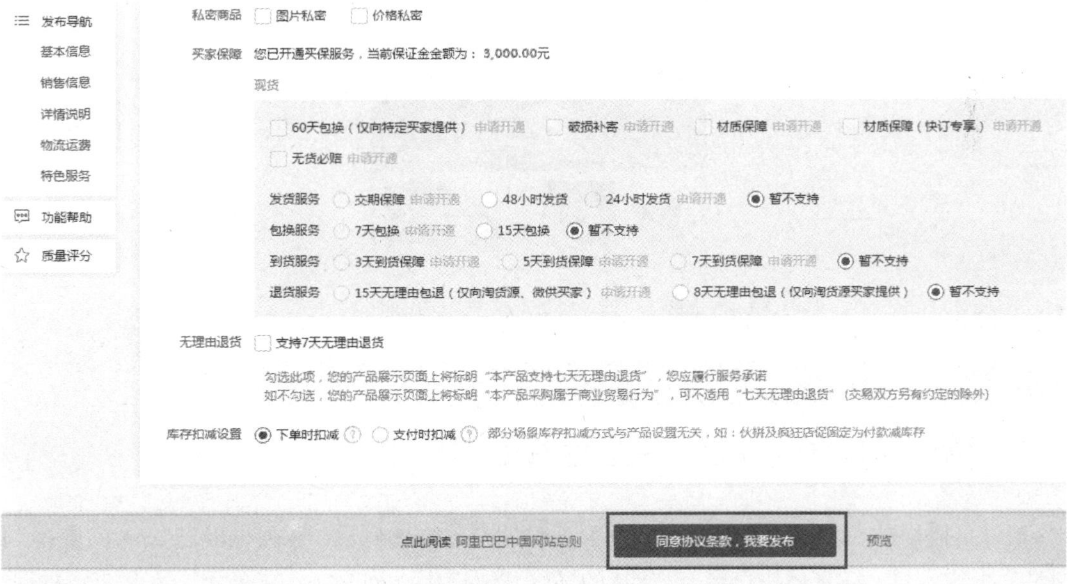

图 6-105

机会太多，只能抓一个。抓多了，什么都会丢掉。

产品信息的品牌属性就修改好了，如果信息在搜索时已经有“品牌站货源”的标识，说明我们已经完成了操作。

6.8 档口尖货

6.8.1 什么是档口尖货

档口尖货（ho.1688.com）是 1688 横向业务之一，是 1688 智慧市场业务的平台呈现，是在实体专业市场有商铺的商家优质商品的“集结地”。档口尖货包括五个特色场景：档口直播、档口尚新、线下爆品、档口伙拼、档口清仓，同时会有特色市场区域供买家“足不出户逛市场”。

档口尖货市场可以在阿里巴巴 App 首页直接进入，如图 6-106 所示。

图 6-106

6.8.2 档口尖货特色场景——档口直播

档口直播是对入驻档口尖货频道的商家开设的专属直播栏目，在阿里巴巴 App 首页有“商+直播”板块入口，在直播栏目设有“档口尖货”直播专区，如图 6-107 所示。入驻市场的商家可直接获得普通主播权限，使用直播工具介绍和录制产品信息，并转发到社交平台，可以让商

你感觉不舒服的时候，就是成长的时候。

品获得更多关注。

图 6-107

6.8.3　档口尖货特色场景——档口尚新

档口尚新是主打新品的特色场景，有两种“坑位”：4 个主推坑位和 3 个自动轮播坑位。4 个主推坑位每周一、周四更新，在发布 7 天之内，按销量降序排名，取前 4 种商品推荐；3 个自动轮播坑位由系统根据发布时间自动抽取，入驻档口商家的新发布商品展示每 30 分钟刷新一次。档口尚新的入口和参与方式如图 6-108 所示。

图 6-108

6.8.4　档口尖货特色场景——档口爆品

档口爆品是线下爆品在线上呈现的营销场景，之前因为线上和线下销售数据不同步，纯粹

对于你工作的头衔，你承担的职责，不是要把它们看“轻”，而是要看“清”。

从线上筛选无法把线下的爆品筛选出来，档口爆品就是基于此产生的。通过该商品的出货单据、订货票据等来证明某款商品是爆品，同时由合作市场方来证明该单据属实，再经过小二审核，按买家数和商品点击量将商品排序。档口爆品的入口和参与方式如图 6-109 所示。

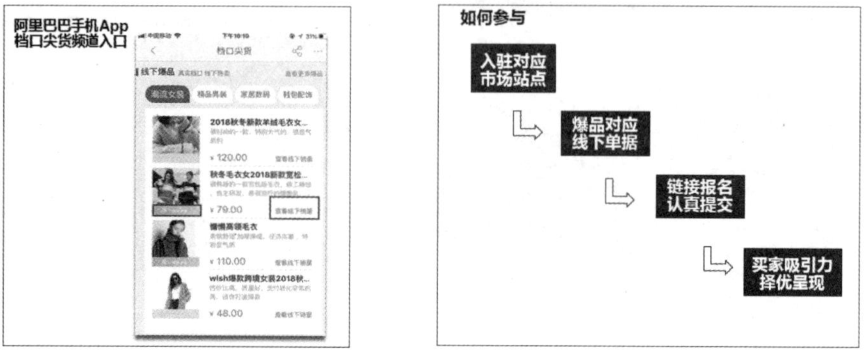

图 6-109

6.8.5 档口尖货特色场景——档口伙拼

伙拼是 1688 平台的老牌服务，买家认知度极高，而档口伙拼是将性价比高的商品打造成线上爆品的营销场景，主要目的是帮助档口商家将线下已经或即将成为爆款的商品打造成全网爆品，带来更多生意机会。档口伙拼在档口尖货频道有专属板块，且报名参与档口伙拼的商品可同步加入档口伙拼商品池，并参与流量分配，如图 6-110 所示。

图 6-110

6.8.6　档口尖货特色场景——档口清仓

清仓是线下市场常见的商业行为，档口清仓旨在帮助档口商家快速出货，报名商品价格必须低于日常价格的 5 折且支持一件起批。档口清仓的入口和参与方式如图 6-111 所示。

图 6-111

6.9　实力汇

6.9.1　什么是实力汇

实力汇又叫实力优品，是 1688 平台上颇具特色的高端交易市场。实力汇主要汇集实力品牌和源头厂家。实力汇有比 1688 大市场更严格的入驻门槛，入驻商家更要由国际权威认证机构进行认证。这样做的目的是给买家提供品质好货和优质服务，降低买家的选商成本。未来实力汇将带领实力商家通过更多的导购场景服务买家，真正做到“实力商家，品质优选”。

6.9.2　实力汇的入口

（1）在 1688 平台首页，点击顶部导航栏里“实力商家”旁边的下拉图标，就可以直接进入实力汇频道的三个子页面“实力品牌”“实力工厂”和“商家入驻”，如图 6-112 所示。

不要以“为别人考虑”为理由，不能丢弃“舍我其谁”的使命感。

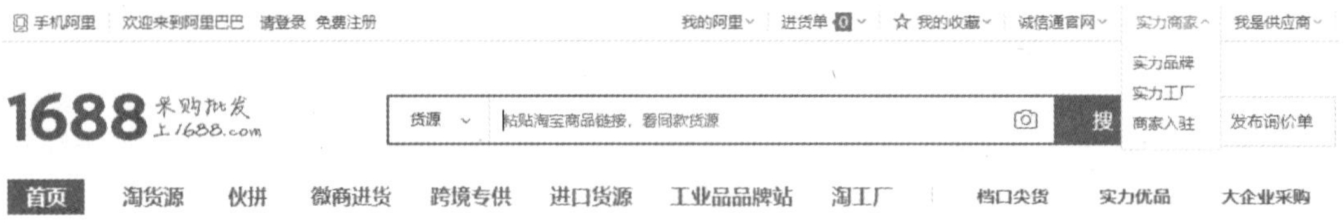

图 6-112

（2）在 1688 平台首页，点击搜索框下方导航栏里的“实力优品”链接，也可以进入实力汇频道页面，如图 6-113 所示。

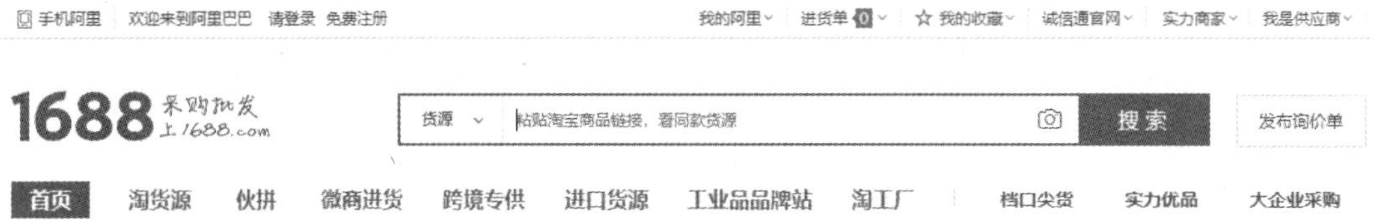

图 6-113

（3）在首页第二屏中也有“实力优品”的专属板块，这里也是前往实力汇的一个入口，如图 6-114 所示。

图 6-114

错误的决定比没有决定要好。

6.9.3　实力汇的特色

已成为“实力商家”的商家都知道，从一开始的入驻资质审查，到第三方机构上门核验，再到入驻后的考核清退机制，这一切都是为了确保商家和商品的品质。实力商家都必须支持“三大服务保障”：交易前的质量保障、交易中的发货保障、交易后的换货保障。这样，买家在整个交易过程中都能切身感受到与众不同的采购服务。

如图 6-115 所示，实力汇页面除了有基础的行业大类的划分外，还针对不同的场景，提供了四大板块。

（1）实力品牌（集合了官方旗舰店和品牌专营店两种店铺）。

（2）实力工厂（集合了源头工厂）。

（3）实力定制（集合了具备加工定制能力的企业）。

（4）行业优品（集合了各类特色场馆）。

这样就更方便买家找到需要的店铺及商品。

图 6-115

开会不能总讲和气，越和气就越微妙。

6.9.4 实力品牌

成为“实力品牌”后可以享受多种特权，主要包括四个方面：品牌展现、营销扶持、专属服务、工具赋能，如图 6-116 所示。

图 6-116

1．品牌展现

可以从多个角度展现企业和品牌的实力。如在旺铺、搜索结果、各类频道活动中，实力品牌带有“牛头”标志，让买家一眼就能关注到品牌的不同。专享 3D 全景拍摄服务，让企业实力全面展现，让买家更加快捷方便地了解企业实力。

2．营销扶持

实力商家享有搜索结果优先展示权，有机会固定在第 2 至第 4 位。买家在网站首页搜索框中输入实力品牌名，就可以轻松直达实力旺铺。实力商家可打通横向多个场景，如支付宝货源市场、直播源头好货、伙拼工厂爆款、淘货源工厂赊销、跨境全球工厂等。

3．专属服务

实力商家可以参加专属的线上或线下培训，也可以在无线端随时随地完成学习。可享受到多种金融服务，如诚 e 赊、诚企贷、诚易保等，在通过率、额度、费率等方面，实力商家均比普通诚信通会员有更多 VIP 特权。实力商家还可以使用专属手机拨打 400 热线，无须等待，可全天候享受服务。

4．工具赋能

实力商家可以使用富有特色的旺铺模板，更好地展示“商”和“品”，凸显装修专业度，吸引买家眼球。智能客服机器人“店小蜜”24 小时提供自助化服务，提升转化率。成为实力商家后就自动获得普通主播身份，可使用直播功能。实力商家可以比普通诚信通会员多开通 10 个子账号，可自主决定热推产品，增加产品曝光机会。

6.9.5 实力工厂

实力工厂是实力汇的非常重要的一个内容，主要包括五星大厂、加工工厂、外贸大厂、品

管理者要学会自己舔伤口，舔完自己的伤口还要去舔别人的伤口。

牌工厂四大模块。

1. 五星大厂

五星工厂的评判标准主要有：商家规模、研发设计能力、电商服务、营销服务、质量控制和生产服务，如图 6-117 所示。在申请者申请时，系统会依据这几大维度给予评分，评分越高则该店铺的权重就越高。

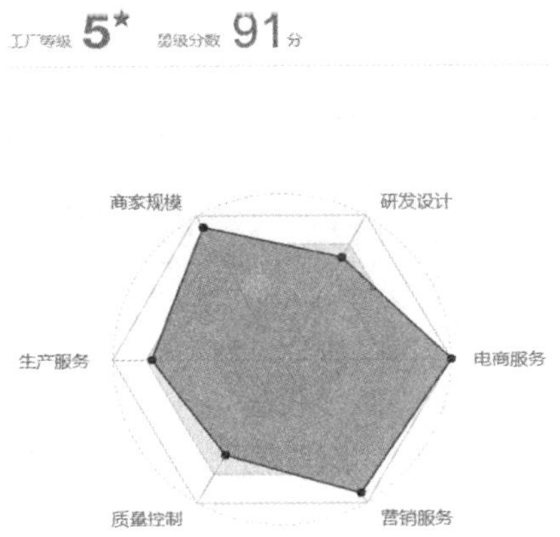

图 6-117

2. 加工工厂

加工工厂以大厂加工为主，兼有自营品牌。入驻加工工厂的标准也是围绕上述六大维度展开的。在实力汇展示页面，可以自动依据六大维度进行评分。客户可以看到系统达标评级是几级，点击图片右上角的五星图标就能看到评分及各个维度的强弱，如图 6-118 所示。

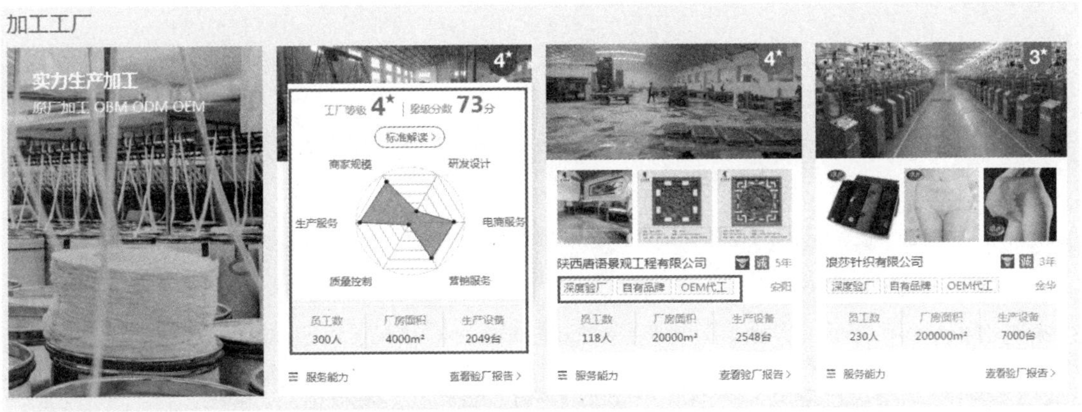

图 6-118

任何人的错都是我的错。

3. 外贸大厂

该类型工厂的业务以外贸出口为主，主要是欧洲、北美、东南亚一站式货源，且目前仅对部分保税区开放，在保税区的商家或者附近商家可申请成为外贸大厂。主要的保税区如下：上海外高桥保税区、天津港保税区、深圳市保税区、广州市保税区、张家港保税区、厦门象屿保税区、福州保税区。只要用户到了实力汇页面，系统就会自动显示附近的保税区。当然，目前仅对以上保税区开放申请，如图 6-119 所示。

图 6-119

4. 品牌工厂

该类型的工厂主要以自有品牌为特色，且品牌在行业内有一定知名度，比如五芳斋。品牌工厂以自主设计为主，且同样需要由上述六个维度的标准检测，星级越高，评测分数越高。进入实力汇市场时，品牌工厂会带上几种标识：深度验厂、自有品牌、OEM 代工。

5. 其他工厂

该类型的工厂包括一些政府项目供应商等，达标方法及评判标准和上述几种工厂类似。

6.9.6 实力定制

实力定制是实力汇中很重要的一个项目，实力定制主要包括在线定制、礼品定制、真实工艺、定制热品四大市场板块。

1. 在线定制

小二精选热门定制商品，并且用时下最火热的短视频全面展示其“商品力”。短视频展示项目包括商家名称、企业认证实力，以及定制能力（如可否开增值税专用发票、可定制的特色、

你刚来可以抱怨你的手下是一群混蛋，但是如果过了一年你还在抱怨，那么你才是一个真正的混蛋。

有没有设计师、设计师的资质、出样品的速度、是否可以加 Logo 等）。点击“商品或在线打样”按钮跳转至在线打样编辑器，买家可在线上简单操作得到有自己 Logo 的样品效果图，并快速传给商家，如图 6-120 所示。

图 6-120

2．礼品定制

礼品定制有四种主要商品类别：广告促销类、纪念表彰类、节日福利类、包装加印类。实力汇可以展示出企业的实力，比如是否可以开增值税专用发票、几天出样、设计师从业时间等。把鼠标放在公司名称上会显示出该公司的实力，如图 6-121 所示。

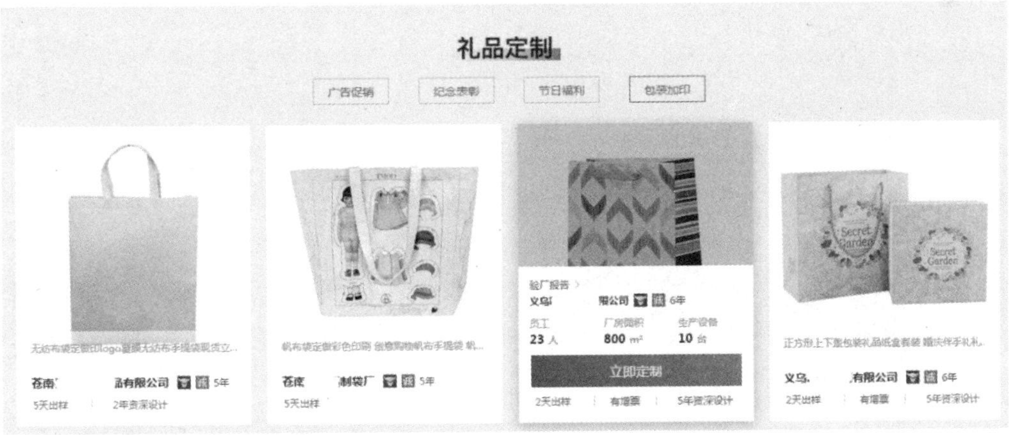

图 6-121

没有愚蠢的问题，只有愚蠢的回答。

3．真实工艺

B 类买家对于工厂是否真实十分在意，实力商家中 70%的商家是工厂，真实工艺板块通过短视频为买家展示商家的工厂外观、生产车间、仓储情况等，并结合深度认证数据全面展示工厂实力，通过原材料、半成品、成品工艺等展示工厂加工定制能力，帮助买家甄选真实、优质的工厂，提升采购效率，如图 6-122 所示。

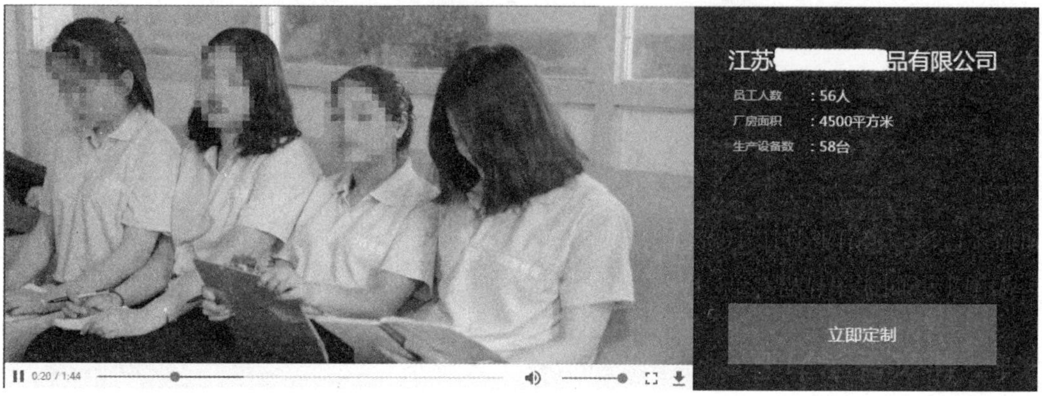

图 6-122

4．定制热品

定制热品市场包括十四个当季热销商品类目，与真实工艺市场不同的是，在定制热品市场中，用工厂图片展示代替了视频展示，如图 6-123 所示。

图 6-123

管理不是为了方便自己，而是为了方便别人。

定制流程如图 6-124 所示。

图 6-124

6.10　企业汇采

6.10.1　什么是企业汇采

企业汇采（https://qyhc.1688.com/）是面向千万家中小企业的企业自用一站式采购平台，为其提供丰富的采购场景、服务和企业解决方案。同时帮助平台优质商家吸引精准企业买家，展现公司实力和能力，提供权威数据与工具支持，助其全面开拓企业市场。

企业汇采的主要业务场景如图 6-125 所示。

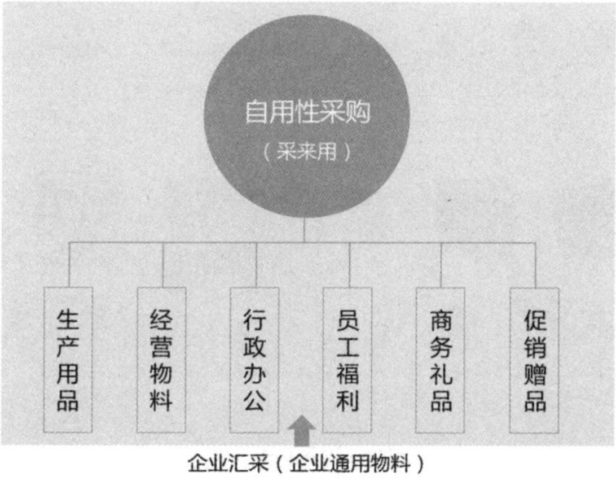

图 6-125

6.10.2　企业汇采的前台展现

企业汇采的 PC 端前台展现如图 6-126 所示。

当你只需要一根针时，千万不要去磨铁棒。

PC

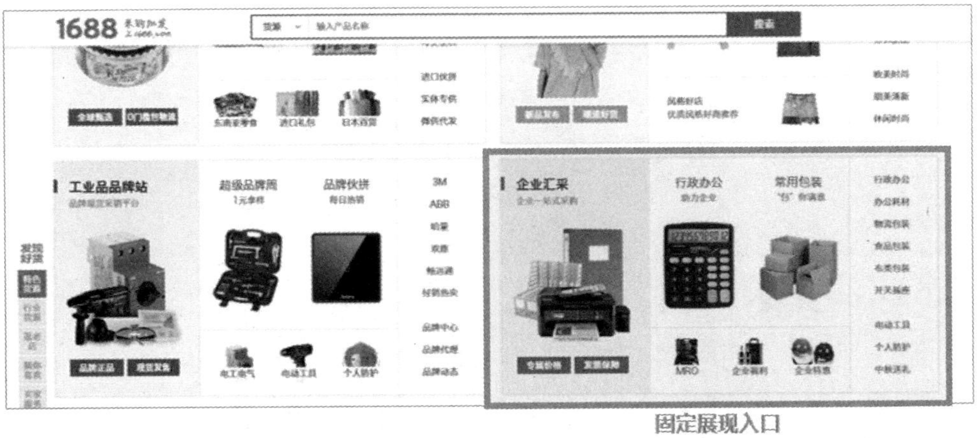

图 6-126（续）

企业汇采的 App 端前台展现如图 6-127 所示。

别把沙子放大为绊脚石。

图 6-127

企业汇采的 App 端“门洞”位置如图 6-128 所示。

图 6-128

别把自己太当回事，也别把自己太不当回事。

企业汇采的诚信通客户专享展示（仅诚信通会员可见）如图 6-129 所示。

图 6-129

1688 卖家工作台的企业汇采卡片如图 6-130 所示。

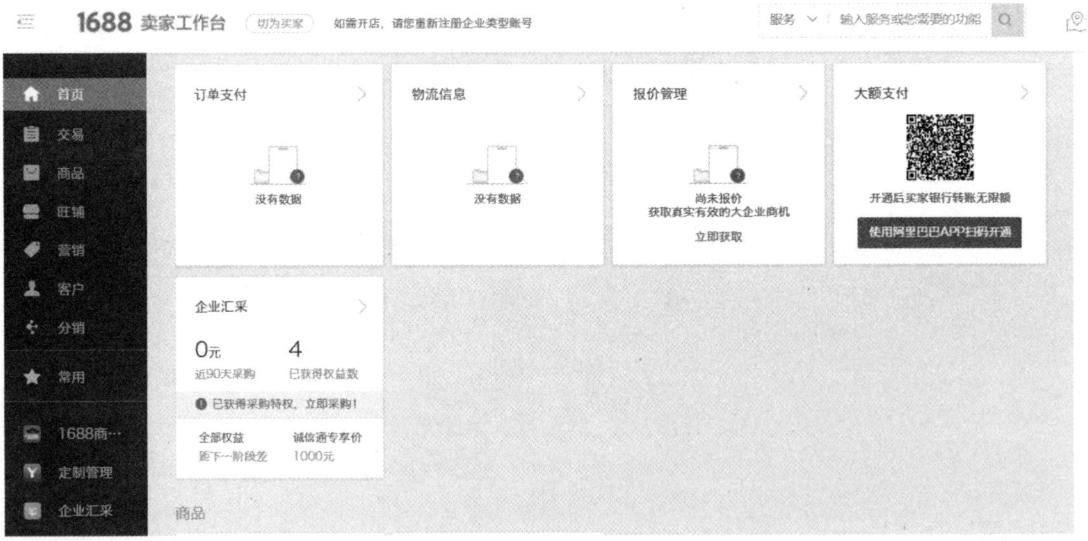

图 6-130

你自己觉得有，别人感觉不到你有，你就是没有。

6.10.3　入驻商家的权益

入驻企业汇采的商家可以获得不少权益，具体如下。

（1）企业与客户精准匹配。

（2）企业信息可以获得多场景展现。

（3）官方举办多种活动，精彩无限。

（4）平台有上百万名诚信通用户，为企业提供海量潜在客户。

（5）名企云集，为企业提供优质供应机会。

6.10.4　企业汇采商家入驻规则

1．入驻须知

（1）频道现未授权任何机构和个人进行代理招商服务，入驻申请流程及相关说明均以官方招商页面为准。

（2）频道有权根据运营需求、入驻商家经营状况、服务水平等因素退回商家的申请。同时结合行业发展趋势、国家相关规定，不定期更新招商标准。

（3）请务必确保申请入驻及后续经营阶段提供的相关信息、资质及证明文件的真实性，一旦发现信息、资质或文件虚假，相应商家将被列入非诚信客户名单，频道将不再与之进行合作。

（4）商家入驻并使用频道服务（以下简称“服务”）暂时无须向阿里巴巴支付任何服务费用，但阿里巴巴保留收费的权利，当阿里巴巴公布收费方案后，如商家仍继续使用服务，则就后续使用服务部分应按收费方案支付服务费用。

2．入驻条件

对入驻商家的要求如下。

（1）商家为服务中的阿里巴巴中国站企业诚信通会员。

（2）店铺绑定支付宝账户并且通过实名认证。

（3）商家具备一般纳税人资格。

（4）店铺在线产品数不少于 10 件。

（5）店铺满意度在 4 分及以上。

对自己要以身作则，对团队要将心比心，对业务要身先士卒。

（6）店铺交易勋章等级在 2A 级及以上。

（7）商家需开通买家保障服务或者开通交期保障服务。

（8）本年度因违规累计扣分低于 36 分且无知识产权严重侵权行为。

（9）店铺近 90 天在线交易纠纷率不超过 0.01%或纠纷笔数不超过 1 笔。

（10）商家具备其所经营品类产品所需的相应经营许可资质。

（11）符合阿里巴巴认为商家需要达到的其他要求。

6.10.5 企业汇采商家入驻路径

在 1688 卖家工作台首页左侧点击“营销”图标，在弹出的菜单栏中点击“专场活动报名”菜单，选择“企业汇采商家入驻”入口，在最后点击“立即报名”按钮，即可入驻企业汇采频道。

6.10.6 企业汇采日常站内资源

PC 端首页推荐 Banner 位置如图 6-131 所示。

图 6-131

App 端首页推荐 Banner 位置如图 6-132 所示。

有勇气去改变可以改变的事，有胸怀去接受不可改变的事，用智慧去分辨两者的不同。

图 6-132

PC 端企业单品推荐区如图 6-133 所示。

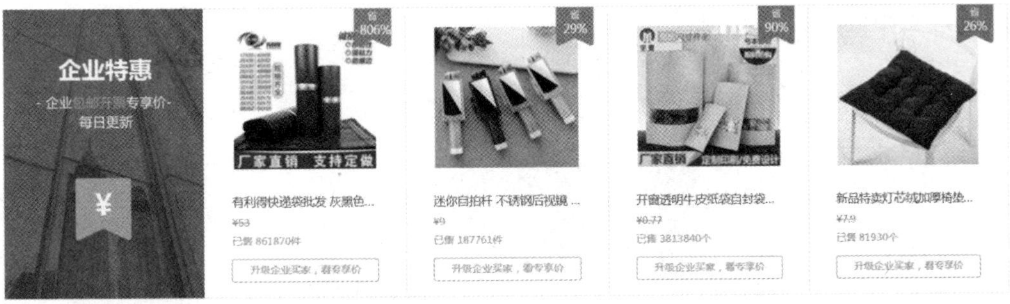

图 6-133

App 端企业单品推荐区如图 6-134 所示。

己所欲，施于人。

图 6-134

PC 端场景推荐区如图 6-135 所示。

图 6-135

App 端场景推荐区如图 6-136 所示。

必须高调地把目标喊出来，让别人帮你，也让别人监督你。

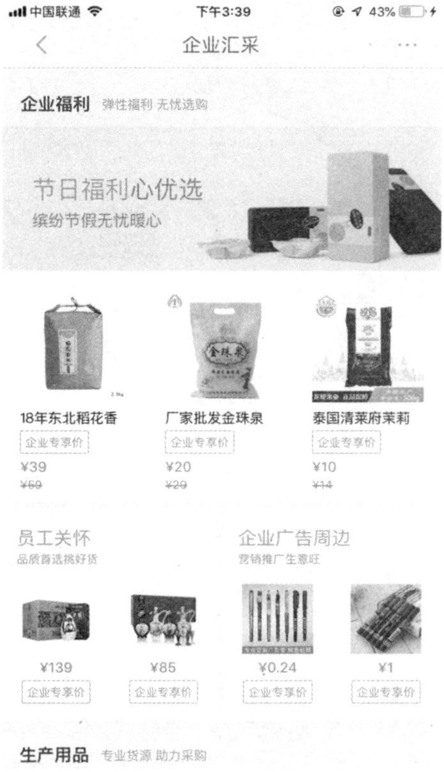

图 6-136

扫码继续学习商学院课程

最好的领导是做心灵的导航仪，而不是做赶车人。

第 7 章

源头活水
1688 平台流量来源详解

商品不仅是利润的载体，也是流量的载体，流量的价值甚至比利润的价值更高。源源不断的流量是所有商家梦寐以求的。流量的价值核心在于转化，就是商业化转化。那怎么样才能挖掘更多精准流量，发挥其更大的价值呢？

本章从多个角度详细解析 1688 平台的各种流量来源，助力商家的流量价值提升，让店铺流量更有价值。

7.1　1688 店铺流量的构成

开通诚信通店铺，宝贝上架之后，就可以正式开始销售，这时候很多商家就会面临一系列问题：流量从哪里来？我的精准客户在哪里？如何吸引流量进店？……

要想解答这些问题，我们需要先了解清楚店铺的流量来源。对于商家来说，访客流量分为站内（1688 官方网站或者阿里巴巴 App）流量和站外（其他网站或者 App）流量。如果按照是否需要商家付费购买，又可以分为免费流量和付费流量。如果按照用户的上网设备来划分，则又可以分为 PC 端流量和无线端流量。

流量的本质是人，任何流量背后都是一个甚至几十个人，所以吸引源源不断的流量进店和吸引众多买家进店下单其实是一回事，是每一个商家所追求的目标。

随着进店流量的上涨和订单数、成交量的增加，你慢慢就会发现，那些受到很多买家喜欢，消费者体验好的商品，获得的流量会越来越多，反之亦然。

对于商家来说，免费流量尤其是自然搜索流量是最关键的流量来源，可以说是商家必争之地。那么如何获取免费流量？请看下一节。

7.2　免费流量的来源及规则

搜索尤其是自然搜索是店铺运营的命脉，自然搜索是最大的免费流量入口，也是大部分商家赢利的重要流量入口，这部分流量以其免费、难以把控著称。在这一节中，我们会从多个角度破解 1688 免费流量的奥秘。

自然搜索是指访客通过 1688 搜索引擎找到与搜索请求最相关的匹配结果的方法，自然搜索的结果与访客的搜索请求有关，访客可以通过搜索结果进入商品详情页或者卖家店铺。

如图 7-1 所示，访客在 1688 网站首页搜索框中输入“连衣裙”之后，系统会根据访客输入的“连衣裙”通过系统算法匹配出与之相关的结果页。在这一连串动作中，访客输入的“连衣裙”被称为关键词，而结果页面中出现的非付费位置我们称之为自然搜索位置，访客通过点击这些非付费位置进入商品或者店铺主页，就贡献了免费流量或者自然流量。

一些新开店的商家会有这样一些问题：新开的店铺如何才能排名靠前？搜索某个词的时候，出现在前面的为什么不是我的产品？一些开店时间比较长的商家也许会告诉他，“销量高就可以”。做了一段时间之后却发现，销量不是唯一的决定因素。确实，很多排名靠前的店铺销量都很高，但也有些排名靠前的店铺销量并不高。

不忘初心，保持好奇，坚持不懈，做好自己。

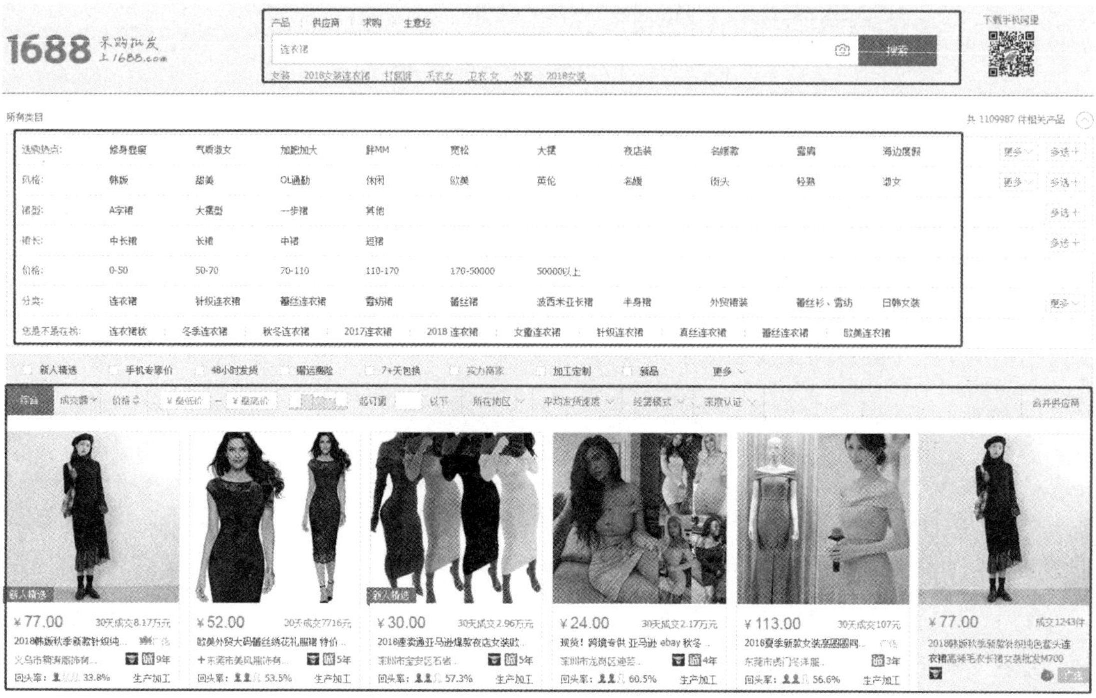

图 7-1

其实，拥抱变化是电商人最应该具备的基本素质，当你发现之前的做法不管用的时候，往往不是做法有问题，而是平台进行了升级，而你却墨守成规，没有跟上变化。像上面这种情况，当你发现销量低的产品却排在销量高的产品之前时，说明影响平台搜索排名的因素已经从单一的销量因素转向了多维的综合因素。作为商家，我们应该学会研究平台搜索规则，明确搜索背后的深层次逻辑。

就电商平台而言，所有的搜索引擎使命都是一致的，就是让买家能够轻松找到他们真正需要的商品，也就是说，搜索结果页的排序，都是从买家角度出发的，尽可能将买家需要的或者可能喜欢的商品排在前面，将买家不喜欢的商品排在后面或者直接不予展现。

那么到底哪些因素影响我们的商品在 1688 网站的搜索排序呢？通过解读已知的文件，我们发现搜索反馈、商品相关性（文本/类目）、价格模型、商品力、资源分配、作弊降权等因素影响着商品的排名。

（1）搜索反馈：在热门搜索词下积累了一定数量的有效的买家数据反馈，更多买家选择和喜欢的商品会被优先展示。

If not now, when? If not me, who?（此时此刻，非我莫属。）

（2）商品相关性：分为文本相关性和类目相关性。在标题、属性、评价标签里含有搜索词的商品才被展示，且符合关键词紧密相关性和关键词前后顺序相关性的可以得到优先展示，与搜索关键词更为相关的类目下的商品会被优先展示。

（3）价格模型：更多买家接受的价格区间对应的商品会被优先展示。

（4）商品力：更多买家喜欢的商品会被优先展示，从销量、转化率、好评率等数据可以判断商品受买家喜欢的程度。

（5）资源分配：比如在大促活动期间，参加活动的商品的自然排名会比不参加活动的商品靠前。

（6）作弊降权：如果商家在经营过程中出现虚假交易或者其他类违规（比如重复铺货、放错类目、滥用关键词等），店铺就会被降权，被降权后，商品能够被搜索到，但是在搜索结果排名中位置靠后（买家几乎很难通过自然搜索到达商品页面）。

所以，想要获取更多的自然搜索流量就要做到以下几点。

（1）遵守平台规则，按照平台规则发布商品。

（2）主动拥抱变化，随时根据商品热点和买家需求变化对店铺做更新和优化。

（3）当流量发生变化时，要学会用数据分析流量变化的原因，有针对性地解决问题。

7.3　付费流量的来源及规则

7.3.1　营效宝

营效宝类似于淘宝、天猫的直通车，是按照点击收费的全域营销推广工具。商家设置与想要推广的产品相关的关键词和出价，买家在搜索相应的关键词时，产品获得展现，这就实现了精准营销。商家按点击（所获流量）付费。

概括起来，营效宝具备两个特征：可提供海量免费展示，覆盖面广，按点击收费；能帮助商家通过关键词的竞价提升产品的排名。

当买家搜索一个关键词时，设置了该关键词的产品就会在营效宝的展示位上展现。当买家点击商家推广的产品时，商家需要付费，营效宝对关键词的展示都是免费的。

今天最好的表现是明天最低的要求。

1. 营效宝排名公式

既然大家都可以出钱购买这样的展示位，那么影响付费产品排名的因素又有哪些呢？请看下面两个公式：

营效宝排名=出价×推广词的质量得分

营效宝实际扣费=下一名出价×下一名关键词质量得分/您的关键词质量得分+0.01 元

从上面两个公式可以看出，决定扣费的有两个因素：一是排名，二是质量得分。要想使用营效宝提高产品排名，可以通过提高出价和提高质量得分这两种方式来实现。

营效宝的实际扣费和出价没有直接的关系，和质量得分却有着密切的关系，质量得分越高，扣费就越少。当然，单次点击产生的扣费不会高于商家所设置的出价。

2. 营效宝后台操作路径

通过 1688 数字营销平台进入营效宝页面。

第一步：进入推广计划，如图 7-2 所示。

选择相应的推广方式（一键推广/自助推广）。

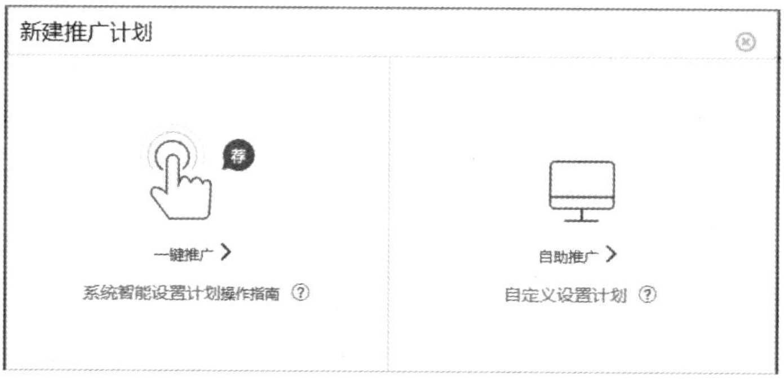

图 7-2

新建一个推广计划，下面以自助推广为例进行说明。

第二步：编辑推广计划信息，如图 7-3 所示。

在这里设置计划名称、每天的消耗上限、推广的时段和地域等，还要选择是否在站外定向推广。在这一环节一定要仔细填写，以避免不必要的花费。

蹲下来是为了跳得更高。

图 7-3

第三步：选择产品。

在推广计划下，选择单个产品或者全部产品。

第四步：进入关键词页面查看，如图 7-4 所示。

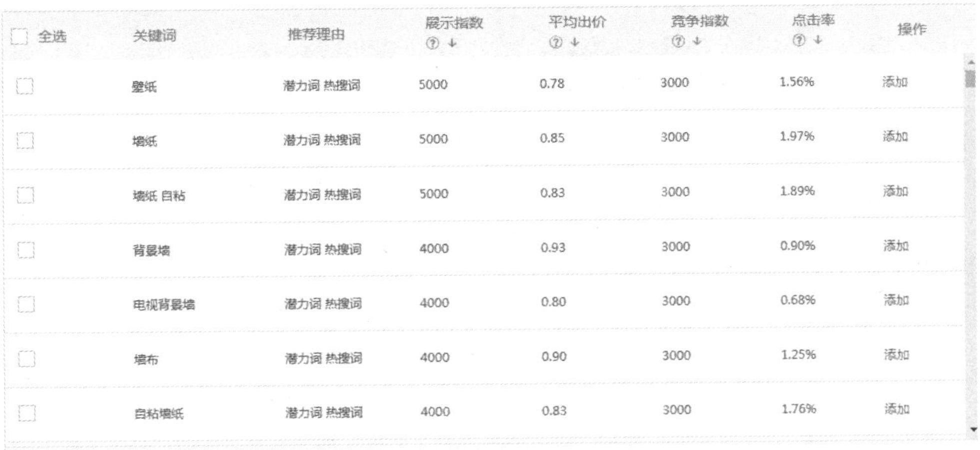

全选	关键词	推荐理由	展示指数	平均出价	竞争指数	点击率	操作
	壁纸	潜力词 热搜词	5000	0.78	3000	1.56%	添加
	墙纸	潜力词 热搜词	5000	0.85	3000	1.97%	添加
	墙纸 自粘	潜力词 热搜词	5000	0.83	3000	1.89%	添加
	背景墙	潜力词 热搜词	4000	0.93	3000	0.90%	添加
	电视背景墙	潜力词 热搜词	4000	0.80	3000	0.68%	添加
	墙布	潜力词 热搜词	4000	0.90	3000	1.25%	添加
	自粘墙纸	潜力词 热搜词	4000	0.83	3000	1.76%	添加

图 7-4

第五步：根据需要选择和添加要推广的关键词并设置价格，可以采用系统给出的价格，也可以自主定价。完成之后进入发布页面。

生命在于折腾，不在折腾中崩溃，就在折腾中涅槃！

一键推广是一种非常便捷的工具，它可以让商家只需一步即可完成推广计划，一键推广可以自动提取店铺 4 星以上的 offer（产品链接），同时为 offer 自动匹配优选关键词，并会定时更新，重新选择店铺最新、最好的 offer 进行推广优化，帮助客户进行有效、便捷的推广。对推广没有经验的商家，可以选择一键推广，在系统的帮助下完成推广操作。

3. 营效宝前台展示位置

营效宝的前台展示位置分为 PC 端和无线端两种。

PC 端展示位置为搜索结果页左侧带“广告”字样的 8 个位置、右侧带“广告”字样的 8 个位置和底部“热门推荐”区的 8 ~ 10 个位置，在第 2 ~ 5 页也各有 3 ~ 5 个位置。

无线端展示位置为关键词搜索结果页右侧标有“广告”字样（第一个位置除外）的位置，从第三个开始，每隔五个位置有一个营效宝展示位，如图 7-5 所示。

图 7-5

4．定位推广

定位推广能帮助商家获取准确流量，快速锁定精准买家，是快速提升询盘量的省时省力的好帮手。

当买家用电脑在 1688 网站搜索产品关键词时，开通定位推广服务的产品在主搜结果页左侧第二排第一位，无“皇冠”标识，可以连续展示一个月。

定位推广服务按月购买，包月付费，每次点击不单独扣费。购买形式有竞拍和秒杀两种。所有关键词先竞拍，价高者得；剩余的关键词再进行秒杀，先买者得。当月购买，次月投放，且已被购买的首位展示关键词其他客户无法再购买。

7.3.2　首位展示

当买家在 1688 网站搜索产品关键词时，开通首位展示服务的产品在 PC 端主搜结果页左侧首位、右侧首位展示，并带有“皇冠”标识，如图 7-6 所示。在无线端，该产品则会出现在首页第一位，也带有“皇冠”标识，如图 7-7 所示。这种展示会持续一个月，而且其他商家无法再竞拍这个首位展示关键词。

首位展示的推广信息在 1688 搜索结果首页第一位展示。具体来说，分为 PC 端左侧首位展示、PC 端右侧首位展示和无线端首位展示三种，每个位置的首位展示都需要单独竞拍。

首位展示功能按月购买，需要竞拍，价高者得，竞拍加价幅度为 50 元，每次可以加价 50 元或者 50 元的整数倍，PC 端和无线端的竞拍流程相同。

图 7-6

梦想不足以让你到达远方，但是到达远方的人一定有梦想！

图 7-7

7.3.3 1688 分销客

1688 分销客是 1688 推出的按交易效果付费的合作模式，商家设置商品佣金（简称设佣），分销客选品后生成推广专属链接进行推广，交易成功后，商家再支付给分销客相应的佣金。在此期间如发生退款，则商家无须支付推广费。对商家来说，这种模式真正实现了“不成交，不花钱”。

1688 分销客的特点如图 7-8 所示。

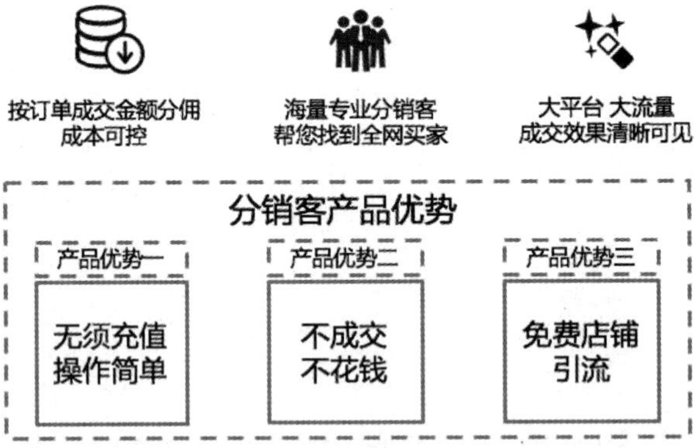

图 7-8

1688 分销客的流程如图 7-9 所示。

想不等于做，做不等于做到，做到不等于得到，更不等于成功。

图 7-9

1688 分销客的开启步骤也十分简单，进入分销客商家后台，点击右侧“立即开启”按钮即可，如图 7-10 所示。如果店铺不符合开启规范，只需根据提示进行店铺设置，然后再点击开启就可以了。

图 7-10

新版商家后台将整合全店设佣功能，开启推广后全店设佣默认开启，各产品类目的最低佣金详见《推广费计算规范》。开启后商家可对每个类目的默认推广比例进行设置（需高于类目最低佣金比例），如图 7-11 所示。

图 7-11

如图 7-12 所示，对各类目进行全店设佣后，还可以针对主推商品进行单独设佣，若单品佣金高于类目佣金，则成交时按单品佣金计算，反之则按类目佣金计算。

听到，知道，悟到，做到。

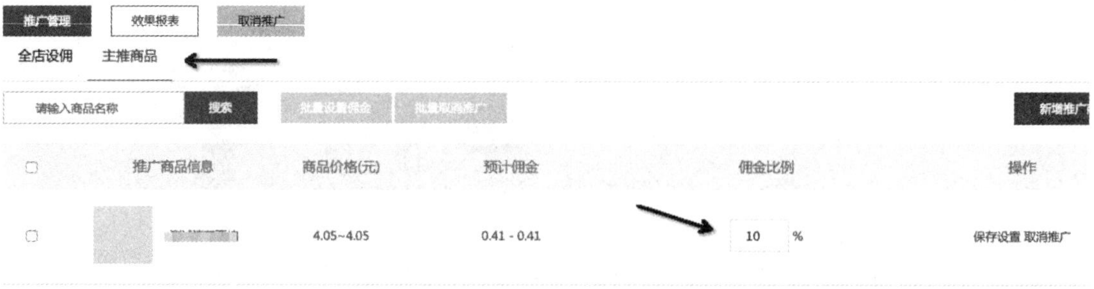

图 7-12

商家可以点击“效果报表”按钮查看详细的分销客推广数据。

“账户明细”板块中包含被分销客所推荐商品的点击数、确认收货金额、引入下单金额等数据，如图 7-13 所示。

图 7-13

商家可以在“订单明细”板块查看所有订单的成交数据，包括每笔订单的实际成交金额、成交商品数、需要支付给分销客的佣金金额等。如需查询旧版商家后台的订单数据，只需点击右上角的“旧版数据报表”链接即可，如图 7-14 所示。

做发动机，不要做飞轮。

图 7-14

当有买家发起维权或申请退款时，这部分订单便会出现在“维权退款订单明细”板块中，如图 7-15 所示。如果退款成功，则商家无须支付佣金给分销客，这是真正的“不成交，不花钱”。

图 7-15

7.3.4　品牌专区

品牌专区是 1688 品牌营销阵地，旨在打造商家专属的推广形态，帮助商家提升品牌调性，促成交易。品牌专区将提供优质资源及场景，赋予商家提前锁定关键词等权益，以图片等多种优质创意形式做推广。

1．品牌专区展示位置

在 PC 端，品牌专区展示位置在搜索列表页左、右两侧首位，当买家在 1688 网站搜索关键词时，开通品牌专区服务的产品固定在搜索列表页左侧或右侧首位展示，丰富的创意形式聚焦买家的视线。

在 App 端，品牌专区展示位置在搜索列表页上方，商品展示更加生动，更能促进转化，如图 7-16 所示。

公司要为员工创造环境，但员工的成长最终要靠自己。

图 7-16

2. 品牌专区订购流程

（1）准入门槛：“KA（关键客户）框架”50 万元及以上的会员。

①服务能力：店铺扣分低于 36 分，侵犯知识产权扣分累计不超过 24 分，无严重侵犯知识产权行为，符合相应服务使用规范要求（如广告法、诚信通等）。

②交易能力：近 30 天交易勋章 3A 以上。

③营销能力：年广告投入 50 万元以上且大于前一年投入。

④电商团队：运营、客服、美工人员为基础架构，最好有策划、仓储、品牌等人员配置，人数在 3 人以上。

当你的店铺符合以上要求的时候，就可以联系品牌专区的小二开通品牌专区服务。

（2）申请订购：联系对应的运营顾问进行品牌专区购买申请，运营顾问会根据商家的诉求帮助商家进行资源位、投放周期、关键词的选择。

（3）确认订单：运营顾问会根据商家的营销诉求配置好订单，商家可对订单内容进行验证并有选择地接受方案，商家账号中需要有充足的余额，且要在 4 小时内付款，否则订单失效。

（4）创意制作：确定订单后，平台会安排第三方设计师和商家联系，商家每购买一个月、一个词的服务，可由设计师制作一张图片，商家也可以选择自己制作。

（5）宝贝绑定：图片制作完成后，可在后台上传，并绑定自己的宝贝，绑定的宝贝必须满足关键词相关性，符合广告法的规定。

公司要为员工创造环境，但员工的成长最终要靠自己。

（6）查看订单：商家可以随时查看所有的品牌专区订单及详情。

（7）查看报表：商家可以在后台报表中随时查看前一天的投放数据报表，也就是昨天的投放数据报表要在今天查看，今天的报表明天才能查看。

3．注意事项

（1）扣费规则：品牌专区以买断的广告时间的方式结算，在报表中看到的费用是总费用平均到每天的费用。

（2）在投放期间，商家随时可以在后台更换宝贝链接，更换的链接需要满足关键词的相关性，新的广告创意根据更换的链接自动生成，待审核通过后即可进行投放，在审核期间，系统将继续投放之前绑定的宝贝的广告。

（3）品牌专区和首位展示还是有区别的，品牌专区为以买断广告时间的方式结算的定价排期广告，其在资源上能够保证确定性。在创意形式、推广模板上，品牌专区更为丰富，让广告更符合商家推广诉求，让展示更能吸引用户眼球。

7.3.5　企业展播

企业展播是基于 1688 平台的海量展现资源，在搜索结果页右侧核心区域为企业提供精准品牌展示的推广服务。企业展播能有效覆盖潜在买家，提升企业品牌形象。

企业展播的展示位置在 1688 搜索结果首页右侧第 1～2 位，随机轮播展示，如图 7-17 所示。

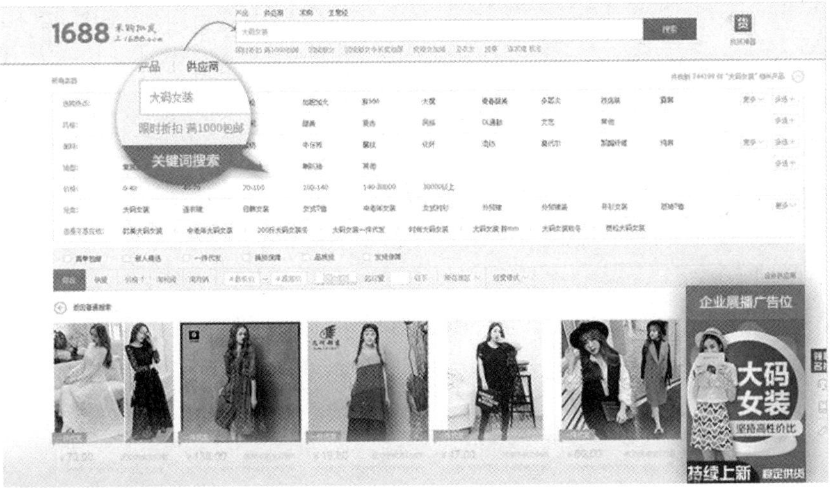

图 7-17

今日因，明日果。

企业展播按关键词和投放时间段一次性计费，具体可以进入后台查询。为了照顾买家体验，同一客户、同一关键词最长可连续投放 30 天。

7.3.6 品牌宝

品牌宝是图片创意类展示广告，按千次展现计费，依靠图片创意吸引买家点击、提升店铺流量、展现品牌价值。

品牌宝实行的是实时竞价，按照展现计费，每次展示最低费用为 0.03 元（千次展现 30 元起），点击不计费。

品牌宝主要投放在 1688 首页，以及热销市场的首页和通栏，还有“我的阿里”买家版首页，以及“商友圈”和“生意经”首页。

7.3.7 明星店铺

明星店铺是品牌宝的基础营销服务，按千次展现计费，通过设置品牌词、出价系数及制作推广创意即可完成整个推广操作。当有买家在 1688 搜索框中输入特定品牌关键词时，只要出价最高，即可在搜索结果页最上方的位置获得展现。展现形式一般包括素材图和文案。

明星店铺带来的是对品牌有认知的买家，这些买家因为知道这个品牌，所以才会有后面的购买意愿和动作，部分人从认知到购买的中间过程，可以通过明星店铺这样一个品牌展示去做引导，从而让该品牌占有更多的市场份额。

明星店铺能帮助商家完成从“品”到“销”的过程，需要商家及时针对宣传和销售需求优化和更新创意，以达到更好的效果。

7.3.8 线下展位

线下展位是基于阿里巴巴电商生态圈，以 B 类市场营销推广为核心，在线下投放的广告媒体，目前线下展位的场景，除公交候车亭、楼宇 LCD 视频、火车站大屏媒体外，还有机场媒体、地铁媒体、框架海报媒体、专业市场内外的媒体等，满足商家在不同的场景中的投放诉求，如图 7-18 所示。

图 7-18

线下展位结合大数据精准定向，帮助商家将好品、好商推广到行业专业市场周边、产销两地乃至全国的商圈，实现线上、线下全覆盖，增加面向 B 类潜在客户的曝光机会，助力商家提升商品及品牌的美誉度，如图 7-19 所示。

更多资源形式及线下玩法，请查看线下展位官方页面（szyx.1688.com/offline_ad/index.html）。

图 7-19

7.3.9　KA 商家成长计划

KA 商家成长计划是为有营销及成长诉求的商家量身定制的专属成长计划，致力于为优质企业提供全链路营销解决方案和品牌成长的一站式专业服务。

心要大，脚要实。

数字营销将基于线上、线下全域营销产品矩阵，依靠生态化服务体系，为 KA 商家提供行业化个性化的全年营销解决方案，通过增值服务权益、特色营销场景、服务培训支持、产品数据工具的结合全方位赋能商家，助力其经营能力提升和品牌快速成长。

更多营销权益及 KA 成长计划介绍，请查看 KA 俱乐部官方页面（szyx.1688.com/ka/index.html）。

扫码继续学习商学院课程

再大的愿景都要从小处着手，越大的图越要从小处描绘，越小的东西越要从大处着眼。

第 8 章

化功大法

1688 店铺转化率提高策略

电商平台上有流量不一定有转化，但是没有流量肯定是没有订单的。店铺的转化率是核心，只有提升了店铺转化率，才能对得起辛辛苦苦引来的流量，从而提升销量。

本章从转化路径、影响因素、实际操作等三方面进行讲解。

8.1 店铺转化路径解析

提升转化率是做电商最重要的一环，转化的每个细节都很重要，那么转化包括哪些路径呢？

1. SEO 转化路径

如果把电商比作一个人，那么 SEO（搜索引擎优化）就是这个人的外表。我们看一个人时，会判断她的五官是否精致、身材是否苗条等。对于 SEO，则会判断主图做得是否吸引人，以及标题的写法是否符合 SEO 标准、是否容易被客户搜到、是否容易被搜索引擎收录等。同样是排在首页的产品，点击率的高低可能和主图及标题都有关系，当然也可能只和其中之一有关系。我们来看一个案例，如图 8-1 所示。

图 8-1

为什么前三家的 30 天成交额都是几千元、上万元，而第四家只有 251 元呢？这和 SEO 转化路径有关系，主图及标题对成交都有影响。

2. 首页装修转化路径

首页的装修对转化非常重要，熟悉电商的读者会知道首页排版的“F 定律”——客户看网页时都是按“F”形浏览的，即在一个页面中，客户的目光从上到下，从左到右。如果首页能在 1 分钟之内留住客户，那么客户可能就会按照你的排版布局再往下看，如果留不住客户，那么客户就离开了，跳失率也就高了。

3. 详情页转化路径

客户从 1688 搜索页跳转到的第一个地方就是详情页，所以详情页规划是否合理是能否留住客户的关键。通常情况下，客户进入详情页后在 8 秒内如果不能被吸引，可能就跳走了，这

士兵需要的不是望远镜，而是地图。

就是详情页的“黄金 8 秒定律”。详情页设计一定要做好布局，这个布局规划得好不但能提升店铺的客单价，还能带动整个店铺的爆款打造。

4．客服转化路径

笔者曾经夜里 11 点多进入一家科技类产品店铺测试：店铺里有五个客服，当时有三个客服已经下线，有两个客服是用手机登录。我就挨个问店里是否有某款产品，结果五个客服中没有一个回复我，直到第二天早上 9 点才有一个客服回复“你好”。如果我真的急着要这款产品，我还会等到第二天他回复我吗？我肯定当时就去别家买了，除非整个市场上只有他们一家卖。由此可见，客服能影响整个店铺的业绩。

影响转化率的因素有很多，要想提高转化率，可以从四个方面进行：点击转化率、询盘转化率、下单转化率、支付转化率。

8.2　提升点击转化率

在一定时间内，通过站内主要来源进入店铺的访客的点击次数，与店铺在这些来源处的展现次数之比，就是点击转化率。站内主要来源包括产品搜索、公司搜索、专场活动、行业频道等。

点击转化率事关店铺 GMV（总成交额），所以一定要想办法提升点击转化率。我们来看一个案例，我们在 1688 大市场搜索关键词：马丁靴+女+真皮，找出一排中的四个店铺进行对比，如图 8-2 所示。相信大家一看就知道点击率高的会是第一个。什么原因呢？因为这张图展示了一个完整的场景。四张图中都有模特，但第一张图把一个人穿鞋子的完整的场景展示了出来，且配上相应的服装，给人的整体感觉是鞋子非常有档次，让客户想象自己穿上时的场景，从而能吸引客户下单。

图 8-2

说出来的是你想的，做出来的是你说的，交出来的是你做的。

前面已经提到，提升点击转化率所涉及的关键点有主图卖点、商品及店铺定位等。要提升点击转化率，商家还要参考生意参谋的数据，看自己的数据高于同行还是低于同行。另外还有一个技巧就是参考阿里指数的 TOP50 商家数据，参考 TOP50 商家的产品价格、主图、标题，以及交易指数、同款货源等，如图 8-3 所示。

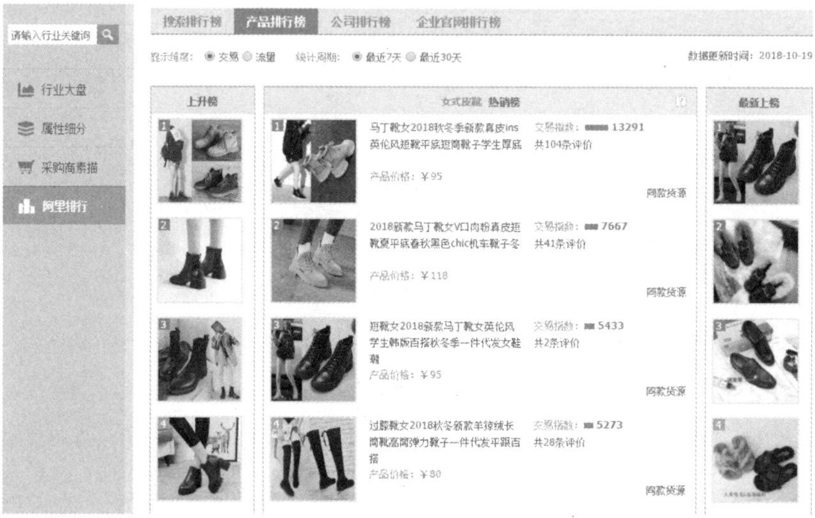

图 8-3

8.3　提升询盘转化率

1．什么是询盘转化率

询盘转化率就是客户咨询客服之后，成交数与咨询数的比值。

2．影响询盘转化率的因素

询盘直接和转化成交相关联，可以说询盘是成交前的第一步，所以询盘转化率的高低就决定了此店铺成交转化率能否高于同行。影响询盘转化率的因素包括：店铺装修客户体验度、企业在线设置是否有吸引力、首页装修体验度、产品的卖点、产品丰富度、产品促销及二次营销情况、是否能利用好客户的好评，以及客服的在线时间、数量、回应速度、接待能力、谈判能力等。

3．提升询盘转化率的技巧

（1）重新设置企业在线文案，可写成“我是您的专职客服”等。

一个方案是一流的 idea 加三流的实施；另外一个方案是一流的实施加三流的 idea，哪个好？我选一流的实施加三流的 idea。

（2）多个客服同时在线，包括售前、售中、售后客服，如图 8-4 所示。

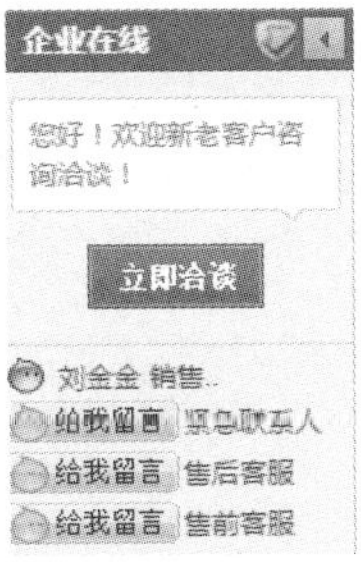

图 8-4

（3）掌握好“精准营销”这个工具，通过这个工具能查找客户信息。如果看到跳出弹窗信息，要及时查看客户在店铺的停留时间，及时回复客户，可以到“精准营销”中新建询盘查找客户信息，根据客户信息进行回复，如图 8-5 所示。

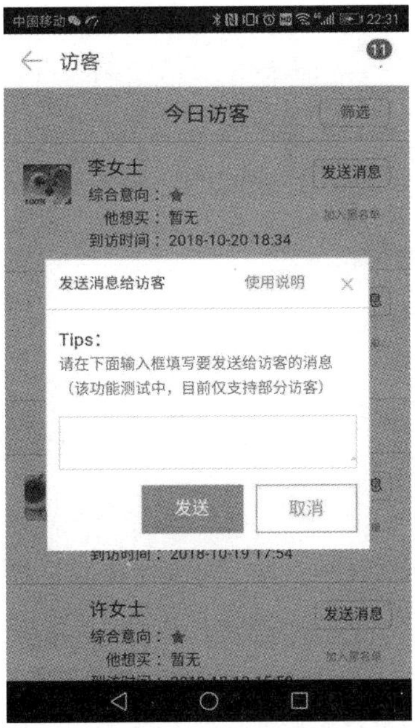

图 8-5

（4）客服要及时回复客户，通常应在 8～15 秒内回复客户。

（5）店铺装修要符合客户体验，颜色要统一，页面中要包含联系方式、产品定位、爆款及新款产品推荐、优惠券设置等。

与其等待与能力匹配的机会，不如培养与机会匹配的能力。

（6）产品一定要有卖点，用海报把这些卖点展示给客户。

（7）客服要有专业的话术，能与客户顺畅沟通，能用大家都听得懂的语言介绍专业术语，懂得问“封闭性”问题。

（8）多设置一些营销活动，比如“满减”“满优惠”“限时包邮”等。

（9）拍摄好公司宣传视频。

8.4 提升下单转化率

1. 什么是下单转化率

下单转化率指的是下单数和到店客户数的比值。

2. 影响下单转化率的因素

提升下单转化率的核心是与客户建立信任关系，解决客户需求。

影响下单的关键之处在于主图是否吸引人、价格能否打动人、详情能否留住人。

具体来说，影响下单的因素有：主图、价格、买家的购物便捷度、买家的体验度、关键词的相关性及匹配度、着陆页的设计、客服接待的专业度、店铺装修情况、BSR 评分、买家评价、单品销量、付费推广投放时间及区域、是否包邮、是否支持货到付款和退换货等。

3. 提升下单转化率的技巧

加强营销力度，按照买家的颜色喜好及“F 定律”设计页面，优化关键词，开通多种付款渠道（包括诚 e 赊、融易收、账期支付等），尽量支持货到付款及退换货。

8.5 提升支付转化率

1. 什么是支付转化率

支付转化率指的是付款的客户数和下单的客户数的比值。

2. 影响支付转化率的因素

影响支付转化率的因素主要有：访客质量、库存数量、配送方式、客服接待情况、退换货情况、支付方式、折扣、关联营销、公司实力等。

Don't complain. If you do want to complain, please complain with suggestion.

3．提升支付转化率的技巧

（1）提升客户质量等级，尽量选择与质量等级比较高的客户进行合作。

（2）优化店铺细节，保证库存充足，发现不充足时及时补货。

（3）退换货服务尽量比竞争对手周到，该设置的营销活动尽量都设置，售后要做好，让客户体验到不一样的店铺服务。

（4）为客户做好分级（普通客户、VIP 客户、黄金 VIP 客户、钻石 VIP 客户等），让他们享受到不同的待遇。

（5）支付方式尽量多样化，该有的都要有，包括诚 e 赊、融易收、账期支付、货到付款、自动分账等。

（6）做好关联营销，包括首部关联营销、尾部关联营销，提升客单价。

（7）在详情页中通过视频或者照片体现出公司实力。

扫码继续学习商学院课程

第 9 章

名声在外

1688 内容营销平台及玩法

内容营销可帮助企业扎实地提高客户的忠诚度、黏度，当下客户喜欢的资讯越来越多样化，内容营销显得尤为重要。越来越多的企业将全面投入内容营销，随之而来将是内容的爆发及社交媒体平台的“拥堵”。那么如何玩转内容营销，打造爆款，提升销量呢？

本章介绍了 1688 内容营销的玩法，助你挖掘潜在机会。

自然搜索流量是 1688 平台为商家输送的“血液”，营效宝、企业展播和分销客等是商家们不容忽视的付费流量来源。除了这些传统的流量来源之外，还有一些新兴的渠道正在成为店铺流量来源的新秀，本章将要介绍的内容营销就是这样的渠道。

9.1　商+直播

9.1.1　商+直播简介

1688 直播于 2016 年 10 月上线，至今已有两年有余，2018 年品牌升级为商+直播，寓意是希望直播能够成为所有诚信通商家在店铺运营中的重要一环。商+直播会逐步围绕“商人”“商机”而衍生出更多的生意形态。在 2018 年诚信通升级过程中，商+直播作为其中非常重要的产品，走向了全国的诚信通商家。

9.1.2　商+直播有什么好处

据平台数据显示，4A、5A 商家平均每场 3 小时左右的公开直播可以为店铺带来全天 50%左右的访客，而 2A、3A 商家直播带来的访客可达到全天的 80%甚至 90%以上。对于店铺运营而言，直播已成为非付费推广中最主要的访客来源途径之一。在平台的活跃商家到核心商家的晋级之路上，直播有着不可或缺的作用。直播吸引来的买家的持续性回访，让直播不仅成为最具爆发力的营销场景，也成为目前 1688 平台所有业务中买家黏性最强的场景。

对于 B 类平台的商家而言，高质量买家的复购无疑是他们最宝贵的资源。而对于 B 类平台的买家而言，通过直播看到供应商的实力，例如厂房、生产环节等，比图文介绍更为直观。近几年随着微商的兴起，越来越多的“非专业人士”希望利用业余时间赚一点钱，直播这种形式能够让他们更高效地找到适合自己的货源，专业的 B 类批发商还能通过直播对他们进行产品知识方面的培训，让他们逐渐成为专业的下游代理。

1688 的直播不仅能为买家提供优质的源头好货，还能为商家提供更高效的卖货方式和无忧的售后服务。除此之外，商+直播还提供了更多符合 B 类买家特点的电商直播场景，例如档口直播、展会直播、秀场直播等，让更多买家能够足不出户逛市场、逛展会、逛秀场。

9.1.3　如何开始直播

对于商家来说，直播的门槛并不高，也不需要任何额外费用，只需要一部手机、一个主播，

总是想要证明自己，就没了投入工作的心态。

最好能有 1~2 个客服人员进行辅助。主播的人选，最好是公司老板、企业负责人、设计师、电商运营人员等，因为这些人更懂产品，能够更好地为买家提供行业趋势分析、产品卖点讲解等。对直播背景的要求不高，干净、整洁、光线充足即可，很多工厂、展厅、商店、办公场所其实都是天然的直播间。手机上的“直播间”如图 9-1 所示。

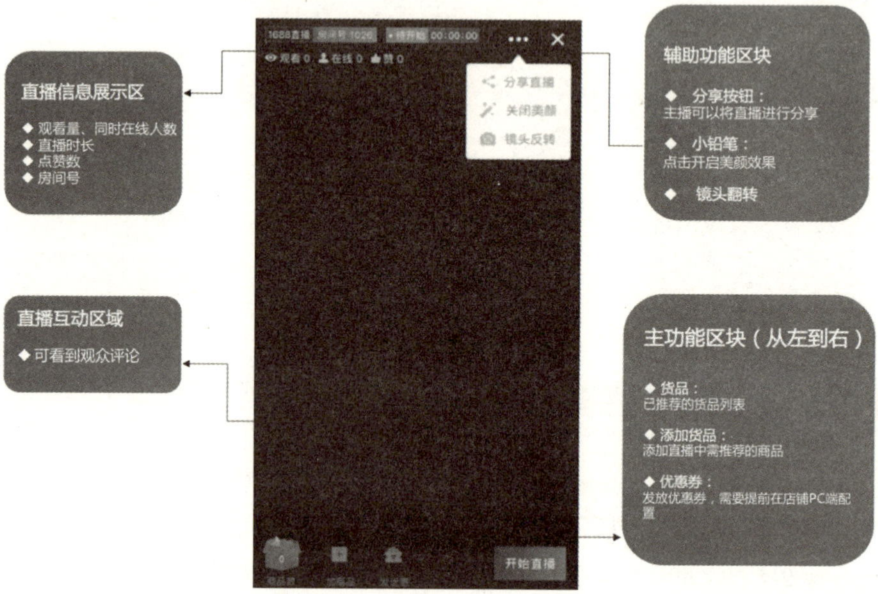

图 9-1

商家开始直播之前要学习使用直播工具和直播相关规则。目前商+直播的主播分为普通主播、达人主播、荣耀主播 3 个等级，并对应 3 个不同的权限。普通主播可以针对自己店铺的老客户发起直播，通过分享的方式邀请老客户观看，这个过程也是新主播熟悉直播工具和锻炼直播技巧的过程。这个阶段是对自有粉丝进行直播的阶段。

当符合一定要求时，普通主播可以升级为达人主播。达人主播可以报名参加频道活动，获取平台新的流量。目前直播频道按照买家的采购需求分为货源类（上新直播、代发货直播）、场景类（工厂直播、档口直播）、活动类（清仓直播、伙拼直播）等，商家可以根据自己的直播主题来选择不同的频道，每个频道的主要买家群体和需求也有所不同，例如，工厂直播更容易吸引批发定制类的大买家，代发货直播则针对淘宝卖家、微商等群体。

荣耀主播是目前最高等级的主播级别，可以享受频道直播免审权，在直播频率上也有优势。

直播类型不同，内容和话术也不尽相同。每个等级的主播权益，可以在手机主播台进行查看，如图 9-2 所示。

不要让事情找你，而要主动找事情。

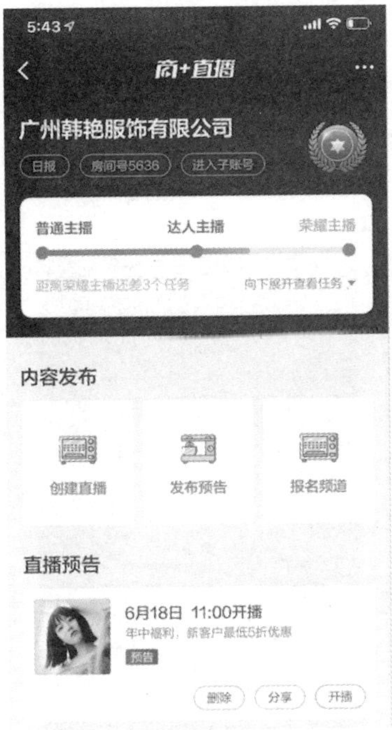

图 9-2

9.1.4　如何做好直播

要发起一场直播并不难，但是要想通过直播获得持续稳定的粉丝青睐和销售收益就要花上一些心思。

（1）单场直播的策划。一场高质量的直播一定少不了前期的精心准备，所以直播脚本的准备必不可少。一场直播的主题如何设定，针对哪些人群，主推哪些商品，配合什么促销力度和互动活动，以及每个环节所占用的时间，直播的流程，甚至每个商品需要着重突出的卖点，都应该在前期做好准备，以免出现慌乱，你的表现会直接传给观众。

（2）直播节奏和场次的规划。根据自己的产品情况和店铺情况规划直播的节奏，避免盲目开播。建议每周做 1~2 次频道直播，可策划针对新买家的拿样等活动直播；每周再做 1~2 次自主直播（私播）进行老客户的转化，可以策划针对老客户的福利活动，用专享商品或代理培训来增强老客户的黏性。策划不同主题的直播，多维度介绍自己，避免重复内容，比如样板设计、工厂流水线、仓库打包质检、档口新品开包等场景的展示，以及线下展会、国外样品的采购等，所有能让买家全方位了解你的内容，都可以穿插植入直播中，如图 9-3 所示。

加班是应该的，不加班也是应该的，只有完不成工作是不应该的。

（3）打造自己的人格设定，形成自己的品牌效应。除了提供商品和服务外，直播的另一大魅力就是能让买家通过镜头更加了解你，而直播的最高境界就是让买家认可你，但是这个过程一定不是一蹴而就的，而是需要长期为买家提供优质的货源、无忧的售后服务和专业的知识，这些因为你而赚钱的买家，或许就是赶也赶不走的忠实粉丝了。

商+直播
广州市韩艳服饰
房间号
001
820摩登盛典直播PK赛TOP1
16万铁粉不离不弃
"我是个'大老粗'，不会说话，但是我一到直播就疯了，满脑子都是货，我喜欢在直播间跟我的代理在直播间'吹牛皮'"
商+直播
深圳纳柏莉服饰
房间号
1317
从内衣的起源历史、到创作理念、再到品牌故事，与其说我在直播，倒不如说是在造梦想，我是95后内衣公司创业者，我用专业视角打造不一样的直播样板间
商+直播
凰米电子商务
房间号
1762
坚持2年用心直播，8万微商代理，月复购率飙升40%，成为行业核心商家
"线下十年的腕表批发商，这个行业很辛苦，复购率低，但直播让我有了突破，现在开始创立自己的童装品牌。"

图 9-3

更多直播相关教程请见：https://club.1688.com/threadview/49247225.htm。

9.2 挑货

9.2.1 挑货的功能

挑货是“手机阿里”的重要功能，它是移动购物的一个入口，在细分领域为买家提供采购推荐，是主题化场景下的挑货、组货平台。

与买家主动搜索产品、平台推荐商品不同，挑货的核心是回归“以用户为中心”，每个采购商都有自己关注的领域，都可以通过订阅的形式获取这个领域的信息或者服务。而商家通过挑货这个途径，发布内容，围绕账号产生与粉丝之间的互动。简单来说，挑货就是商家发“朋友圈”给自己的粉丝看，通过“朋友圈”与粉丝互动。

挑货自从 2016 年 8 月 1 日第一期上线至今，经历了从小二生产内容到商家生产内容的变化。2018 年 3 月 15 日挑货新版发布，将过去只有几百名活跃商家的挑货栏目运营成日均服务

数万名商家的一个大流量栏目。

很明显的变化是，挑货帮助数万名商家引导更多买家进店，把能够生产优质内容的商家推荐给更多新的买家。潜移默化的变化是，商家们为店铺的自运营找到了挑货这个场景，越来越多的商家开始进行内容营销自运营，期望以新的运营场景打动更多的买家。

挑货当前支持新品推荐、爆品推荐、商品清单、图文（帖子）、店铺公告、小视频六种模板。挑货的展示位置在“手机阿里”App 首页底部左边第二位。

买家进入挑货板块，可以看到之前关注的挑货账户的更新内容，通过场景化+内容导购的形式，提升采购效率。

9.2.2　挑货的文章格式

一篇合格的挑货文章需要有明确的主题，并且通篇都是围绕这个主题来完成的。主题之后是导语和产品介绍，还要附上产品的链接。

文章格式：主题+导语+产品介绍 1+产品链接 1+产品介绍 2+产品链接 2+……，每篇挑货文章应包含两款以上的产品。

1．主题

（1）针对具体场景下的具体问题，有看点、有观点。

（2）8～15 个字，语句通顺，主题清晰，无形容词堆砌。

（3）不要出现营销类字样，如“满减”“包邮”“特价”等。

2．导语

（1）内容紧凑，在限定字数内完整展现中心内容。

（2）30～50 个字，语句通顺，重点突出，对应主题。

（3）不要出现营销类字样，如“满减”“包邮”“特价”等。

3．产品介绍

（1）产品核心卖点的二次包装，语言简洁，重点体现产品的核心价值，如品牌、特殊功能、创新点、材质、设计师，以及零售场景等。

（2）50～140 个字，每个产品描述最多带 1 张图片，最好不插入图片。

剥洋葱，刨根问底。

挑货文章开头就要引人入胜，简明扼要，图片和文字之间有主次之分，有清晰的段落或章节结构，全文采用“总分总”的结构。

选用图片时不要使用元素复杂的图，不要用海报，不要用不清晰的图，不要带字截图，不要用表情包，全文使用的图片尽量风格统一。

9.3 阿里头条卖家端

阿里头条的网址是 https://toutiao.1688.com。它是 1688 搭建的一个内容资讯平台，商家通过阿里头条可以获取最新的 1688 官方资讯、各类行业前沿动态，以及达人商家的经验分享、培训课程等。阿里头条以商家为中心，能帮助商家更好地了解 1688 平台，更全面地了解市场，从而让商家可以更轻松地做好生意。阿里头条的愿景是“成为商家都值得看的生意头条”。

9.4 阿里头条买家端

阿里头条买家端内容和挑货文章最大的区别是：挑货文章是商家自己撰写的采购指导类的文章，而阿里头条买家端的内容主要是由达人们产出的，达人们在市场上挑选出自己认为有市场竞争力的商品，经过全方位的了解后，通过商品测评等方式输出图文、短视频类的商品推荐内容，帮助买家随时随地了解热门好货、潮流资讯、价格行情等，以此来帮助买家更好地做购买决策，当然有较强内容营销能力的商家也可以在行业资讯方面产出优质的内容，作为推广自己店铺的方式之一，因为优质的行业资讯会被转发到平台内外的各种买家场景里面。

头条特约用户测评场景如图 9-4 所示。

头条特约用户评测
一把有内容的伞
小清新妹子们外出必备
夏天才刚来，小编就已经晒黑一圈了 …… 为了在这个夏天不再继续变成炭头，有
查看详情 >
回味无穷的小鱼干
好滋味，香飘十里！
作为一名吃货，而且还是一名挑剔的吃货，身边的朋友对我是又爱又恨的。爱我是
查看详情 >
可折叠夏日凉席
让你获得超舒适睡眠
睡眠占了人生的三分之一，能帮助恢复体力和脑力，并能舒缓压力，增强记忆力，
查看详情 >
蜗牛水润五件套
告别油腻，焕发青春
大家都知道蜗牛护肤品价格都不低，对于我们平民来说，总是望而却步。而这款
查看详情 >

图 9-4

刚工作的几年比谁更踏实，再过几年比谁更有激情。

以服装行业为例，我们来看一下应该怎么写才能更容易获得更多的内容曝光。

对于服装行业，我们在写文章时可以从三个方面出发。一是从服装属性出发，服装属性有色彩、材质、时尚元素、品牌、款式、板型、风格、图案、适合年龄等。二是从服装搭配出发，比如可以写春天应该怎么穿长裤、苗条的女生要如何穿裙子、上班族一周七天该怎么穿、明星最爱的白衬衣等。三是从服装大数据出发，比如近期最火的连衣裙，十三行买手最喜欢买的牛仔裤等。

1. 从服装属性出发

色彩：《不是所有人都能穿黑色衣服，黑色衣服搭配禁忌分享》

材质：《夏天就要来一条白棉布裙才能体现淑女范》

时尚元素：《从 2017/2018 春季巴黎时装周看今年的服装流行趋势》

品牌：《美特斯邦威的品牌扩张》

款式：《个子矮的女生真的不能穿长款衬衣吗？》

板型：《如何选择一条长度合适的直筒裙？》

风格：《周末出游应该如何选择一条合适的美裙？》

图案：《是纯色还是碎花？快来看看你最适合哪一种》

适合年龄：《给妈妈买衣服，选择哪个色系更好？》

2. 从服装搭配出发

年龄：《18 岁的高中生该如何选择一身合适的运动装？》

风格：《“萌萌哒”小女生如何穿出端庄大方？》

场景：《去参加好朋友的婚礼，我该如何搭配？》

天气：《天天下雨，有没有一款既好看又实用的雨衣推荐呢？》

身材：《偏瘦的女生应该怎么选择婚纱？》

职业：《女白领一周七天如何穿出精彩？》

明星：《巴黎时装周街拍利器原来是它》

影视：《看〈太阳的后裔〉，跟着宋慧乔学穿衣》

> 100 米赛跑的时候你是没有时间去看你的对手的，跑得最快的方法就是盯着终点的白线拼命跑。

3. 从服装大数据出发

买手:《十三行买手最喜欢采购的衬衣原来长这样》

爆款:《最近淘宝热销的连衣裙就是这 10 件》

销量排行榜:《杭州四季青最热销的牛仔裤都在这里了》

9.5 商友圈

商友圈(https://club.1688.com)是 1688 搭建的一个商友互动平台,创立于 2012 年 3 月 10 日,主要为商家提供 B 类电商动态、行业资讯、运营经验等信息,是 1688 网站中具有用户交互特色的板块,是 1688 商家之间分享互动,聚人脉,聚买卖的首选阵地。

在这里聚集了官方圈子、各类行业圈子、商盟圈子等,若要在一个圈子中发表内容,需要先申请加入这个圈子,然后按照平台的要求分享自己认为有用的内容,如果内容足够好,还会获得置顶推荐。通过这种方式可以广交同行好友。

写作商友圈文章时,应遵循以下原则。

1. 标题

标题不宜太长也不宜太短,一般多于 10 个字,少于 20 个字。

2. 正文

(1)文章应该为原创,不需要华丽的文采,只求内容真实。"伪原创"文章一般不会被推荐。

(2)行业性、专业化的干货更受欢迎。

(3)要具备买家视角,站在买家需求的角度组织编写内容。

(4)鼓励真实案例、真实经历的分享,有案例、有故事的一般会被优先推荐。

3. 配图

(1)每篇文章都可以配一张漂亮的图片,提升阅读体验。图片可以与产品、公司、作者相关,与三者都不相关的漂亮风景图也是可以的。但是,我们不建议放公司大门、Logo 或者产品介绍之类的图片,品牌宣传也需要技巧,不能生硬地植入。

(2)图片宽度为 630 像素,不宜过高,否则全屏就显示一张图,也会影响阅读。

永远不要跟别人比幸运,我从来没想过我比别人幸运,我也许比他们更有毅力,在最困难的时候,他们熬不住了,我可以多熬一秒钟、两秒钟。

（3）图片上一般不加水印，如果一定要加水印的话，一般加在右下角。要确保水印质量，不加修饰的超大水印非常影响观看体验。另外，水印中切勿添加 QQ 号、微信号、微博地址之类的联系方式。

4. 其他

（1）连载互链：如果是连载的文章，切记做好互链，增加展现概率。

（2）精彩推荐：自己原创的其他精彩文章，也可以用互链的形式做推荐，推荐位置一般在一篇文章正文的最下方，不过推荐篇数不宜太多，3 ~ 5 篇比较合适。

9.6　生意经

生意经（https://baike.1688.com）是阿里巴巴为广大用户提供的专注于商业领域，通过问答的方式解决商业难题，让用户积累商业实战知识的平台。

生意经的主要服务对象有企业主、企业管理者、业务员（销售员、采购员）、操作员等，旨在“让天下没有解决不了的生意上的难题”。有关商业方面的疑问，能在这里快速得到系统的、高质量的答案。

问答是生意经的主要使用方式，具体来说有以下三点。

（1）快速搜索寻找答案：生意经中积累了大量商家的实战经验和专业知识，你可以通过搜索快速解决疑问。

（2）提出你的疑问：如果没有搜索到答案，可以通过提问的方式请广大商家一起帮你解决问题，阿里巴巴拥有 1600 万名活跃商家，他们的经验和专业知识能够切实帮你解决问题。

（3）回答和完善问题：你可以在这里回答问题，完善百科词条，分享你的经验和知识，帮助他人答疑解惑，提升你的个人知名度，与广大商家一起撰写一部涵盖所有商业领域、服务所有互联网用户的中文商业百科全书！

扫码继续学习商学院课程

如果你惧怕或计较 KPI，那你还不是在创业。

第 10 章

内功心法

1688 店铺数据分析与优化

数据化运营指的是商家在做每一个决策之前，先分析相关数据，并利用这些数据指导公司的发展方向。数据反映了店铺在过去的一个周期（月或周或日）中的经营状况，它又能给店铺在未来的成长指明方向。店铺的日常操作，如选品、爆品打造、客户维护等都离不开数据。所以数据分析是店铺运营的一项非常重要的能力。

在本章中，我们通过对生意参谋、阿里指数等工具的讲解，帮助商家做店铺各项数据的采集、分析与优化，让运营的方向更加明确。

10.1　数据分析的重要性

数据分析是指用正确的分析工具和数据采集方法，提取有用的信息并得出结论，从而制定店铺的发展方向和操作理念，然后用数据化呈现的方式来验证操作的正确与否，从而调整和优化运营策略。在 1688 店铺经营中，数据分析可以帮助商家做出正确的运营判断，运用正确的方法运营店铺。

数据分析的工具和方法很多。举个例子：店铺流量比较单一，商家想拓展流量的入口，让店铺的流量提升，这时要用什么分析工具呢?

我们可以运用的工具的路径是：“生意参谋”—“流量”—“店铺来源”，如图 10-1 所示。

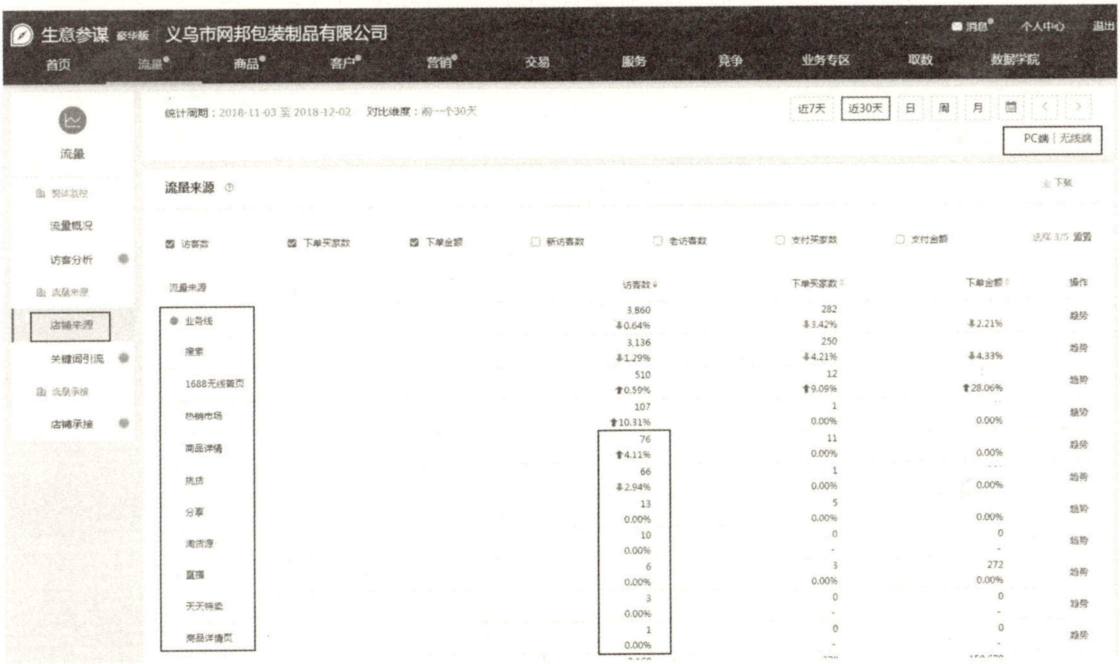

图 10-1

我们通过分析得出结论：当下店铺的流量主要来源是搜索，可加大直播、淘货源的引流力度。

我们将运用生意参谋、阿里指数、数字营销等工具对 1688 店铺自身、产品运营、行业竞争三个维度的数据进行分析，以优化店铺的运营。

不怕输才会赢。

10.2 店铺数据分析与优化

在一个店铺的运营中会产生很多数据，我们通过对店铺的服务能力、交易状况、铺店流量、店铺转化等核心数据进行分析，来优化店铺运营。

10.2.1 店铺服务能力分析与优化

BSR（买家服务能力）是衡量一个店铺服务能力的重要指标，本项指标的提升能带来如下权利：（1）同等条件下的搜索优先权；（2）新买家优先推荐权；（3）网站活动/行业频道优先权；（4）线下商家见面会优先权；（5）大客户/名企优先推荐权。

如图 10-2 所示，通过查看“买家服务能力指标”（网址：https://vip.1688.com），我们可以找出店铺需要优化的项，即后面标有“待提高”的项。

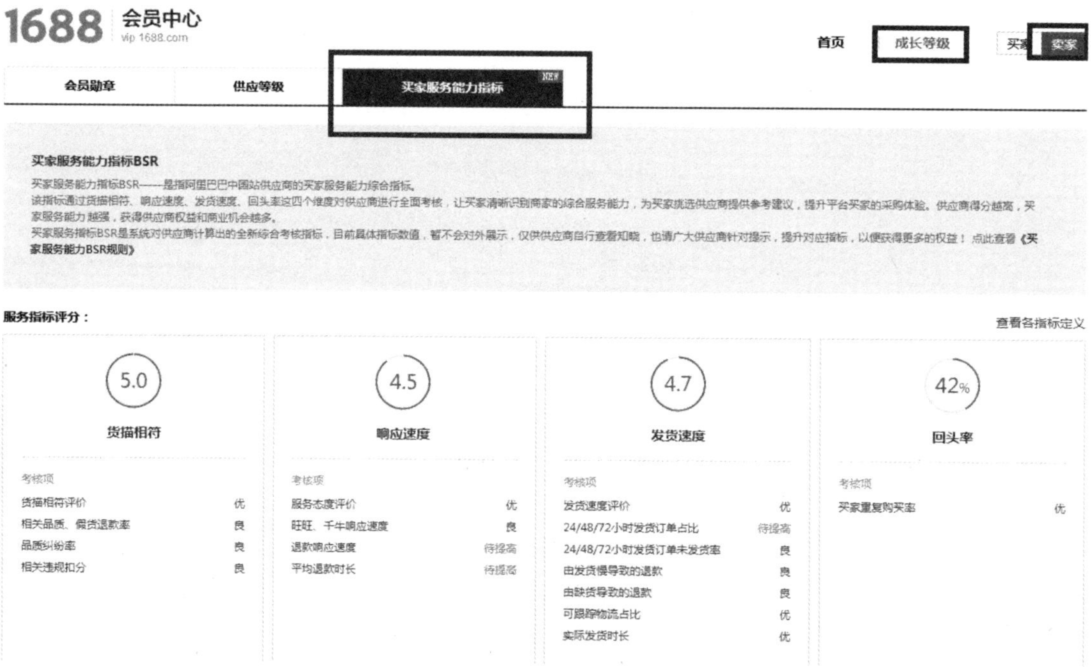

图 10-2

表 10-1 是对 BSR 指标的详细解读。

与其怕失败，不如狠狠地失败一次。

表 10-1

指标	考核项	指标定义
货描相符	货描相符评价	订单交易成功后，买家对“货描一致”主动评价分的总和
	相关品质、假货退款率	因商品品质、假货等问题导致的退款成功率
	品质纠纷率	因商品品质、假货等问题导致的投诉（仅含被判为卖家责任或双方责任的）占比
	相关违规扣分	卖家因商品品质、假货、知识产权等问题导致的违规扣分
响应速度	服务态度评价	订单交易成功后，买家对服务态度的主动评价分的总和
	旺旺、千牛响应速度	客户通过旺旺、千牛及时回复买家的次数占比（不含群发、自动回复，但含店小蜜的回复）
	退款响应速度	从买家申请退款到卖家首次响应的间隔（天）
	平均退款时长	买家申请退款到每笔退款订单完成的平均速度（天）
发货速度	发货速度评价	订单交易成功后，买家对发货速度主动评分的总和
	24/48/72 小时发货订单占比	卖家 24/48/72 小时发货订单占全部交易订单的比例
	24/48/72 小时发货订单未发货率	卖家 24/48/72 小时发货订单中未按约定时间发货的订单的占比
	由发货慢导致的退款	因发货速度未达到买家要求导致的退款成功率
	由缺货导致的退款	因卖家缺货、少货导致的退款成功率
	可跟踪物流占比	近 90 天有线上物流跟踪记录的发货订单数，占近 90 天发货的订单数的比例
	实际发货时长	从买家支付时间到物流公司提供的物流信息中的揽收时间的间隔
回头率	买家重复购买率	近 90 天店铺两次及以上交易买家的占比（不含虚假交易、退款的订单）

我们提取出 BSR 数据，并对 BSR 有了正确的认知，那我们该如何优化 BSR？下面介绍几个优化技巧。

1．货描相符

（1）对材质如实描述，保证实物参数和详情描述中的参数一致，重视细节描述，符合行业标准。

（2）关注品质退款率，买家因为假货、质量问题而退款的订单比例越低，得分就越高。

（3）关注网站违规扣分，保证无违规扣分。

2．响应速度

（1）运用店小蜜工具。

（2）对广告要及时回复（不包括阿里巴巴内部账号所发通知）。

（3）缩短同意或拒绝退款的响应时间，提升同意退款后款项退给客户的速度，使其不超过

有功无过是短暂的，无功有过是行不通的，有功有过是最好的。

行业平均值，如图 10-3 所示。

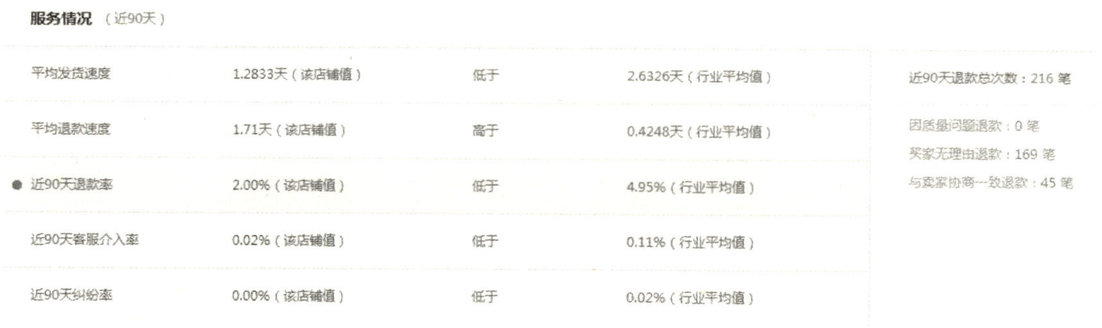

服务情况（近90天）

平均发货速度	1.2833天（该店铺值）	低于	2.6326天（行业平均值）	近90天退款总次数：216 笔
平均退款速度	1.71天（该店铺值）	高于	0.4248天（行业平均值）	因质量问题退款：0 笔 买家无理由退款：169 笔
● 近90天退款率	2.00%（该店铺值）	低于	4.95%（行业平均值）	与卖家协商一致退款：45 笔
近90天客服介入率	0.02%（该店铺值）	低于	0.11%（行业平均值）	
近90天纠纷率	0.00%（该店铺值）	低于	0.02%（行业平均值）	

图 10-3

3. 发货速度

（1）货源要稳定，以保障发货速度。

（2）在线可跟踪物流占比越高越好。

（3）商品实际发货时间越短越好。

（4）商品加入 24/48/72 小时发货保障且超时发货率越低越好。

（5）根据评价做提升，提升发货速度单项和整体评价。

（6）管理好商品库存，无库存的商品及时下架，减少因为缺货导致的退款。

（7）配货流程要合理，做好配货质检，减少因为少货、发错货导致的退款和退货。

在以上三项指标中，客户的评价是很重要的，我们可以根据客户评价进行相关优化，如图 10-4 所示。

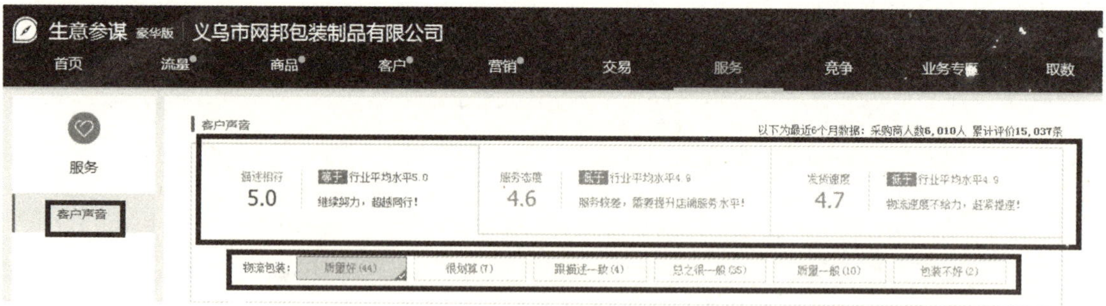

图 10-4

今天很残酷，明天更残酷，后天很美好。但是绝大部分人是“死”在明天晚上，只有那些真正的英雄，才能见到后天的太阳。

在电脑上看“客户声音”板块，绿色文字标识的是我们可以有针对性进行提升的项目。

10.2.2 店铺交易数据分析与优化

如果交易数据低于同行平均值，可以努力向同行看齐。成交数、买家数不足的问题可以通过参加平台活动、直播、分销或老客户交易在线化等方法解决，重复采购率低的问题可以通过自营销、营销工具、客户分层管理等让老客户二次采购的方法或工具解决，图 10-5 所示为交易情况。

图 10-5

10.2.3 店铺流量分析与优化

有多少人可以看到你的商品？有多少人采购你的商品？这些客户都是从哪里来的？这些客户的来源也就是店铺量的流量来源。店铺的精准流量越多，引流途径越广，最终的交易额就会越高。

1. 生意参谋流量分析

我们可以通过“生意参谋”—“流量”—“店铺来源”查看店铺的流量来源，PC 端和无线端的流量来源分别如图 10-6、图 10-7 所示。

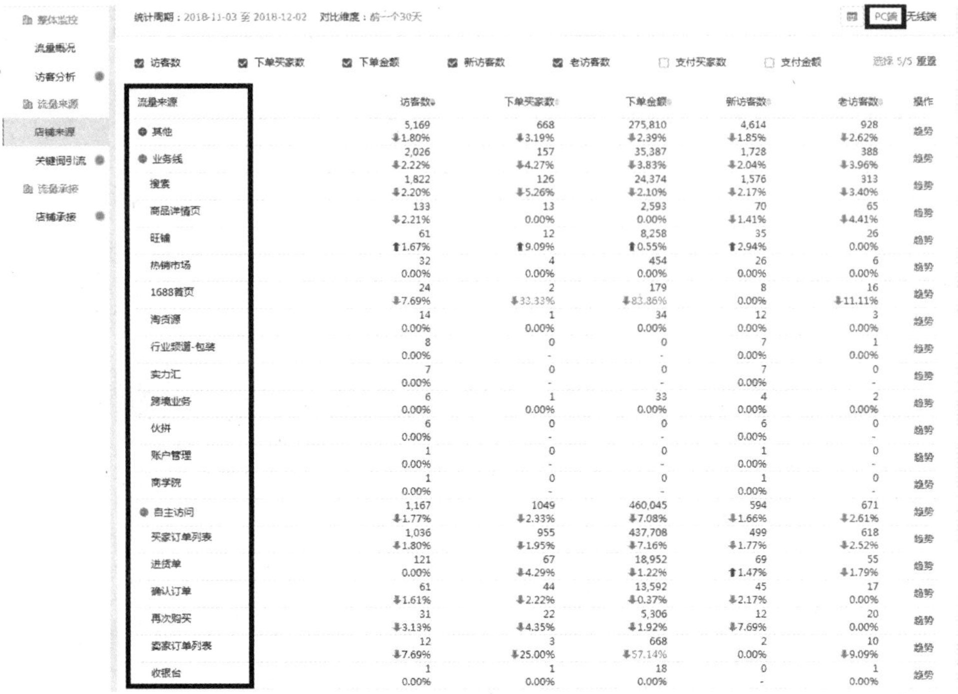

整体监控
流量概况
访客分析
流量来源
店铺来源
关键词引流
流量承接
店铺承接

统计周期：2018-11-03 至 2018-12-02　对比维度：前一个30天　PC端　无线端

☑ 访客数　☑ 下单买家数　☑ 下单金额　☑ 新访客数　☑ 老访客数　☐ 支付买家数　☐ 支付金额　选择 5/5 重置

流量来源	访客数	下单买家数	下单金额	新访客数	老访客数	操作
● 其他	5,169 ↓1.80%	668 ↓3.19%	275,810 ↓2.39%	4,614 ↓1.85%	928 ↓2.62%	趋势
● 业务线	2,026 ↓2.22%	157 ↓4.27%	35,387 ↓3.83%	1,728 ↓2.04%	388 ↓3.96%	趋势
搜索	1,822 ↓2.20%	126 ↓5.26%	24,374 ↓2.10%	1,576 ↓2.17%	313 ↓3.40%	趋势
商品详情页	133 ↓2.21%	13 0.00%	2,593 0.00%	70 ↓1.41%	65 ↓4.41%	趋势
旺铺	61 ↑1.67%	12 ↑9.09%	8,258 ↑0.55%	35 ↑2.94%	26 0.00%	趋势
热销市场	32 0.00%	4 0.00%	454 0.00%	26 0.00%	6 0.00%	趋势
1688首页	24 ↓7.69%	2 ↓33.33%	179 ↓83.86%	8 0.00%	16 ↓11.11%	趋势
淘货源	14 0.00%	1 0.00%	34 0.00%	12 0.00%	3 0.00%	趋势
行业频道-包装	8 0.00%	0 -	0 -	7 0.00%	1 0.00%	趋势
实力汇	7 0.00%	0 -	0 -	7 0.00%	0 -	趋势
跨境业务	6 0.00%	1 0.00%	33 0.00%	4 0.00%	2 0.00%	趋势
伙拼	6 0.00%	0 -	0 -	6 0.00%	0 -	趋势
账户管理	1 0.00%	0 -	0 -	1 0.00%	0 -	趋势
商学院	1 0.00%	0 -	0 -	1 0.00%	0 -	趋势
● 自主访问	1,167 ↓1.77%	1049 ↓2.33%	460,045 ↓7.08%	594 ↓1.66%	671 ↓2.61%	趋势
买家订单列表	1,036 ↓1.80%	955 ↓1.95%	437,708 ↓7.16%	499 ↓1.77%	618 ↓2.52%	趋势
进货单	121 0.00%	67 ↓4.29%	18,952 ↓1.22%	69 ↑1.47%	55 ↓1.79%	趋势
确认订单	61 ↓1.61%	44 ↓2.22%	13,592 ↓0.37%	45 ↓2.17%	17 0.00%	趋势
再次购买	31 ↓3.13%	22 ↓4.35%	5,306 ↓1.92%	12 ↓7.69%	20 0.00%	趋势
卖家订单列表	12 ↓7.69%	3 ↓25.00%	668 ↓57.14%	2 0.00%	10 ↓9.09%	趋势
收银台	1 0.00%	1 0.00%	18 0.00%	0 -	1 0.00%	趋势

图 10-6

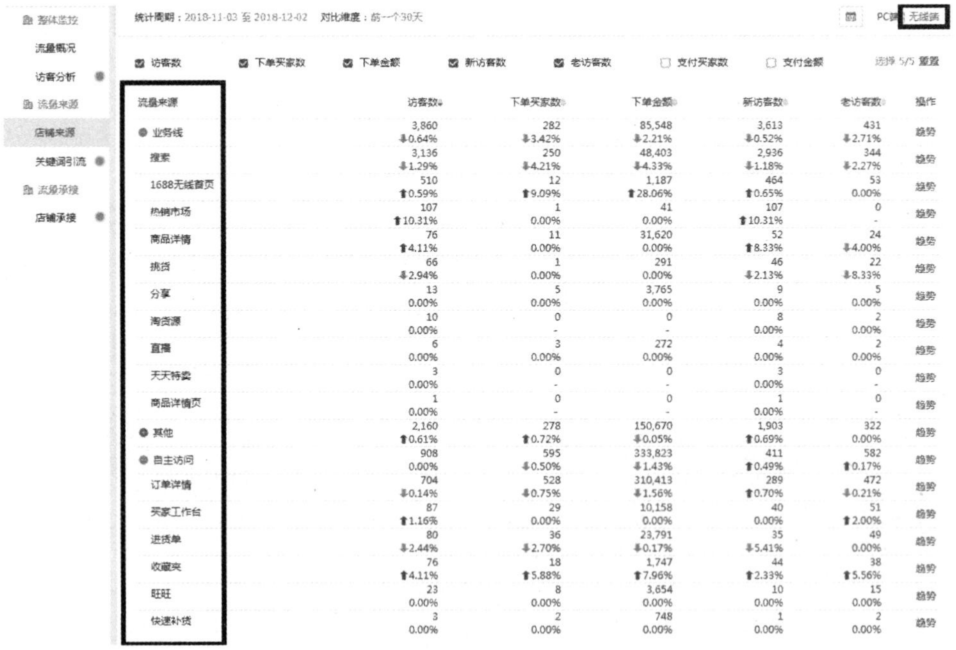

整体监控
流量概况
访客分析
流量来源
店铺来源
关键词引流
流量承接
店铺承接

统计周期：2018-11-03 至 2018-12-02　对比维度：前一个30天　PC端　无线端

☑ 访客数　☑ 下单买家数　☑ 下单金额　☑ 新访客数　☑ 老访客数　☐ 支付买家数　☐ 支付金额　选择 5/5 重置

流量来源	访客数	下单买家数	下单金额	新访客数	老访客数	操作
● 业务线	3,860 ↓0.64%	282 ↓3.42%	85,548 ↓2.21%	3,613 ↓0.52%	431 ↓2.71%	趋势
搜索	3,136 ↓1.29%	250 ↓4.21%	48,403 ↓4.33%	2,936 ↓1.18%	344 ↓2.27%	趋势
1688无线首页	510 ↑0.59%	12 ↑9.09%	1,187 ↑28.06%	464 ↑0.65%	53 0.00%	趋势
热销市场	107 ↑10.31%	1 0.00%	41 0.00%	107 ↑10.31%	0 -	趋势
商品详情	76 ↑4.11%	11 0.00%	31,620 0.00%	52 ↑8.33%	24 ↓4.00%	趋势
挑货	66 ↓2.94%	1 0.00%	291 0.00%	46 ↓2.13%	22 ↓8.33%	趋势
分享	13 0.00%	5 0.00%	3,765 0.00%	9 0.00%	5 0.00%	趋势
淘货源	10 0.00%	0 -	0 -	8 0.00%	2 0.00%	趋势
直播	6 0.00%	3 0.00%	272 0.00%	4 0.00%	2 0.00%	趋势
天天特卖	3 0.00%	0 -	0 -	3 0.00%	0 -	趋势
商品详情页	1 0.00%	0 -	0 -	1 0.00%	0 -	趋势
● 其他	2,160 ↑0.61%	278 ↑0.72%	150,670 ↓0.05%	1,903 ↑0.69%	322 0.00%	趋势
● 自主访问	908 0.00%	595 ↓0.50%	333,823 ↓1.43%	411 ↑0.49%	582 ↑0.17%	趋势
订单详情	704 ↓0.14%	528 ↓0.75%	310,413 ↓1.56%	289 ↑0.70%	472 ↓0.21%	趋势
买家工作台	87 ↑1.16%	29 0.00%	10,158 0.00%	40 0.00%	51 ↑2.00%	趋势
进货单	80 ↓2.44%	36 ↓2.70%	23,791 ↓0.17%	35 ↓5.41%	49 0.00%	趋势
收藏夹	76 ↑4.11%	18 ↑5.88%	1,747 ↑7.96%	44 ↑2.33%	38 ↑5.56%	趋势
旺旺	23 0.00%	8 0.00%	3,654 0.00%	10 0.00%	15 0.00%	趋势
快速补货	3 0.00%	2 0.00%	748 0.00%	1 0.00%	2 0.00%	趋势

图 10-7

即使跌倒一百次，我也可以第一百次站起来。

通过生意参谋可以清晰地查看店铺来自 PC 端和无线端的流量，以及新老访客的占比。

（1）如图 10-8 所示，如果新访客数占比较高，就说明这些入口吸引新访客的能力较强，我们可以加大主推商品的推广力度，这样有助于店铺自然排名的提升。

统计周期：2018-11-03 至 2018-12-02　对比维度：前一个30天　　PC端 | 无线端

☑ 访客数　☐ 下单买家数　☐ 下单金额　☑ 新访客数　☑ 老访客数　☐ 支付买家数　☐ 支付金额　选择 3/5 重置

流量来源	访客数	新访客数	老访客数	操作
业务线	3,860 ↓0.64%	3,613 ↓0.52%	431 ↓2.71%	趋势
搜索	3,136 ↓1.29%	2,936 ↓1.18%	344 ↓2.27%	趋势
1688无线首页	510 ↑0.59%	464 ↑0.65%	53 0.00%	趋势
热销市场	107 ↑10.31%	107 ↑10.31%	0 -	趋势
商品详情	76 ↑4.11%	52 ↑8.33%	24 ↓4.00%	趋势
挑货	66 ↓2.94%	46 ↓2.13%	22 ↓8.33%	趋势
分享	13 0.00%	9 0.00%	5 0.00%	趋势
淘货源	10 0.00%	8 0.00%	2 0.00%	趋势
直播	6 0.00%	4 0.00%	2 0.00%	趋势
天天特卖	3 0.00%	3 0.00%	0 -	趋势
商品详情页	1 0.00%	1	0	趋势

图 10-8

（2）如图 10-9 所示，对于访客数占比较低的入口，我们可以"放大"这些入口。

淘货源	14 0.00%	12 0.00%	3 0.00%	趋势
行业频道-包装	8 0.00%	7 0.00%	1 0.00%	趋势
实力汇	7 0.00%	7 0.00%	0 -	趋势
跨境业务	6 0.00%	4 0.00%	2 0.00%	趋势
伙拼	6 0.00%	6 0.00%	0 -	趋势

挑货	66 ↓2.94%	46 ↓2.13%	22 ↓8.33%	趋势
分享	13 0.00%	9 0.00%	5 0.00%	趋势
淘货源	10 0.00%	8 0.00%	2 0.00%	趋势
直播	6 0.00%	4 0.00%	2 0.00%	趋势
天天特卖	3 0.00%	3 0.00%	0 -	趋势

图 10-9

如何放大流量入口呢？

不难，要你干吗？

①提高直播和参加平台活动（伙拼、天天特卖）的频率。假如在近 30 天中我们参加过一次活动，那在接下来的 30 天中我们可以参加两次或更多次。

②自营销分享可以改为每天分享，让公司全员参与分享。

③参加淘货源的营销活动，引入更多流量。

2．数字营销流量分析

数字营销引流对于一个店铺的成长至关重要，引流选品、选词，以及出价是否正确会直接影响付费引流的效果。

（1）选品数据分析，可以参考推广信息报表，如图 10-10 所示。

营效宝　品牌宝　首位展示　企业展播　大促商业方案　品牌专区

基础报表　推广信息报表　关键词报表　地域报表　定位推广报表

推广信息	所属计划	展现次数 ↑	点击次数 ↑	点击率 ↑
总计	/	131777	1148	0.87%
厂家PO膜泡沫防震气泡信封袋 服装复合防水汽泡快递袋子定做	智能方案	13459	102	0.76%
网帮物流包装灰色包装袋子 防水加厚打包袋快递袋28*42厂家批发	智能方案	10152	61	0.60%
蓝色全新顺丰快递袋 物流打包防水包装袋 厂家直销定制批发袋子	智能方案	14293	50	0.35%
厂家直销白色新料快递袋批发 物流包装防水快递袋订制印刷	智能方案	9753	62	0.64%
网帮物流包装灰色包装袋子 防水加厚打包袋快递袋28*42厂家批发	主推款计划	4476	159	3.55%
顺丰加厚快递袋印刷定制 全新料白色快递袋子防水袋子定做批发	智能方案	16938	58	0.34%
网帮磨砂黄色全新料快递袋 物流打包袋子 厂家直销批发定制	智能方案	5275	35	0.66%
义乌厂家直销白色加厚物流袋批发打包袋防水快递袋子可定制印刷	智能方案	18028	115	0.64%
顺丰加厚快递袋印刷定制 全新料白色快递袋子防水袋子定做批发	主推款计划	1226	22	1.79%
网帮白色顺丰快递包装袋定制 防水物流打包袋批发袋子快递袋定做	主推款计划	3752	153	4.08%

图 10-10

在推广信息报表中，如果推广商品的展现次数少且点击率低，则可以考虑更换主推商品。

（2）选词与出价分析，可以参考关键词报表，如图 10-11 所示。

事能不能做到，有的时候只能听天由命，但是做不做、怎么做是关键。

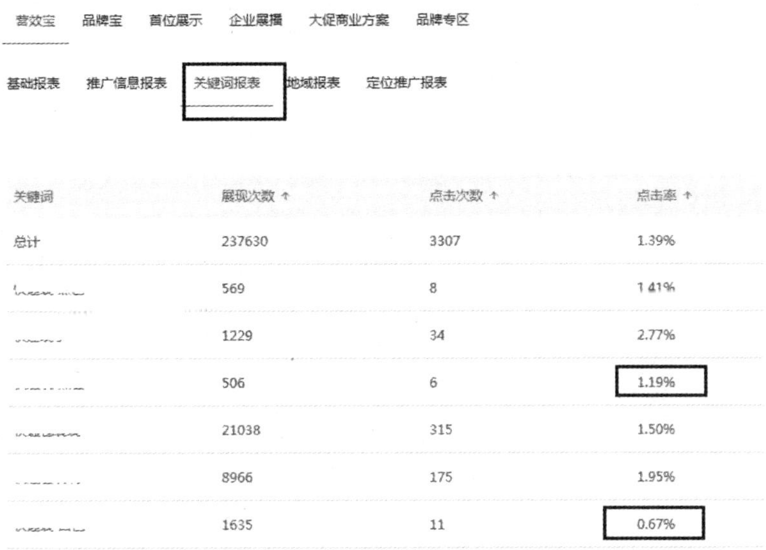

营效宝　品牌宝　首位展示　企业展播　大促商业方案　品牌专区

基础报表　推广信息报表　关键词报表　地域报表　定位推广报表

关键词	展现次数 ↑	点击次数 ↑	点击率 ↑
总计	237630	3307	1.39%
[illegible]	569	8	1.41%
[illegible]	1229	34	2.77%
[illegible]	506	6	1.19%
[illegible]	21038	315	1.50%
[illegible]	8966	175	1.95%
[illegible]	1635	11	0.67%

图 10-11

如果在关键词报表中点击率偏低，就可以考虑优化产品主图和订价策略。如果展现次数与生意参谋中的关键词搜索次数（如图 10-12 所示）差距较大，可以考虑提高付费关键词的出价，以提升营效宝展现次数。

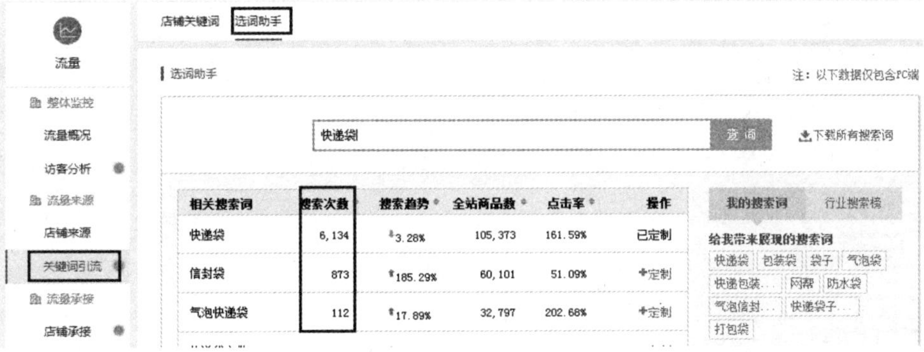

图 10-12

10.2.4　店铺转化分析与优化

1．点击转化率数据分析与优化

点击转化率的查看方式如图 10-13 所示。

不要给失败找理由，要为成功找方向。

图 10-13

如果点击转化达不到平均水平以上，可以考虑做主推品主图优化和开通特定的服务，如图10-14所示。

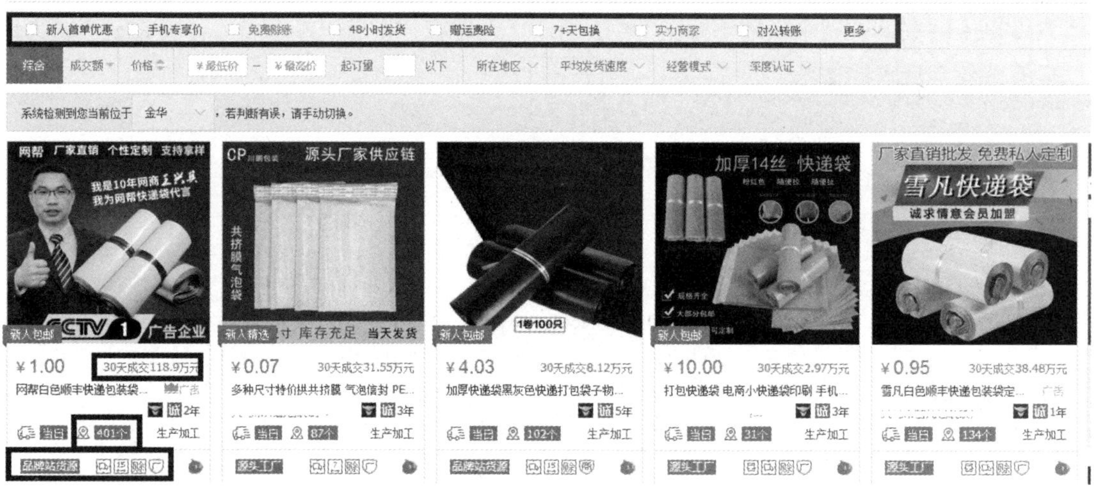

图 10-14

提升点击转化率的优化方向：（1）开通专属服务，如手机专享、诚e赊、7天包换、对公转账等；（2）优化主图，突出产品，图片要清晰；（3）调整定价策略；（4）提升在线交易额；（5）加入实力商家。

不要再纠缠于“长期”和“短期”，很多时候长期已经成了现在不做事情的借口。

2. 跳失率数据分析与优化

跳失率是统计时间内没有发生点击行为的访客数与访客总数的比值，多天跳失率为每天跳失率的平均值，如图 10-15 所示。

图 10-15

店铺跳失率越低，代表进店后的访客留存得越多，该值越低，则流量的质量越好，客户精准度越高，对转化的帮助越大。如何降低跳失率？我们先看一个案例，如图 10-16 所示。

图 10-16

与其抱怨老板关注细节，不如比老板更“细节”。

客户进店后的浏览顺序一般是这样的：价格、五张主图、营销让利信息、产品的 SKU。这充分说明一点：要降低跳失率可以从调整定价策略开始，小区间低起批量，设置营销让利，开展自营销活动，然后优化图片效果。通过这几点，可大大降低产品的客户跳失率。

3．停留时长

客户在某个产品页面的停留时间长短反映了客户对该产品的采购意愿，停留时间越长，采购的可能性越高。我们通过生意参谋来查看一组数据，如图 10-17 所示。

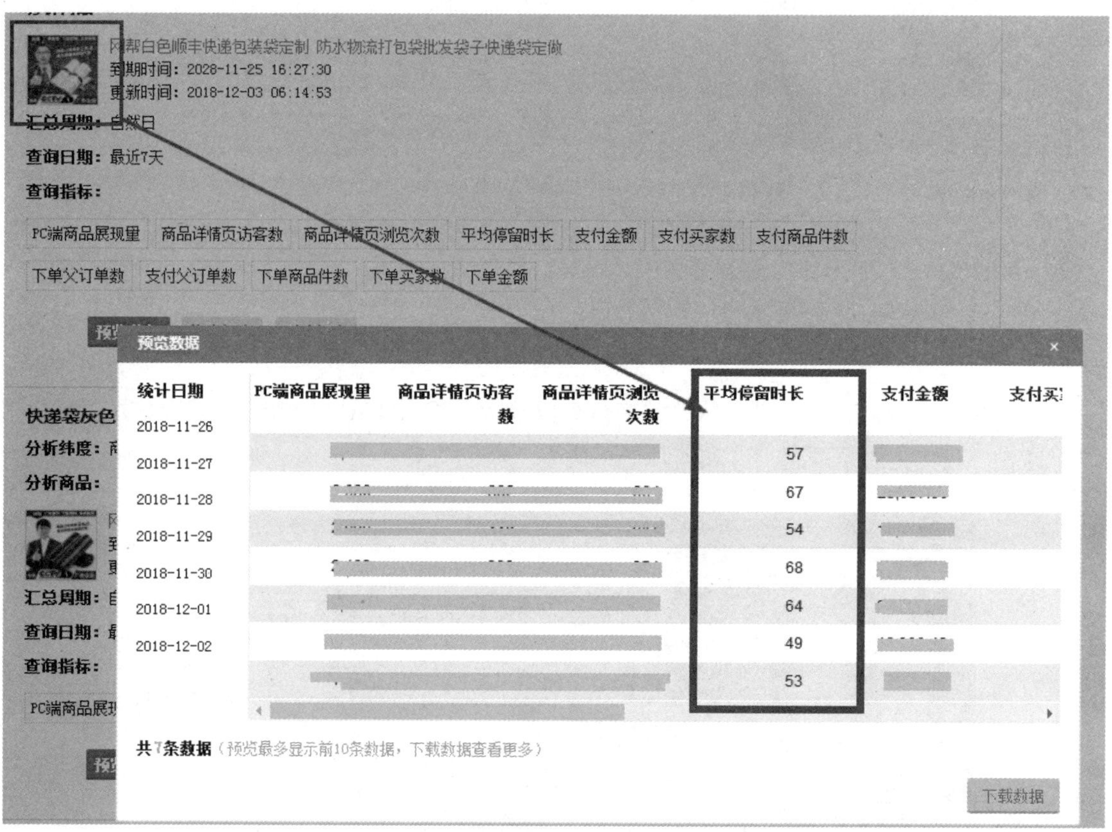

图 10-17

把平均停留时长与同一时期店铺的支付转化率进行对比，分析两者的关系，如图 10-18 所示。

有些事情想想很困难，其实只要行动起来，困难也就解决了。

图 10-18

停留时长的优化重点在于详情的优化和关联的设计。

4. 支付转化率

支付转化率指统计时间内支付客户数占访客总数的比例，即来访客户转化为店铺买家的比例。支付转率要达到多少才算优秀？我们来看一组数据，如图 10-19 所示。

图 10-19

与行业平均值做对比，超越平均值 20%以上，就可以认为支付转化率优秀，对一个优秀的店铺来说，这是最低的要求。

10.3　单品数据分析与优化

单品包括店铺新款、爆款、利润款、常规款等，是能够给店铺带来直接流量的。一款单品是否能够“健康成长”，直接影响店铺的持续引流，一款“健康”的单品需要从以下几个维度考

If not now, when? If not me, who?（此时此刻，非我莫属。）

量：能持续引进新客户、能持续带动老客户的回头率。

如图 10-20 所示，单品的展现次数和访客数的变化是一个高低起伏的过程，展现次数从高点到低点持续的过程为 1 ~ 3 天，如果超过了 3 天，就可以认为出现了异常。每个高点的展现次数和访客数要么持续增长，要么在某一范围之内平稳发展。

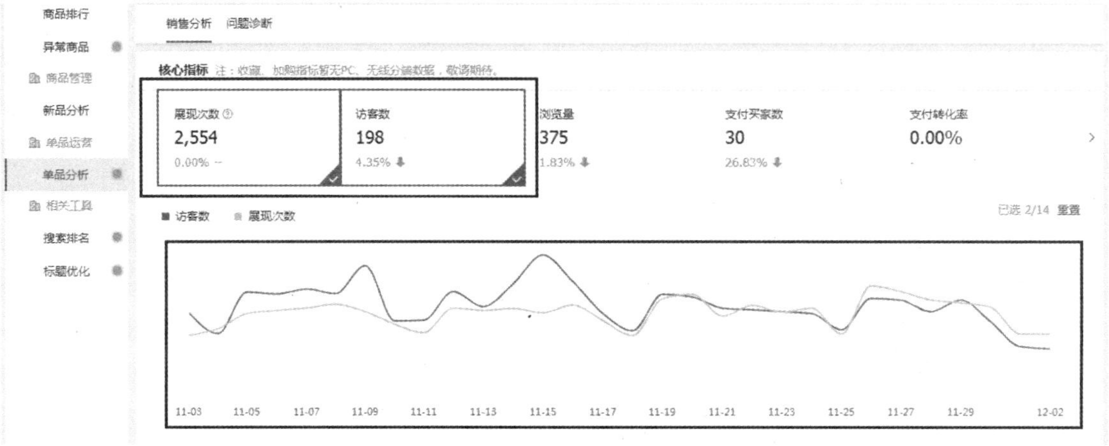

图 10-20

10.4　数据分析与优化流程

第一步：数据统计。

数据分析的第一步是数据统计，数据统计工作由店长或运营人员完成，在运营工作中必须统计的数据如表 10-2、表 10-3 所示。

表 10-2

单品数据统计表　　　品名：									
日期	展现次数	访客数	点击率	转化率	新客户数	复购人数	跳失率	停留时长	交易额
1 月 1 日									
……									
……									

今天最好的表现是明天最低的要求。

表 10-3

店铺数据统计表										
日期	展现次数	PC 端访客	无线端访客	点击率	买家数	新卖家数	回头率	转化率	浏览次数	交易额
1 月 1 日										
……										
……										

第二步：根据数据的波动分析影响因素。

每个数据的背后都会有很多影响因素，比如展现数据出现连续 3 天以上的下降是什么原因？解决方法是什么？原因可能是行情整体下滑，可能是 7 天交易额下降，也可能是出现了违规扣分，等等。我们可以对可能的原因一一排除，找到根本原因，再提出解决方案。

第三步：提出解决方案。

在上一步中我们找出了一个数据下降的原因，例如：出现下降是因为我们的主推品的 7 天交易额及转化率下降了。这时我们针对交易和转化制定如下方案。

（1）对主推品做数字营推推广，提升排名，形成更好的转化；（2）运用引流产品营销工具（比如限时促销）；（3）可考虑用引流产品或给老客户让利，以提升交易额和转化率；（4）持续记录交易和转化数据，做到周期内环比增长。

第四步：执行优化方案。

“三流的方案，一流的执行”。根据方案把责任划分到人，比如：运营人员负责数字营销推广、营销工具设置和数据记录，客服人员负责老客户沟通与维系。

总结：在当下的店铺运营中，数据分析是一项重要的技能，选品、引流、转化都离不开数据，数据就是客户的行为轨迹，我们要通过这条轨迹，有针对性地制定运营方案，这样我们的店铺才能做得更好！

扫码继续学习商学院课程

蹲下来是为了跳得更高。

第 11 章

反客为主

1688 客户关系管理及维护

客户是生意之本，是店铺能否经营下去的关键。从这个意义上来说，商家应该把客户的体验放在首位，针对不同客户的特征进行分层管理和维护，为其提供更好的服务，最终提升新老客户转化率和复购率，提升店铺业绩。

本章讲述了客户的管理与维护方法。

11.1　1688 客户整理与分层

1688 在客户关系管理上与淘宝有一定的区别。因为 1688 平台上的买家多数为批发类客户，这类买家的采购主要是为了销售或者用于生产，其特性是洽谈周期较长，但采购忠诚度较高。对于这类客户，将产品和服务做好，其黏性会非常强。

1688 商家在客户运营上有两个问题：要么不重视老客户的维护，要么不知道从何处入手进行维护。一旦疏于维护，就会导致大量客户流失，其实在和客户来往的过程中，一次简单的电话问候也可能让客户对你有更强的记忆。因为大部分客户不会只有一个供应商，他们在选择供应商的时候除了考虑产品，还会考虑服务，服务维度里有一点就是“印象分”，他们更愿意与特别关心他们的供应商合作。

因此 1688 业务本质上是滚雪球式积累客户的生意，老客户多了，生意自然会好，我们一定要重视客户关系管理。那么，对客户进行有效整理和分层的具体方法是什么呢？

在工具的使用上，较为常见的工具是千牛和 Excel，部分商家会使用专业的 ERP 软件进行客户管理。

如图 11-1 所示，使用千牛时，需要对不同的客户进行分组。例如，已成交客户、代理商、潜在客户、已寄样客户、VIP 客户、VIP 代理商等。这是一种分类方式，不同行业的商家需要结合行业情况来分组。另外，对每位客户的千牛名称要做好备注，因为他们的 ID 不具备很强的识别度，一旦客户多了，我们不容易辨别出是谁。在备注千牛名称时建议使用“姓氏+先生/女士/总+地域/客户类型”的方式。例如对一件代发类客户可以这样备注：“李女士淘卖”。对批发定制类客户可以这样备注：“顾总定制”，或者“顾先生上海”。

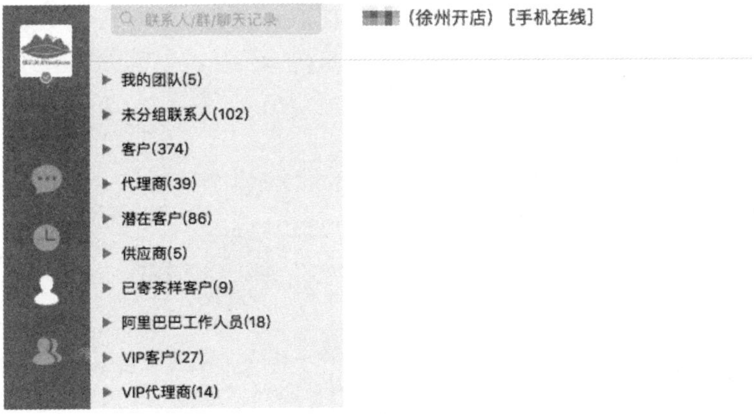

图 11-1

把你手头的工作当作吃饭来对待，你一定可以做好。

除了使用千牛之外，我们还可以使用 Excel 进行管理，请参照图 11-2 进行设置。

批发类老客户管理工具

千牛ID	姓名	性别	电话	所在区域	批发类型	客户重要程度	历史采购总笔数	历史采购总金额	提货产品型号	最近一次联系时间
						★★★★★				

定制类老客户管理工具

千牛ID	姓名	性别	电话	所在区域	定制类型	客户重要程度	历史采购总笔数	历史采购总金额	定制产品类型	最近一次联系时间
						★★★★★				

代理类老客户管理工具

所在平台	千牛ID	姓名	性别	电话	所在区域	批发进货/一件代发	主营行业	店铺等级
DSR评分	店铺重视程度	客户重要程度	历史采购总笔数	历史采购总金额	提货产品型号	最近一次联系时间		

图 11-2

这份表格的核心作用是对不同的客户进行分类管理，不仅客服人员自己可以看到，更重要的是提供给运营人员，让运营人员对客户的整体情况有清晰的了解，方便从客户维度对现有运营思路进行总结和优化。

当然，核心还是给客服人员使用，帮助其结合客户特征做客户分层管理。而客户分层管理的关键点在于描述“人群画像”，目的是更精准地对客户开展回访和营销工作。“人群画像”的要素有姓名、性别、所在区域、历史采购总笔数、历史采购总金额等，可以对这类客户的采购实力及需求做清晰的描绘。而“最近一次联系时间”是为了提醒自己什么时间应该跟进，否则会错过最佳二次导购时间。以上是对批发定制类客户的管理思路，那么一件代发类客户的管理逻辑是什么呢?

除了以上维度外，对于淘宝卖家等代发类客户，还要增加对代理商淘宝店铺的“画像”，如图 11-3 所示。我们要很清晰地了解对方淘宝店铺的主营类目是什么，店铺勋章等级是什么，主营类目和商家自己店铺的类目匹配度如何，还有 DSR 评分，以及对其店铺的整体运营状态的评估。这是因为我们需要的不是无效代理或者低质量代理，从以上维度基本可以判断出这个代理商运营的基本情况。

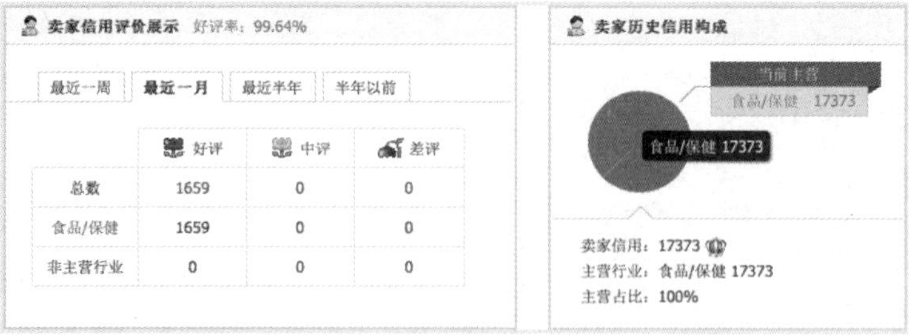

图 11-3

要么态度有问题，要么能力有问题，要么两者都有问题。

如图 11-4 所示，1688 分销商管理后台也是管理分销商的常见工具，可以和上面的管理方法结合起来使用。发现无效代理可以直接删除，发现低质量代理可以有选择地删除。

图 11-4

11.2　1688 客户维护策略

按照客户的要货模式，我们可以把客户分为批发类、定制类和一件代发类。一般情况下，对于批发类、定制类客户，使用电话进行沟通更有利于提升回购率；对于一件代发类客户，使用群管理更合适。

对于批发类和定制类客户，有以下回访注意事项。

（1）最好用电话或手机沟通。

（2）沟通前了解对方的历史采购情况。

（3）尽可能避开休息时间，例如中午 13:00 至 14:00。

（4）一开始就表明身份，并明确对方是否方便接电话。

（5）让对方感觉到被关心，顺便询问补货事宜，别让对方感觉自己是来推销产品的。

（6）沟通前准备好书面稿，做好演练。

心中无敌，方能无敌于天下。

对于一件代发类客户，通常使用群管理，群内管理的核心内容如下。

（1）新品告知。当有产品上新或者准备上新时，可以在群里做告知和“预热”，上新频率也很重要，需要控制好，上新频率是优质代理商选择供应商的重要标准。

（2）优惠政策告知。在店铺参加平台活动或者有店内自营销活动时，可以将优惠政策在群内公布，甚至可以和代理商做联营，让代理商也同步做活动，为他们做好产品供应与服务支撑。

（3）库存告知。代理商很担心供应商货源不稳定，更担心这种不稳定的情况无法预知，所以我们需要及时在群内做库存情况告知。

（4）统一培训。针对代理商做好培训工作，让他们感受到差异化服务，提高认可度和黏性，同时提升自身运营能力，让业绩越来越好。代理商卖得好，我们才能卖得更好。

提到客户关怀，很多商家并不陌生，即使做传统生意，也需要做大量的客户关怀工作。建议在逢年过节时，给予老客户尤其是核心客户真诚的问候，可以结合商务送礼，具体做法如下。

（1）问候重在真诚，必须“点对点”带称谓问候。

（2）中秋、元旦、春节等节日为客户关怀的重点时间。

（3）选择合适的特产进行商务送礼。

（4）打电话问候重点客户。

11.3　1688 客户营销策略

提到客户营销，大部分人会想到参加活动。的确，活动可以让老客户参与进来，提升老客户的回购率。但是活动一定要师出有名，要么是官方活动，要么是有主题的自营销活动。

前者大家都很熟悉，例如伙拼、特卖、行业活动或者大促等。后者一般分为店庆活动、主题活动和节日促销。活动政策可以根据产品利润情况及店铺运营策略制定，通常有满减、满就送、包邮等。

在活动期间，建议用直播配合引流和转化，引导老客户观看直播，提升老客户的信任度，吸引他们进货。

男人的胸怀是被冤枉撑大的。

在平台上我们可以使用“老客维系”功能，按要求设置好主题和优惠券，对老客户进行“撒网式”通知，如图 11-5 所示。

图 11-5

扫码继续学习商学院课程

有功无过是短暂的，无功有过是行不通的，有功有过是最好的。

第 12 章

磨刀之功

1688 常用工具与服务体系

“磨刀不误砍柴工”，平台工具都是运营利器，但若不熟练掌握，到了你手里就成为一把钝刀。因此花一些时间掌握平台工具，熟悉服务项目，是值得而且有必要的投入。刀磨快了，做起事来才能事半而功倍。所以想轻量化运营线上店铺，必须熟练掌握平台工具的使用方法。

本章分两节讲述平台的工具与服务体系。

阿里巴巴提供了各式各样的工具和服务，它们是买卖双方在平台上进行交易的基础，贯穿了交易链路的全过程，甚至扩展出了更多意想不到的可能性。借助这些工具和服务，买家会有更好的进货体验，在平台上也会有更高的活跃度。对卖家而言，通过这些工具和服务，他们能对平台有更多的认知，增强了服务意识和发展意识。

无论你是否有线上销售经验，都可以借助本章介绍的工具和服务，快速了解交易场景和交易链路。

12.1　平台常用工具和服务

12.1.1　卖家工作台

1688 卖家工作台是 1688 平台上所有卖家登录之后第一个要访问的工具，也是在日常事务处理中最常用到的工具。

卖家工作台的首页有公告栏，让卖家可以更及时地了解网站的重要通知。首页还用卡片形式展示了经营攻略、交易信息快捷入口、生意参谋实时数据概要、店铺基础信息、交易信息、商品信息、营销信息、客服信息、服务信息、学习教程等，让进入卖家工作台的卖家能便捷和全面地了解店铺的经营情况。

图 12-1 所示为登录 1688 卖家工作台后的预览界面。

图 12-1

在卖家工作台左侧是分类导航条，让卖家可以快捷地找到对应的功能模块，其中主要有六

合理的要求叫作锻炼，不合理的要求叫作磨炼。

个功能模块：交易、商品、旺铺、营销、客户、分销。左侧还特别添加了“常用”模块，其中列出了最近使用的五个功能。特别值得一提的是，在这里还可以设置自定义模块的快捷入口，方便卖家直达自己最需要的功能模块。

在卖家工作台的右上方有搜索框，其中默认显示的是服务搜索，如果找不到功能菜单，也可以直接在这里搜索。在搜索框旁边是功能地图，后台各个模块的功能在这里都有入口，如图 12-2 所示。

图 12-2

在卖家工作台的右侧还有阿里头条、任务奖励、活动日历等。任务模块会基于卖家所处的阶段，建议卖家完成任务（任务状态次日更新），可帮助卖家获得阶段性的权益，助力卖家成长。活动日历按月展示，选择日期之后，会出现当前可报名和已报名的活动，方便卖家关注平台活动和跟进活动安排。

卖家工作台承载了阿里巴巴中文站关于平台操作、店铺管理、客户管理的各种功能，如果对平台有任何建议，可以在右下方的客服中心模块提交。

12.1.2 手机阿里

手机阿里 App 支持用户以买家身份或卖家身份登录，用户可用其进行在线沟通，登录后也可以在买家身份与卖家身份之间进行切换。

在买家端界面中，有精品货源市场展示：微分销、今日好商、今日团、进口货源、伙拼等。

看不出问题就是最大的问题。

用手机阿里 App 进行采购时，更有专享折扣。在买家端界面中，有猜你喜欢、全新搜索、行业看板、足迹、活动早知道等栏目，功能一目了然，让卖家具有全新操控体验。值得一提的是，手机阿里 App 上还有个人卡券包、特色金融服务、智能客服、快速补货等专属服务，称得上“天下好货，一手掌握”，如图 12-3 所示。

图 12-3

手机阿里 App 不仅仅是买家进货下单的工具，更是专业的卖家移动管店工具，其拥有多种高效接待功能，让卖家能轻松管店，并能随时随地进行营销推广和学习成长，如图 12-4 所示。

图 12-4

另外，通过手机阿里 App，卖家能实时监控店铺成交、访客等数据，第一时间把握活动报名机会，并能及时了解违规信息及排除店铺异常。利用手机阿里 App，卖家还可以直接拍照，发布产品，管理产品，及时处理订单，进行催付、改价、发货、退款等，即使不在电脑前面卖家也能轻松管店。

值得称道的是，使用手机阿里 App，卖家在接待买家的时候能实时了解买家的足迹和查看历史订单，从而快速锁定有采购意向的买家，还能准确高效地核对订单，为订单做备注，更能

打不死的是信念，绕不开的是变化。

一边和买家聊天一边推荐产品，真正做到省时省力。手机阿里 App 还支持多账号登录，并支持在多个账号之间互相切换，提高接待买家的效率。

12.1.3 阿里贷款

阿里巴巴提供了各式各样的交易服务，也为在交易中有资金需求的商家提供了 1688 专享网商贷服务，如图 12-5 所示。

图 12-5

申请阿里贷款的条件如下。

（1）申请人为阿里巴巴中国站会员或中国供应商会员，具有一定的操作记录。

（2）申请人为企业法定代表人或个体工商户负责人，年龄为 18 ~ 65 周岁，且是中国大陆居民。

（3）工商注册地在上海市、北京市、天津市、浙江省、山东省、江苏省、广东省，且注册时间满 1 年。

阿里贷款适用人群如下。

（1）在生产经营过程中，有流动性资金需求的小企业主和个体工商户。

（2）店铺近 12 个月总销售额不低于 100 万元，且经营有效益、成长性好者。

（3）店铺在阿里巴巴集团及外部金融机构无不良记录者。

这项业务能切实为卖家提供资金帮助，在正常贷款过程中，除合同约定利息等费用外，不收取其他任何费用。不允许任何机构或个人利用阿里贷款谋取不当利益（如“额外费用”等）。

我们为不懈的努力鼓掌，但按结果付酬。

12.1.4　阿里物流

阿里物流，又名菜鸟运输市场，其官方网址为 https://56.1688.com。

阿里物流的菜鸟运输平台整合全国公路运输资源，专注零担市场，让零担发货更快捷，同时集结多家货运公司，提供真实可靠的物流服务，主要体现为四个字："全""省""见""赔"。

（1）全：海量运力。连接了上千家快运及物流公司，产品囊括了小票、大票零担，网络线路覆盖广，实现了"一点发全国"。

（2）省：独享低价。背靠阿里电商，具有议价能力，可实现全网线上比价，在线下单后可统一管理物流订单。

（3）见：物流跟踪。物流节点及时更新，物流跟踪全程可视，让发货方和收货方因物流而变得更信任对方。

（4）赔：发货保障。服务有保障，若有异议可在线投诉，菜鸟客服会及时介入处理，让卖家发货无忧。

客户在线下单后，卖家会有在线发货的需求，这时只需要以下三步就可以完成。

（1）进入 1688 后台，找到需要发货的订单，点击"发货"按钮。

（2）确认订单，然后点击"下一步"按钮，选择合适的物流商并点击"选择"按钮。

（3）填写发货单后点击"提交发货单"按钮即可下单成功。

有的时候，卖家也会有直接在线发货的需求，这和使用订单发货不大一样，不过也只需要以下四步即可完成。

（1）进入 1688 后台，点击"交易"—"物流服务"按钮。

（2）在打开的页面中，点击"现在发货"按钮，填写收货人信息后点击"下一步"按钮。

（3）在打开的页面中，选择合适的物流商，点击"发货"按钮。

（4）在打开的页面中，填写发货单后点击"提交运单"按钮即可。

卖家下单后，只需要在后台填写好货物信息，并点击"发货"按钮，然后等着物流公司来取货就行了，打电话联系物流、谈价格、填写运单号这些步骤都省掉了。卖家还能查询物流详情，这不仅方便了卖家查询信息，避免了卖家和买家因为没有物流跟踪记录而不知道货到哪里

高效做好重要又紧急的事情，腾出大量时间做重要但不紧急的事情，尽快做好紧急但不重要的事情，避免做不重要又不紧急的事情。

了所产生的后续纠纷。阿里物流对卖家在平台上的信息展示加权也具有很大的作用。

12.1.5 找货神器

找货神器是阿里巴巴提供给淘宝店主、跨境电商卖家、小批发商的必备工具，其官方网址为 https://shen.1688.com。

找货神器具有 5 大核心功能，能帮助卖家找到海量低价、高品质的货源，还可以为卖家"量身定制"货源，具体情况如下。

（1）海量货源。找货神器对接全网数据，与阿里巴巴中文站上各式各样的产品都能对接。

（2）进货必备。找货神器是卖家进货必备的比较下单工具，在卖家浏览淘宝、天猫商品时，找货神器可以帮助卖家发现同款商品进货渠道，随时随地查找更低价格。

（3）方便快捷。找货神器能让卖家省时省力，轻松找货。

（4）每日更新。找货神器能让卖家随时掌握全网新货。

（5）精准匹配。找货神器使用图像识别、个性化算法推荐货源，卖家可以在浏览淘宝、天猫网页图片时直接使用"以图搜货"按钮，快速搜索与图中产品相似的货源。

通过找货神器，卖家还可以免费获得核心数据，利用丰富的图表分析商品的竞争力，辅助自己做进货决策，如图 12-6 所示。对 1688 平台的卖家来说，找货神器也是一种对采购人群进行精准营销的方式。

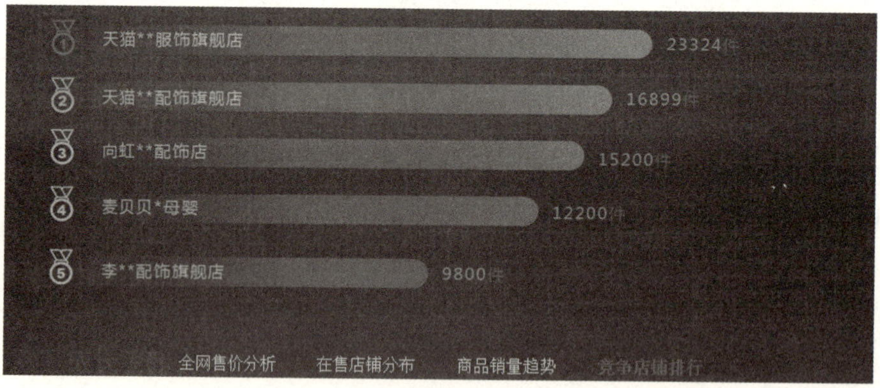

图 12-6

最大的错误就是停在原地不动，就是不犯错误。关键在于总结、反思，错误还得犯，关键是不要犯同样的错误。

12.1.6　开放平台

阿里巴巴开放平台依托海量用户资源及强大的平台优势，是为阿里巴巴卖家提供基础服务的重要开放途径，能帮助卖家提升经营能力、拓宽生意渠道、提高办公效率，其官方网址为 https://open.1688.com。

阿里巴巴开放平台向合作伙伴和广大的第三方开发者逐步开放会员、公司库、类目、产品、交易、资讯等一系列接口，在为合作伙伴提供多入口最优展现的同时，与大家共享商机，互利双赢。图 12-7 所示为阿里巴巴开放平台首页。

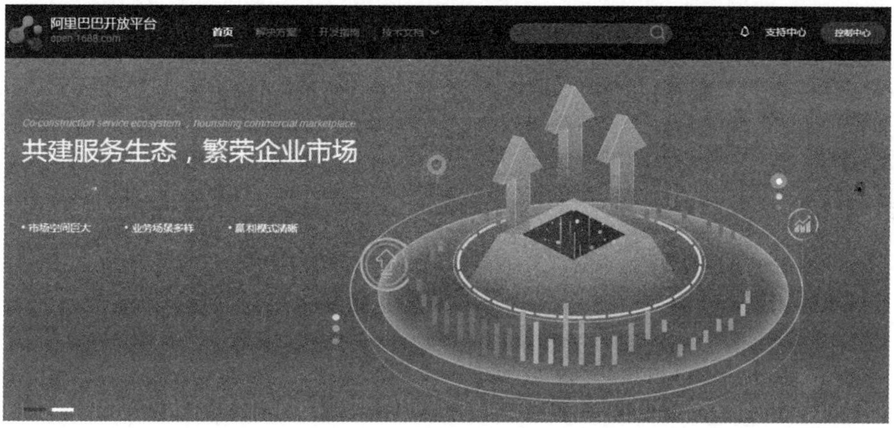

图 12-7

了解平台的优势和特点，是广大开发者与阿里巴巴进行密切合作的重要基础，而阿里巴巴开放平台的优势主要表现在以下四个方面。

（1）集聚上千万名卖家，拥有海量数据。

（2）曝光渠道广，流量集中，展现精准。

（3）开发门槛低，接入便捷。

（4）共享商机，互利双赢。

目前来看，对于阿里巴巴开放平台，大家最关心的问题是开放平台到底能做些什么。结合前面提到的阿里巴巴开放平台的优势与特点，无论你是第三方开发者（ISV）、传统软件厂商，还是电子商务大卖家，都能在开放平台找到适合自己的业务方向，具体介绍如下。

（1）第三方工具类应用开发：为阿里巴巴卖家在店铺管理、品牌营销推广、数据统计分析、服务监控及评分等方面提供精准服务，帮助阿里巴巴卖家轻松做生意。

说了不一定有机会，但不说一定没机会。

（2）第三方服务类应用接入：为阿里巴巴卖家寻找电子商务托管、展会、资讯、广告、印刷、包装、招聘、培训、物流、融资等方面的优质商务服务合作伙伴，让阿里巴巴卖家在做生意时无后顾之忧。

（3）无线应用开发：为阿里巴巴卖家在无线领域提供更多服务，致力于帮助卖家实现移动化办公，让卖家做生意更高效。

阿里巴巴开放平台还有以下两种合作模式。

（1）应用市场在线销售模式：是指阿里巴巴开放平台中的开发者使用 Open API 开发软件，并接入阿里巴巴应用市场（https://app.1688.com）。阿里巴巴开放平台为开发者的应用提供包括营销、订购、结算、分成在内的完整解决方案。开发者只需要把应用发布到应用市场中，借助应用市场出售应用，并从应用出售中获得分成。

（2）自用而非销售模式：是指有开发能力的卖家使用阿里巴巴开放平台提供的 API，将自行开发的系统与阿里巴巴对接的模式，此类系统不参与售卖，仅供卖家自用。

12.1.7　八载图片保护

“八载”是阿里巴巴旗下保护卖家的图片权益的产品，其前身是“实拍保护”，其官方网址为 https://www.bazai.com。

八载的主要功能有首发认证、发布端提醒、监控与维权、许可管理。

（1）首发认证：系统会为首次上传的图片分配首发认证码，当投诉其他卖家盗图时，在没有更多凭证的情况下，首发认证码可以作为有效首发凭证。

（2）发布端提醒：被保护的图片在被第三方上传时，系统会提示使用者该图片已被保护。

（3）监控与维权：在八载的监控拦截界面中有对被保护图片的引用记录，可以通知盗图方限期整改，或通知首发者发起投诉。

（4）许可管理：可以发放和管理自己的被保护图片的使用者权限。

卖家使用淘宝、天猫或 1688 账号即可登录八载。首次使用时，系统会提示卖家先开通八载账号。卖家要开通八载账号，需要满足以下要求。

（1）登录账号必须为淘宝、天猫或 1688 的卖家账号，买家账号无法开通。

（2）对登录账号的具体要求如下。

你感觉不舒服的时候，就是成长的时候。

① 淘宝卖家账号：要求累计信用评价在 10 次以上。

② 天猫卖家账号：没有其他要求。

③ 1688 卖家账号：要求有交易勋章。

新卖家可以先熟悉交易流程和平台规则，待店铺有相对稳定的成交量后再使用八载。

（3）店铺有异常问题也可能导致无法开通账号，建议卖家在解决店铺异常问题后再尝试开通。

（4）成功开通账号后，再次进入八载时，不受以上开通要求限制。

八载的使用流程如图 12-8 所示。

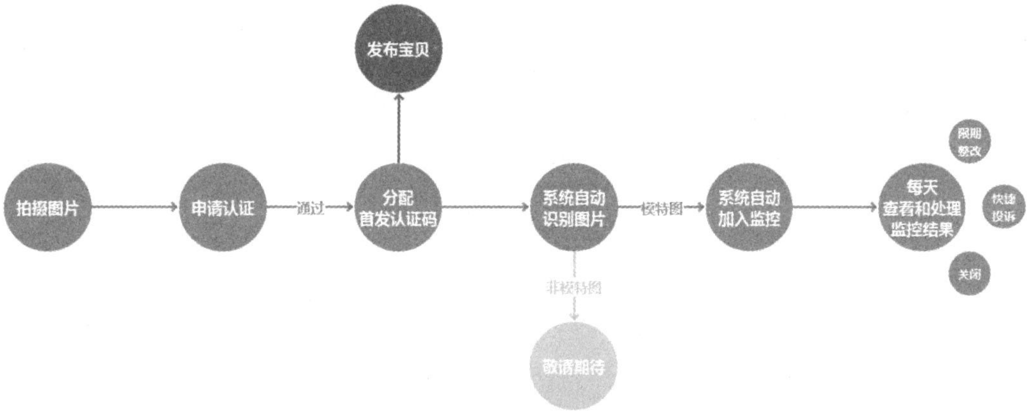

图 12-8

实拍图片、原创图片花费了图片拍摄者和设计者很多心思和精力，图片被盗用无疑会打击他们的积极性，八载的图片保护功能维护了这些图片拍摄者和设计者的权益，同时也对抄袭者敲响了警钟。

12.1.8　1688 创意秀

创意秀的官方网址为 https://cyx.1688.com。

创意秀是帮助卖家创作营销内容的工具，能够让卖家轻松、快速创作高质量的营销内容，如图 12-9 所示。卖家通过简单的操作，两步即可创作出高质量的营销内容，从而节约了时间成本和设计成本。

图 12-9

创意秀虽然操作简单，但其中设置了专业模板和文案，可以满足卖家在不同营销场景下的个性化需求，并且卖家可以免费试用近千套专业模板。

利用创意秀不仅可以创作营销内容，还可以一键将这些营销内容推广到全网主流营销平台，帮助 1688 卖家获得更多免费曝光的机会。

利用创意秀，只需两步即可轻松创作出高质量的营销内容，具体介绍如下。

（1）选场景——开启营销之路：卖家要先确定好是要推广产品还是要树立品牌，然后从不同的场景中选择一种，如图 12-10 所示。

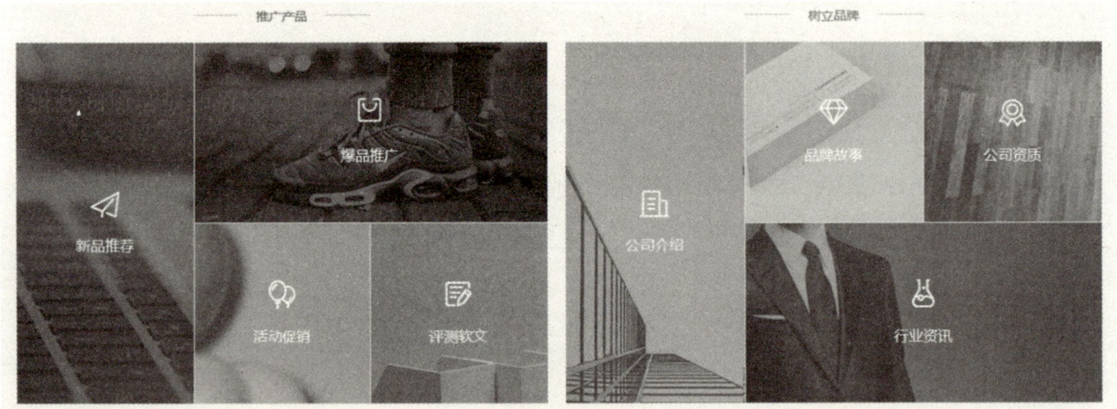

图 12-10

（2）挑模板——创作优质内容：卖家可以选择不同的展示形式，如手机 HTML5 页面（手机动画页面，吸引买家停留）、海报图（震撼的视觉包装，帮助产品脱颖而出）、文章（图文并茂地推广，让产品深入人心）。

对于你工作的头衔，你承担的职责，不是要把它们看“轻”，而是要看“清”。

在视觉呈现上，不得不说创意秀给卖家打开了一扇新的大门，让卖家从更新的角度分析、查看自己的产品，从而更好地营销推广。

12.1.9　店小蜜

店小蜜是一个“懂”电商的智能客服机器人，其官方网址为 https://alimebot.1688.com。

店小蜜拥有智能电商知识库，用“机器大脑”覆盖各行业通用的及行业内的常见问题，通过“一键添加”，简单配置后即可使用。店小蜜支持卖家自己添加店铺特色问答，提升问题解答能力。通过配置，店小蜜还能与人工客服互相转接。

店小蜜目前所具有的基础功能包含在 8 个模块中：智能电商知识库、欢迎语卡片、售前智能导购、选码智能推荐、售后智能服务、拟人化服务、无缝转人工、数据看板，如图 12-11 所示。

图 12-11

使用店小蜜目前是实力卖家的专属权益，实力卖家可以直接开通店小蜜功能。如果卖家不是实力卖家，要想体验这个功能，则可以关注商友圈活动，当有体验名额放出的时候可以提交申请。

许多人认为机器人的回复不如人工客服有“人情味”，而店小蜜具有一个值得称道的功能——可以配置多种答案，当面对重复提问时，随机回复多个答案，实现拟人化回复，甚至还可以随机回复一些笑话，更增加了与买家之间互动的趣味性。而对于商品的识别，店小蜜有着比人工客服更加高效的识别模式，人工客服在看到一个链接时需要打开查看具体的商品信息，

当你只需要一根针时，千万不要去磨铁棒。

而店小蜜在识别商品 ID 之后，就可以给出关于这个商品的精准导购回复。

对于尺码种类比较多的服装类目和鞋靴类目的卖家，店小蜜有一项新的功能——选码智能推荐，其能够自动获取买家参数，读取尺码表的配置，向买家智能推荐其所需要的尺码。

店小蜜的配置及使用也很简单，在店小蜜的官方网站上有具体的配置流程演示。下面介绍一下店小蜜的基础配置步骤。

第一步：订阅行业包，填写场景问题。

第二步：设置“首问语卡片”问题。

第三步：勾选“直连人工”选项，并点击“保存”按钮保存。

第四步：查看聊天记录，重点挖掘潜力客户。

店小蜜“接待”客户的方式有三种。

（1）人工优先：适用于白天不忙时、夜间、假期等场景。当人工客服的旺旺切换为“挂线”或“离线”状态时，机器人助手才会上线。

（2）助手优先：适用于忙碌的场景，比如举行促销活动时。此时机器人优先“接待”客户，“秒级”回应大量重复性基础问题，有需要时再无缝转接给人工客服。

（3）混合接待：灵活转变接待方式，可按比例分配咨询给机器人助手，其余则由人工客服优先接待。

目前有两种方式进入店小蜜 1688 版。

（1）卖家在电脑上的千牛客户端进行店小蜜设置。具体为使用 1688 卖家账号登录千牛客户端，在千牛工作台中搜索千牛插件“店小蜜”，点击进入即可使用 1688 店小蜜。

（2）实力卖家用户可以在卖家工作台中直接点击店小蜜 1688 版卡片，跳转到店小蜜 1688 版操作后台。

其实卖家都很希望自己的客服人员可以一天 24 小时在线接待买家，当有买家咨询问题的时候能够第一时间响应。而店小蜜的出现，让这种期待变成了现实：店小蜜可以 24 小时在线，不会出现反应延迟的情况，就算同时面对多名客户，也能够实现“秒级”响应。店小蜜的出现，让卖家的生意有了更多的可能性。如今，我们更加期待店小蜜能够给卖家带来效率的提升。

别把沙子放大为绊脚石。

12.2　1688 服务市场详解

12.2.1　1688 服务市场概述

1688 服务市场（https://fuwu.1688.com）是 1688 旗下的全链路企业服务平台，其通过汇聚多元化生态力量，连接专业服务机构，帮助不同阶段的企业用管理降低成本，用技术提高效率，用数据扩大客源，用服务促成交易，进而助力企业的持续化经营和规模化发展。

1688 服务市场是为 1688 卖家提供各种服务的一站式服务平台。如今，1688 服务市场累计服务 1400 多万家企业级用户，每日提供 1 亿次以上 B 类服务数据输出，沉淀 5 万多家专业服务提供商，服务内容涵盖网店运营等各种需求。其主要以工具或服务的形式来满足 1688 卖家店铺运营的需要。可以说，这个平台是专门为 1688 卖家服务的，也是新手卖家成长的平台，如图 12-12 所示。

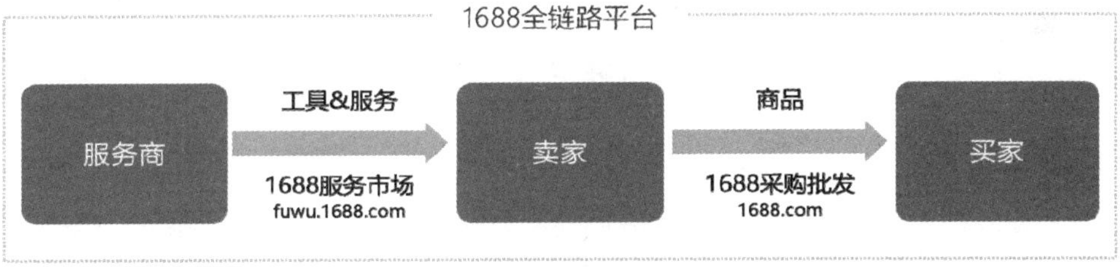

图 12-12

12.2.2　1688 企业服务的内容

企业服务是指充分发挥大数据、云计算、人工智能、智能终端等的作用，充分利用互联网，帮助企业降低成本，创新业务，提升内部效率、对外服务能力和用户体验。1688 企业服务已从提升内部协作效率、处理客户关系，发展到深入企业供应链的集成服务和云服务，再到现在的与企业全流程化产业链结合。

1688 企业服务以构建生态圈的能力为本，以客户为中心持续优化升级，最终升级为一个连接型生态系统，帮助企业自愿整合连接。利用大数据技术，把海量相关的或非相关的数据进行连接，从而让数据的价值因连接广度的拓展而发生质变。在商业行为中，供需双方建立起连接，销售是一种连接，以渠道、产品为媒介。

1688 企业服务的客户为企业而非消费者，其最初目的是帮助一些小企业节约成本、提升效

别把自己太当回事，也别把自己太不当回事。

率。但随着环境的变化和 1688 企业服务本身的迭代升级，1688 企业服务的客户群体从小微企业扩展到全类型企业，所提供的服务也随之扩展为与企业运营管理相关的工具及系统解决方案。1688 企业服务的愿景是致力于打造 B 类企业全链路生态一站式服务平台，如图 12-13 所示。

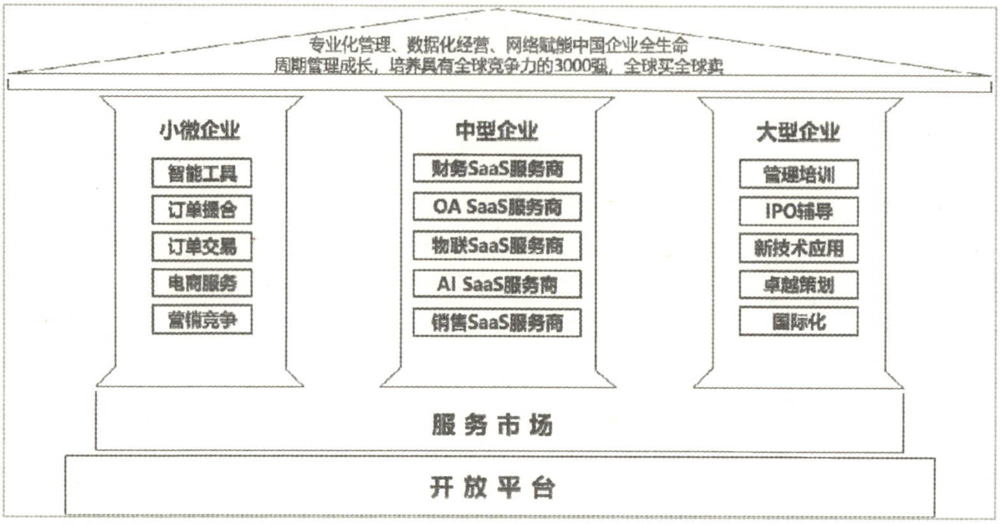

图 12-13

在现阶段，1688 服务市场中的买家主要通过购买市场中的应用工具和服务，提升店铺运营效率、降低企业经营成本，解决“电商化”开店难题。1688 服务市场平台旗下共有四个二级市场，分别为应用工具、开店装修、运营服务、综合服务，如图 12-14 所示。

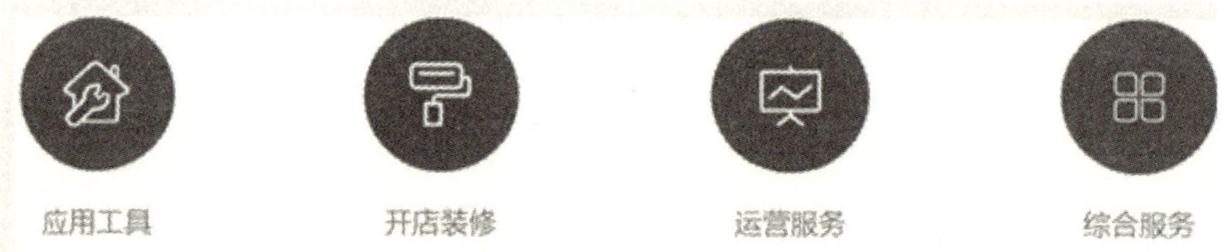

图 12-14

1．应用工具市场

1688 应用工具市场是阿里巴巴服务平台中专门为 1688 卖家提供流量推广、商品管理、店铺装修、订单管理、数据分析、企业 ERP、绩效管理、营销管理、客户关系管理等功能性应用的二级市场。其为 1688 卖家系统地提供第三方工具，解决“电商化”开店难题。1688 应用工具市场中的卖家，即 ISV（Independent Software Vendors，独立软件开发商）卖家，是应用工具的开发者和售卖者，可以是企业，也可以是个人；应用工具中的买家一般是 1688 卖家，主要是

你自己觉得有，别人感觉不到你有，你就是没有。

诚信通卖家，通过购买这些应用工具（软件），增加流量，提升店铺管理、人员管理的效率，解决“电商化”开店难题。

2．开店装修市场

1688 开店装修市场是第三方设计师为卖家提供店铺装修、店铺美化服务的市场，旨在帮助卖家提升店铺视觉效果，呈现专业的店铺形象，使店铺设计具有更佳的用户体验。开店装修市场中的第三方设计师根据卖家的需求，为其提供网店模板、PC 端旺铺模板、手机端模板、设计服务等。

3．运营服务市场

在 1688 运营市场中，运营服务商（指具有一定硬件和软件能力，可提供店铺全部或部分电商外包服务的第三方电商服务公司）根据卖家委托，为卖家网店提供旺铺装修、店铺日常管理、活动专场的策划及品牌建设等电子商务运营服务。而 1688 运营服务市场就是帮助运营服务商向卖家介绍、宣传其服务的平台，卖家可根据自身需要选择其中的单项或整体服务。

4．综合服务市场

1688 综合服务市场是由阿里巴巴中国站研发的，用于帮助综合服务商向卖家介绍、宣传其提供的咨询、培训等综合服务的平台，现已覆盖企业拍照/摄像、直播服务、工商服务、质检认证、网站建设、财税服务等服务内容。入驻 1688 综合服务市场的服务商均需要通过阿里巴巴严格的资质审核，同时还要缴纳两万元保障金，从而保证了企业及服务的真实可靠。

12.3　1688 服务市场卖家导引

12.3.1　卖家如何订购服务

1688 服务市场提供了开店装修、应用工具、运营服务和综合服务四个功能板块，1688 卖家可以从中找到在企业经营过程中需要的工具和服务，以及相关问题的解决方案，具体操作步骤介绍如下。

第一步：登录 1688 服务市场，了解服务市场中出售的应用工具明细，如图 12-15 所示。

第二步：点击“首页”选项，在弹出的下拉菜单中寻找需要的工具或服务，并点击相应的菜单。下面我们以订单管理服务为例进行说明。

有勇气去改变可以改变的事，有胸怀去接受不可改变的事，用智慧去分辨两者的不同。

图 12-15

第三步：点击“订单管理”菜单，进入订单管理的工具界面，在其中查看工具介绍并选择所需的工具。在这个界面中，系统推荐的“精选服务”中的工具会出现在页面上部，如图 12-16 所示。

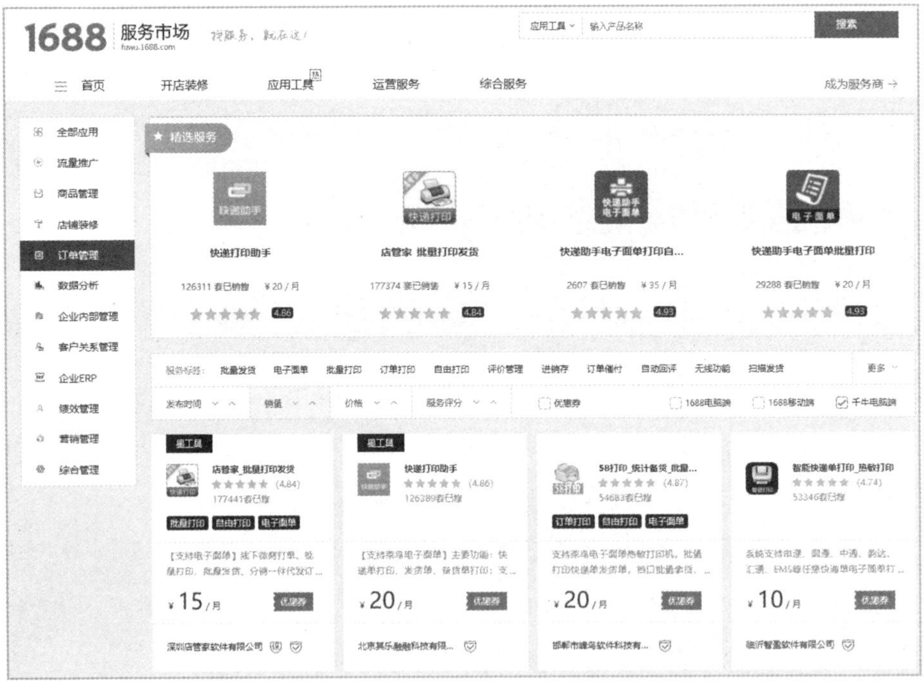

图 12-16

自得其乐是一种能力。

第四步：进入订购界面，在其中可以设置订购的月份等相关信息。如果因为没有使用过某些服务而担心没有效果，则可以先尝试短时间试用服务，试用一个月后，看看效果，再决定是否长期购买该服务，如图 12-17 所示。

图 12-17

第五步：服务订购成功后，可以在“我的服务”—“已订购”—“服务列表”界面查看已购服务的详细信息，点击界面右侧的“使用”按钮，就可以正常使用该服务了，如图 12-18 和图 12-19 所示。

图 12-18

快乐和烦恼都是自己给的。

图 12-19

12.3.2 2018 年星工具榜单

应用工具市场(官方网址为 https://app.1688.com)中有近 800 款工具。1688 服务市场于 2018 年 1 月发起重点项目——造星计划，即面向全体企业开发者(简称 ISV)，征集精品应用，打造平台优质服务，旨在“为用户赋能电商经营，为 ISV 助力发展创收”。经过 3 个月重重选拔，针对流量推广、商品管理、订单管理、店铺装修、绩效管理、数据分析、企业 ERP 和营销管理，共选出 17 款“星工具”(数据截至 2018 年 10 月。星工具会随着服务市场的发展不断更新)，如图 12-20 所示。

图 12-20

分享是学习的“姥姥”。

1. 流量推广类

功能描述：全网多渠道引流；PC 端和移动端全网流量获取；流量效果分析和优化。

星工具：全网流量推广，如图 12-21 所示。

图 12-21

工具价值：全网流量推广可以解决诚信通卖家店铺访客少、询盘少，但又不知道如何引流推广的烦恼。全网流量推广可以快速给店铺引入精准站外流量，弥补站内流量不足，最终提升店铺人气及产品销量。

星工具：精准推广王，如图 12-22 所示。

图 12-22

工具价值：可以解决诚信通卖家店铺流量小、转化率低，又不知道如何引入站外流量的难题。精准推广王利用大数据分析产品，解决引入流量不精准的问题，通过站内关联推广和多种模板支持，帮助卖家提高产品之间的关联性，同时增加进店用户黏性，解决店铺转化率低的问题。

2. 商品管理类

功能描述：商品快速发布及修改，整店商品搬迁；商品自动重发，商品上下架优化；商品信息诊断，标题排名优化。

星工具：商机助理_店长工具（高级版），如图 12-23 所示。

图 12-23

必须高调地把目标喊出来，让别人帮你，也让别人监督你。

工具价值：商机助理_店长工具（高级版）可以加快商品发布速度，支持 16 种商品信息批量修改，大幅度提升卖家的工作效率；通过商品诊断、分析优化，让商品排名靠前；通过商品数据安全备份，降低数据丢失风险。

星工具：智贝_一键复制宝贝_店铺搬家，如图 12-24 所示。

图 12-24

工具价值：智贝_一键复制宝贝_店铺搬家可以实现快速铺货、电子面单打印、免费引流等功能，有效提高转化率。

星工具：360 旺店，如图 12-25 所示。

图 12-25

工具价值：360 旺店可以批量上架、删除、修改、复制商品，可以帮助卖家轻松发布七星产品，自动橱窗、自动评价、产品排名监控等功能可以帮助卖家提升运营效率。

3．订单管理类

功能描述：电子面单批量打印，手工订单及导入订单打印，微商线下订单及一件代发订单打印。

星工具：快递打印助手，如图 12-26 所示。

图 12-26

工具价值：快递打印助手能帮助卖家处理大量订单，对接菜鸟电子面单平台，实现“一键

不要害怕把自己的弱项暴露给他人。

打印发货”；提供多店铺共用电子面单号功能，为卖家节省时间成本；提供电子面单对账功能，方便卖家核对单号使用记录。

星工具：店管家，如图 12-27 所示。

图 12-27

工具价值：店管家是一个打单功能全面的订单管理软件，操作简单，可多店铺共享。在举行促销活动期间，也能有效地协助卖家管理每个订单。

星工具：快递助手电子面单，如图 12-28 所示。

图 12-28

工具价值：快递助手电子面单能有效提升诚信通卖家的工作效率，批量打印订单，打印完成后可以自动发货，有效防止卖家漏打、重打。

4．店铺装修类

功能描述：提供店铺首页模板、商品详情模板、关联宝贝营销模板、活动海报模板等，为主图加标志、加水印。

星工具：超级快车，如图 12-29 所示。

图 12-29

工具价值：超级快车能从流量、宝贝、订单、客服等方面进行优化，快速提高店铺销量，提高转化率。

平凡人做非凡事。

星工具：大泽_店长工具，如图 12-30 所示。

图 12-30

工具价值：大泽_店长工具提供了店铺装修、产品快速发布、关联营销、流量推广、诊断优化、会员营销、数据分析等多项功能，能有效解决开店难问题，提升开店效率。

5．绩效管理类

功能描述：全流程绩效监控，做好客户管理及关系维护。

星工具：绩效雷达（客服绩效管理分析版），如图 12-31 所示。

图 12-31

工具价值：绩效雷达（客服绩效管理分析版）可以多方位综合考核客服的能力，实现客服价值最大化，为诚信通卖家全面创收提供保障。

6．数据分析类

功能描述：产品诊断分析，排名查询及优化，本店及对手店铺经营数据分析。

星工具：排名优化/排名查询/竞品分析，如图 12-32 所示。

图 12-32

工具价值：排名优化/排名查询/竞品分析工具能实现“一键产品诊断”，帮助卖家快速找到存在问题的产品，并对产品进行精准优化，提升产品搜索排名。通过对自己店铺及对手店铺经营数据做分析，让卖家做到知己知彼，让店铺运营决策更加合理。

认真做事，大度做人。

7．企业 ERP 类

功能描述：OMS 订单管理，包括订单处理、订单确认、订单状态管理、分销管理等；WMS 仓储管理，包括进/销/存/退、多地分仓、打单、拣货、发货等；财务管理，会员管理等。

星工具：旺店通 ERP，如图 12-33 所示。

图 12-33

工具价值：使用旺店通 ERP 采购更科学，拣货更高效，库存更合理。旺店通 ERP 能帮助卖家实现数字化管理升级，通过集约化管理，提升人员效率，降低经营成本，降低出错率，优化买家购物体验，成就企业规模化发展之路。

星工具：万里牛 ERP，如图 12-34 所示。

图 12-34

工具价值：万里牛 ERP 能帮助诚信通用户实现全渠道订单处理和库存同步，实现精准的进销存管控。通过仓储规划与 PDA 作业，全面提升配货、发货效率和准确率，减少人力成本的投入。能让卖家随时随地查看数据报表，高效便捷。

星工具：管易云 C-ERP，如图 12-35 所示。

图 12-35

己所欲，施于人。

工具价值：智能化——帮助电商企业实现简单、快速、科学的经营管理与决策。生态化——帮助电商企业打造一站式运营生态圈。帮助企业实现能力、资源的输出。专业化——为电商企业提供先进、专业、全面的运营管理服务平台。

8. 营销管理类

功能描述：设置店铺营销活动，包括打折、满减、发放优惠券等；设置商品关联营销；与进店客户互动；做会员短信营销等。

星工具：超级营销推广，如图 12-36 所示。

图 12-36

工具价值：超级营销推广可以帮助卖家做好各种类型的营销推广活动，更好地利用站内流量，吸引更多买家购买，提升转化率，提高销量。可做站外营销推广，帮助卖家引入优质的站外流量，从而提高商品的曝光率。

星工具：大泽营销推广，如图 12-37 所示。

图 12-37

工具价值：促销活动——可以进行差异化营销，提升成交转化率；视觉营销——营造节日气氛，吸引新客户进店购买；短信营销——将活动消息发送给老客户，提升老客户复购率。

12.3.3 AI 智能应用工具推荐

1688 企业服务围绕着“智 · 慧”理念开展了一系列设计。首先，智慧一定是智能的。今天，我们已经看到了人工智能在大量场景中的应用。即使在与真人直接接触的服务行业中，也已经出现了人工智能型服务，并且大大提升了服务的效率。其次，智慧一定是没有边界的。今天，

我说你听，我做你看，你说我听，你做我看。

阿里巴巴服务的生态不仅局限在电商体系，而且已经扩展到阿里巴巴的品牌商全渠道，迈向由人、货、场完全重构的新零售体系。未来，不同生态中的合作伙伴将一起把服务扩展到更多的场景中。而 1688 企业服务的人工智能业务，将会出现重要的突破，涌现出大量的商业机会。这些都需要 1688 与合作伙伴一起去推进。

所以，除了传统的电商和基础的企业服务外，1688 服务市场新增了智能工具和服务，并联合达摩院、阿里云及各知名高校 AI 实验室，通过人工智能、物联网等前沿科技，帮助传统企业在不改变原有经营习惯的情况下，轻松“触网”做电商，同时快速实现商品、库存、交易等的实时数字化管理，减少冗余人力，让流程更规范，让生意更轻松。

1. 慧眼识货

通过对上万家中小企业的调研我们了解到，产品上新（新品上架）慢是仅次于流量引进难和转化率低的第三大痛点，上新频率高、需求强在贸易型店铺中表现更为明显，生产型的店铺在上新方面所花费的时间和金钱成本更高，服装类店铺对新品质量的要求更高。

工具介绍：慧眼识货是为了解决当前店铺中上新慢、成本高、效率低的问题而产生的。“慧眼识货”通过 AI 图像识别和机器学习技术，仅需要对商品拍一张照片，即可自动识别商品类目、属性，并形成数字化、结构化的信息记录，从而简单、高效地实现企业源头商品数字化。其还能通过 AI 智能文案生成技术，自动创作标题和详情描述；通过 3D 渲染技术，生成 3D 效果模型；通过 TTS 技术，自动生成商品营销视频，并能实现 1688 商品详情页自动排版，然后产品在 1688 平台自动上架，帮助企业轻松实现营销数字化。

工具价值：慧眼识货降低了电商入门门槛，提升了“触网”效率和质量。通过慧眼识货，原本至少一天才能完成的商品详情页制作在几分钟内就能轻松完成；原本需要摄影、美工、文案、营销、运营等人员协作完成的工作，变成仅需要卖家拍一张照片即可完成，上新效率提升至少 30 倍，除日常上新外，更解决了大促日、活动日等特殊时期的批量快速上新难题；视频合成、TTS 语音合成、商品细节自动定位切图、3D 渲染建模可以将商品详情页包装得更加精美、炫酷，满足了高阶卖家的进阶需求，如图 12-38 所示。

管理要外圆内方，做人也要外圆内方。

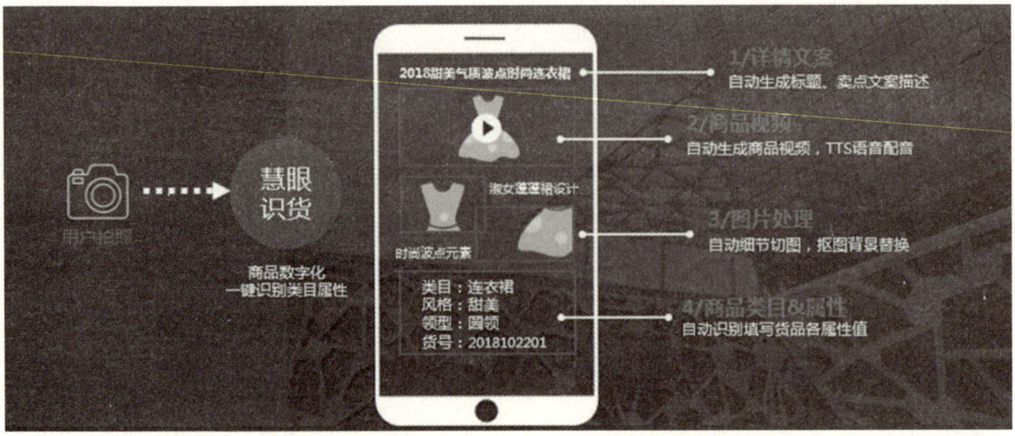

图 12-38

2．慧能图库

工具介绍：慧能图库融合大数据、人工智能算法技术，通过对货品图片、视频的结构化及非结构化数据自动处理，生成特征向量，并存储在向量数据库中，实现海量图片和视频的货品高效检索、货源智能分析、批量图片设计，无须对图片进行规则化分类、打标、命名，帮助卖家轻松找图、智能修图、快速找货。同时支持对接慧眼识货，实现一键识别属性、上架产品，让卖家做电商更容易。

工具价值：慧能图库解决了卖家货品图片管理不规范、存储空间小、海量搜索难等问题，节省了图片分类打标的人力成本，大幅提升了卖家找图、找货的效率，减少了修图等工作，从而降低了美工成本，实现了货品信息的数字化。

3．慧心掌柜

工具介绍：慧心掌柜充分运用人工智能技术，通过对货品的图像识别和虚拟标记，智能确定货品的唯一性，并对货架进行实时监控，利用重力感应来自动计算货品进销存数量，自动配货、分拣，不需要条码扫描设备，也不改变企业原有的仓库及货架管理习惯，帮助企业轻松实现交易数字化。

工具价值：慧心掌柜不改变企业原有的管理习惯，提升了企业货品管理及配货、拣货效率，提高了库存盘点的准确率，帮助企业低门槛、低成本地管理货品进销存，促进了企业信息化、数字化的发展。

4．智能选品

工具介绍：智能选品是 1688 官方打造的一款智能采购工具。其依托 1688 丰富的货源市场，

假话全不说，真话不全说。

借助阿里巴巴大数据和算法资源，结合企业自身经营数据，提供市场热销品榜单、同款货源、进货参谋、以图找货等服务，帮助企业进行比价，制定采购决策，寻找优质货源，如图 12-39 所示。

工具价值：提供市场热销品榜单，帮助企业快速进货、销售，加快商品的周转速度；用大数据助力卖家快速寻找优质货源，缩短采购路径，提升采购效率；多维度分析同款货源供应商，保障供应资质，降低采购成本。

图 12-39

1688 企业服务接下来将围绕内容化和智能化两个方向进行提升，助力商家提升营销和转化效率。面对这样的趋势，1688 企业服务会从平台的管理者转变为整个平台的服务者，接下来会给卖家进行更多赋能，同时也希望更多卖家不只是在平台上售卖商品，而是成为我们的合作伙伴。

扫码继续学习商学院课程

不要总认为自己比别人聪明。

第 13 章

凌波微步

1688 知识产权及诈骗防范

在掌握了店铺运营的各种方法和工具之后，会发现网上开店其实跟线下实体店经营的流程几乎一样。除了学会店铺的运营外，还要注意小心避开前进道路上的“陷阱”。知识产权问题和诈骗问题就是常见的两个“陷阱”，商家不可不防。

本章从知识产权和诈骗防范两个方面，教你绕开各种“陷阱”的“凌波微步”，助你在运营之路上顺利前行。

13.1　知识产权简介

知识产权的英文为“Intellectual Property”，其原意为“知识（财产）所有权”或者“智慧（财产）所有权”，也称为智力成果权，主要分为两大类——著作权和工业产权。

1．著作权

著作权包括人身权和财产权，如作品的发表权、署名权、修改权等。在网店设计和运营过程中，经常遇到的侵犯著作权的行为是设计或者形象的未授权使用，比如商家未经授权把大嘴猴的形象设计到产品中，版权所有方很可能会发函要求停止销售、赔偿损失等。

设计方面的侵权行为判定非常严格，尤其是对于知名形象，如米老鼠、大嘴猴、Hello Kitty 等，就算做了修改，只要消费者能从你的设计联想到这些知名形象，你的设计就很可能会被判定为侵权，所以不要抱有侥幸心理。

2．工业产权

工业产权包括专利权、商标权等。工业产权属于无形财产权，具有专有性、地域性和时间性。

13.2　了解知识产权的重要性

通过注册商标、发表作品、研发专利等，很多公司都有自己的知识产权。这些信息都是公开的，可以从企业查询类 App 中查到。

我们要了解知识产权，重视和保护知识产权，其重要性表现在以下几点。

（1）通过知识产权可以展示企业实力。

（2）避免别人侵犯自己的知识产权，减少麻烦。

（3）了解法律，避免触犯法律的行为。

（4）保护知识产权，有时候等于保护自己。

其中最后一点非常重要。曾经有商家因为不了解知识产权，自己开发的产品没有申请专利，被别人抢先申请了专利，自己反而成了被别人投诉的侵权人，不但要耗费大量时间和精力，而且可能要赔钱。

乐于揪头发，勇于照镜子。

13.3 如何注册知识产权

一般企业会用到的专利以及商标，基本上都可以在网上申请或注册。不会的人也可以找中介，当然这会产生额外的费用，不过好的中介可以为你提出更专业的建议。

接下来说说知识产权如何在阿里巴巴知识产权保护平台获得认可，阿里巴巴知识产权保护平台如图 13-1 所示。

图 13-1

（1）使用店铺账号登录平台。

（2）提交证书及证明。

（3）待平台确认后就可以发起投诉等其他操作。

阿里鱼（https://ip.alibaba.com）是阿里巴巴旗下的版权交易平台，可以解决版权方与阿里巴巴商家的授权问题，如图 13-2 所示。

我们是商家，做这些都是为了合法保护自己，减少可能发生的麻烦。了解知识产权，重视对知识产权的保护，这样自己的知识产权被侵犯的可能性就小了，妄图钻法律漏洞的人找上门的可能性也小了。

由于中国的知识产权概念兴起较晚，因此中国商家在国外被“教育”的事情层出不穷，在亚马逊平台，被关店、罚款的比比皆是。建议大家在欧美也要注册商标，虽然中国也是《商标国际注册马德里协定》成员国，但是大家最好在美国和欧盟都要单独注册商标。

不要让自己的队友失败！

图 13-2

著作权方面的国际公约是《保护文学和艺术作品伯尔尼公约》，简称《伯尔尼公约》，中国也是成员国之一。该公约覆盖了绝大多数可能的销售国家和地区，专注于保护文学艺术作品。对于著作权的保护，我们一定要重视起来。

13.4　字体知识产权细说

1．字体知识产权

很多商家收到过字体侵权的旺旺或电话投诉，有人甚至收到过律师函。很多商家不明所以，压根不明白自己哪里错了，还有人认为这是诈骗而不予理睬。实际上，还真有很多商家侵犯了别人的字体知识产权。

2．案例解析

案例 1：

老黄从网上免费下载了方正字体使用在自己的店铺中，不久后被方正公司投诉。

老黄：明明是免费的，为什么还会被投诉呢？告也应该告那个免费的网站啊。

解析：法律中没有“无知者无罪”这样的说法。我们在进行商业使用之前有义务去了解自己要使用的字体、图片等是否有版权。当然，网站的传播行为也是非法的。

当你的伙伴需要你伸出一只手时，不妨把肩膀也给他。

案例 2：

老黄撤下了方正字体，改用正版的微软雅黑字体，但还是收到了方正公司的投诉。

老黄：我用的是正版字体，怎么还会被投诉？

解析：微软雅黑字体是方正公司授权给微软的，仅可以在微软的软件里面使用。如果在网店中使用，在法律上就算侵权行为。

案例 3：

老黄购买了方正字体的使用权，用于店铺装修。后来使用在产品外包装上，又被方正公司投诉了。

老黄：我已经买了使用权，怎么还是被投诉啊？

解析：老黄后来发现自己买的使用权仅限于在网上使用，把方正字体用在产品外包装上属于未授权场景，还是侵权了。

以上属于版权归属公司的正式投诉，他们一般会让你直接向他们购买字体使用权。如果碰到直接只要钱的，请千万注意，这可能是有人冒充版权归属公司进行诈骗。

案例总结：

（1）确认所用的字体等是不是有版权是使用者的责任。

（2）微软雅黑等字体授权给了微软，不能随意在其他平台使用。

（3）拿到授权后请认真看清可以使用的场景。

3．被投诉后的对策

（1）购买字体使用权。虽然需要付费，但没有后续的麻烦。不过字体授权有期限，到期不想续费的话请记得改掉，还要注意看清能使用的场景。

（2）全店修改，参考律师意见进行处理。全店所有侵权字体要第一时间改掉，减少负面影响。而后按照个人情况听取专业律师意见。

4．可以免费使用的字体

网页设计中使用的免费字体包括宋体、仿宋体、黑体、楷体、隶书体、幼圆体等。方正字体目前也有一些免费的，如方正黑体、方正书宋、方正仿宋和方正楷体等。

阿里巴巴也推出了由 AI 设计的字体，目前可供阿里巴巴用户在阿里巴巴平台免费使用，如图 13-3 所示。

当你的伙伴需要你伸出一只手时，不妨把肩膀也给他。

5．字体问题总结

（1）多种侵权场景，主要在于使用者没有关注授权与否及授权使用的范围。

（2）请大家现在全面改成免费字体，如被投诉，建议听取律师意见。

（3）免费字体很多，推荐使用宋体、仿宋体、黑体、楷体等，也可以尝试阿里巴巴的新字体。

01
AI字体生成 赋能设计
阿里汉仪智能黑体（beta版）是阿里巴巴利用人工智能技术与汉仪字库合作通过人机协作生成的第一款AI字体，将免费提供给阿里用户在阿里平台进行使用，让我们一同体验人工智能给大家带来的便利吧！
智能黑体

图 13-3

13.5　知识产权投诉案例解析

13.5.1　被个人投诉

1．问题产品类投诉

如果自己店铺的产品涉嫌侵犯了别人的知识产权，那么请将这些有问题的产品下架。如果在你没有意识到产品有问题的情况下，有个人买家买了你的问题产品后要投诉你，那么建议大家立即按平台相关规定退款或赔偿。但如果对方以此为要挟索取巨额赔偿，就有可能构成违法行为，我们可以报警处理，同时，该下架的产品要及时下架，不要心存侥幸。

还应该注意，生产权不等于销售权。比如，你的工厂可能通过了迪士尼验厂，是他们的生产厂家，但在未取得销售权的情况下销售他们的产品，也是侵权行为。

2．图片类投诉

在阿里巴巴平台，图片投诉的情况很常见，特别是每年过年之前，很多商家会接到大量的

重复等于强调。

图片投诉。这很可能是一种诈骗行为，投诉人所附的图片上一般留有 QQ 号，企图让商家通过 QQ 联系他们，然后展开诈骗行为。遇到这种情况，需要先和阿里巴巴客服人员联系，确定你是不是真的有侵权行为，如果没有，则可以联系类目小二，让小二处理诈骗分子。

3．模特类投诉

开网店免不了请模特拍一些照片，在使用这些照片时要注意，不要超出约定的照片使用范围，否则可能会被模特投诉。除了使用时要注意之外，在拍摄之前最好签合同，下面是合同的模板（部分），供大家参考。

（甲方为商家，乙方为模特公司）

第三条 甲方对本次活动拍摄或设计的底片、照片、视频、海报等内容以及素材拥有复制权、发行权、出租权、表演权、网络传播权、广播电视权等知识产权，甲方使用或者授权第三方使用时无须得到乙方的许可。

第四条 甲方对乙方的形象和肖像权使用主要用于甲方游戏宣传推广，使用区域为甲方游戏运营区域，使用期限为游戏运营期限（合作期满后仍可使用），使用形式包括但不限于杂志、海报、活动、户外广告、网络宣传、灯箱、包装物等载体。

第十三条 乙方应确保尊重甲方及甲方产品的形象，不做任何有损于甲方及甲方游戏的事务，不发表不当言论，严格保守甲方的秘密，否则视为乙方违约，甲方有权解除本合同，并要求乙方承担合同总金额 30%的违约金。

第十四条 未经甲方明确授权，乙方不得以任何方式泄露拍摄广告、参与活动的内容，发表有关甲方的任何信息，否则视为乙方违约，甲方有权解除本合同，并要求乙方承担合同总金额 30%的违约金。

13.5.2 被版权方官方投诉

官方投诉分为两类：版权方官方或官方代理投诉，版权的被授权方投诉。

1．版权方官方或官方代理投诉

如果接到了传票，和法院核实为正式传票之后，请立即下架侵权产品。需要应诉的，请一定要正式应诉。和他们的律师协商，赔偿价格是可以谈的，取决于你卖了多少盗版产品或者造成了多么糟糕的影响。千万不要试图庭外和解，否则可能会被法院直接判缺庭败诉，之后还会被版权方索赔。这些记录是公开的，在企业查询类 App 上能查到。

不要以“为别人考虑”为理由，丢弃“舍我其谁”的使命感。

2．版权的被授权方投诉

这种投诉是比较罕见的，但如果我们有侵权行为，就有可能被版权的被授权方投诉。

一般来说，动漫方面的授权会分得非常精细。以迪士尼为例，每部电影，每个动漫形象，甚至同一个形象的不同年份的不同设计都会分开授权。而且他们的授权绝大多数都是非独占性的，也就是说，他们同一种产品的生产权、销售权可以授权给很多商家。被授权方可能去投诉无权使用某张图片或某个形象的商家，导致后者产品下架。

13.5.3　如何保护自己

（1）不要生产和销售没有版权的产品。这一点最重要，合法经营、不侵权是避免被投诉的最根本的办法。

（2）若有侵权行为而被版权方投诉，则马上按照平台规则下架产品。有尾货也不能继续销售，网上的产品大家都看得到，产品的销量也清清楚楚，版权方要收集信息很轻松，索赔也是很简单的事情。

（3）聘用模特时，请在合同中列明各自的权利。

（4）被人有目的投诉时不要惊慌，首先要反思自己有没有侵权行为，然后按照平台规则解决问题。

（5）现在以讹诈钱财为目的的手法越来越高明了，请各位商家学习法律知识，避免上当。

13.6　网店诈骗案例解析

网络诈骗作为一种新型诈骗形式，由于作案方式隐蔽，犯罪成本非常低，所以成了骗子们惯用的诈骗方式。虽然诈骗的平台搬到了网络上，但是骗子骗人利用的还是人性中千古不变的恐惧、敬畏、贪婪等，结合现代科技手段及信息的不对称性牟利。

能成功骗到人，说明这些人研究过法律和平台的规则，而很多商家连基本的知识产权和广告法知识都不了解，这就给了骗子可乘之机。科技掌握在骗子的手里，就可能成为骗人的工具。有人编写程序自动搜索全平台详情页中的关键词，找出关键词不符合平台规则的商家，找出后却不用正常途径投诉，而用非法手段进行诈骗。这说明，掌握法律和平台规则，是防范诈骗的有效手段。

错误的决定比没有决定要好。

1．A 类诈骗

利用商家急于成交的心态，这种诈骗手段主要针对刚开店的新商家。新商家往往会担心因对方无法付款而错失刚开张的第一笔大单，所以更容易上当。这种骗术都是从买大批货品开始，到付款时骗子以各种理由声称无法付款，或者未付款而利用技术手段让商家误以为已付款。

这些人一般会以很高的姿态，向商家索要各种资料，做出要下大额订单的样子，流程上和正规大公司采购几乎一样。在付款时，他们会要求不通过平台付款，而是汇款到个人账户上，这就绕开了平台。

案例 1：伪造银行汇款单诈骗

这是比较旧的诈骗方式了，骗子会伪造银行汇款单，在网上发给你汇款单图片，然后要求你快点转回扣给他，如果你问钱怎么没到，骗子就会说有延迟。

案例 2：支票转账诈骗

这种方式是伪造银行汇款单诈骗的“升级版”，不同的是，这次真会有钱到你的账户上。骗子用支票把钱存入你的个人账户，然后要你快点给他回扣。骗子利用的是支票付款当天可以取消的特性，一旦你给了他钱，他就会马上取消付款，非常阴险。

案例 3：支付宝付款码诈骗

这是一种最新的诈骗形式，利用了商家对支付宝新功能的不了解。骗子会声称用银行卡付款需要付款码，让你把 18 位付款码发给他。实际上，常用的人都知道，一旦对方拿到了你的付款码，就可以随意花你账户中的钱了。

案例 4：银行短信诈骗

与前面的案例类似，骗子伪造银行汇款通知发给你，然后让你快点打回扣给他。来不及验证的商家往往会上当。

案例 5：国际汇款诈骗

在国际交易中诈骗方式很多，对国外法律不了解的商家更要注意。骗子会正常跟你沟通，然后声称已汇款给你，只是因各种原因延迟到账，要求你发货。这时一定要提高警惕，钱不到账不能发货。

结论：所有汇款最好汇到对公账户，一定要汇到个人账户的很可能是骗子。建议客户用平台支持的方式付款，支付宝中钱不够的可以用诚 e 赊。其实真正要采购的人不太可能因为付款方式的分歧而放弃采购，以付款方式“威胁”商家的很可能是骗子。另外，一定要守法经营，

开会不能总讲和气，越和气就越微妙。

不能纵容索要回扣的行为。

2．B 类诈骗

这一类诈骗行为，是利用商家对法律认识的盲区和产品存在的问题进行诈骗。商家见对方发现自己产品的问题之后，担心对方向平台或者相关部门投诉，于是向对方妥协，付钱了事。

案例 1：三无产品问题

根据最近出台的条例，电商产品也要有完善、规范的产品标签。很多商家对自己行业的规范不是很了解，就给了骗子行骗的机会。

产品标签上的主要信息有：

（1）产品名称。

（2）产品型号和规格。

（3）产品使用原料的成分和含量。

（4）执行标准。

（5）产品等级。

（6）洗涤、护理注意事项。

（7）安全类别。

产品标签保证了消费者在购买产品时拥有充分的知情权，也能提升消费者对产品的认可度，如图 13-4 所示。

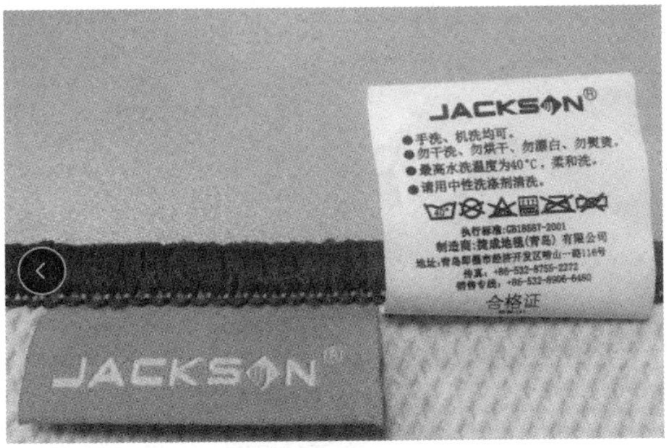
JACKSON
手洗、机洗均可。
勿干洗、勿烘干、勿漂白、勿熨烫。
最高水洗温度为40°C，柔和洗。
请用中性洗涤剂清洗。
合格证
JACKSON

图 13-4

管理者要学会自己舔伤口，舔完自己的伤口还要去舔别人的伤口。

案例 2：价格问题

虚假打折是平台规则禁止的行为，但平台对这种行为的惩罚也是有限度的。骗子利用部分商家担心惩罚过于严厉的心理，对商家进行诈骗，要求商家私下解决。最常见的一种价格问题，是促销“原价”应为本次降价前七日内的最低价，而商家设置的价格违反了这条规定。由于电商价格可以通过软件查询，所以这个问题很容易被人发现。

结论：这一类诈骗中的店铺或产品本身存在一定的问题，而商家对法律或平台规则又不够了解，给了骗子可乘之机。其实很多时候，平台会给商家改正错误的机会，不一定会直接处罚，即使处罚也在商家可接受范围内。

3. C 类诈骗

这一类诈骗主要是骗货，用不正当方式或不合理的价格拿货，这一类诈骗现在不多了。

案例 1：拒收到付货物

对于价格不高运费却不低的产品，有人会故意挑毛病，拒绝收货。商家可能会担心时间久了货物出问题，或者退回来不划算，只好降价卖给对方。

案例 2：拒收定制产品

骗子先定制产品，等商家生产之后拒绝收货，商家担心定制的货物没人要，只好降价卖给对方。如果生产之前没交定金，商家更容易上当。

结论：最好是收到全款后再发货，包含快递费用。当然我们可以花时间联系快递方，和快递方谈价格，这也是对客户负责。对于定制的产品，建议收到定金之后再生产。

随着电商形势的变化，还会出现新的诈骗方式。同时，和电商相关的法规也会越来越健全。商家应该加强学习，在了解法律和平台规则的基础上守法经营。

扫码继续学习商学院课程

任何人的错都是我的错。

第 14 章

统率三军

1688 电商团队管理思考

一个电商团队就好像一支队伍，要有严明的纪律、合理的分工，让每一个人都能找到适合自己的岗位，才能让整个团队发挥出最大的作用。电商团队的职能与实体店铺团队有相通之处，但是也有明显的差异化，这些正是商家最需要关注的。

本章是对 1688 电商团队管理的一些思考，大家可以学习和借鉴，打造出最适合自己的电商团队。

由于中国电商的迅速发展和阿里巴巴的崛起，传统企业向电商企业转型已经是大势所趋，甚至我们可以说，将来不存在传统企业，无企业不电商，无电商不企业。

最宝贵的财富是人才。对于战争来说，最重要的是打造一支有强大战斗力的队伍。对于 1688 企业来说，电商团队的打造和管理尤为重要。不过很多人并不了解电商企业的人员需求和管理方式。下面我们就要告诉大家，电商部门的初创和发展过程中会遇到什么样的问题，商家应该采取何种应对策略。

正如不同的队伍有不同的组建模式，电商管理团队也有多种架构模式，我们会着重分析适合一个刚起步的传统企业的电商架构。“直向”系统包括所有和店铺业绩直接相关的职能。“横向”系统主要是辅助职能，如财务、后勤等。

14.1　电商团队基本配备及职能分工

每个团队的发展都和业务量及所处的阶段相关。图 14-1 所示是一个典型的团队在不同阶段的发展进程，整体趋势是随着业务的发展而扩展职能及人员。

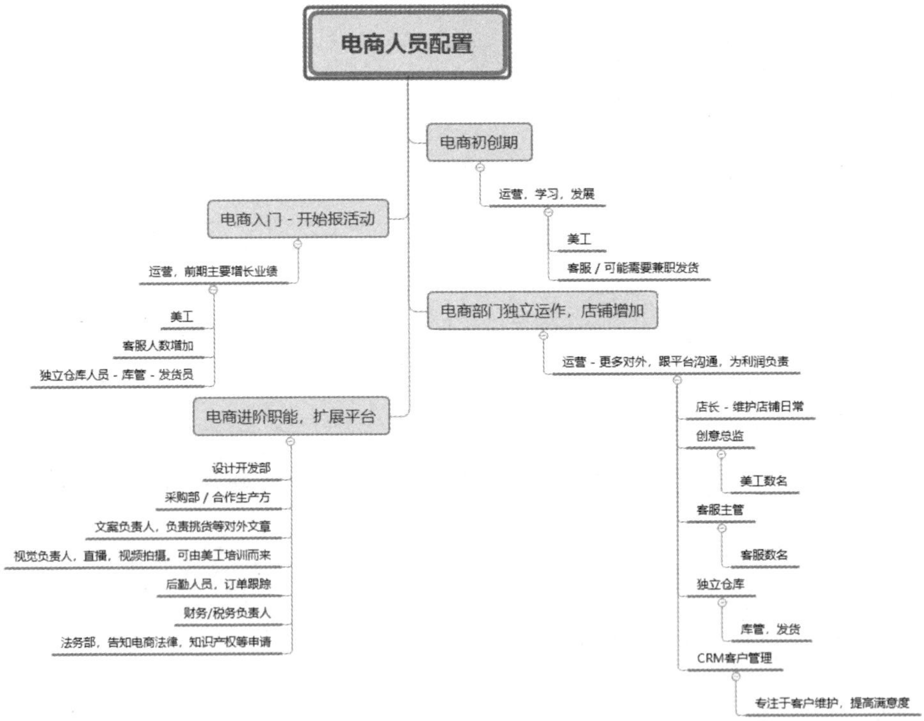

图 14-1

你刚来可以抱怨你的手下是一群混蛋，但是如果过了一年你还在抱怨，那么你才是一个真正的混蛋。

其中运营相关人员是直向团队管理系统，实行专人专店负责制。而后勤、开发、采购、财务、法务等为横向管理系统，也就是说他们负责整个团队甚至整个公司的相关业务。这是大部分中小型生产企业的模式。

一般的电商企业会把客服、美工及运营人员按照职能归入横向部门。也就是一个美工团队负责全部店铺，或者一个客服团队同时服务多个店铺。这在面对较多店铺的时候会比较有效，同时管理人员也能更专注于培训和考核。

14.2　1688 店铺岗位设置及职能要求

一个强大的国家，会有陆军、空军、海军等各种兵种，同样，一个有实力的企业，也会有多种职位，每个职位的人各司其职，大家一起努力才能取得战争的胜利。

对于一家传统制造企业新搭建的电商部门来说，一个职位的人员通常会需要做多件事。市面上很多电商教材会把职能部门分得非常详细，比如推广部、数据分析部等，客服部门还会分成售前和售后等不同的分支部门。不过这对于很多以订单为主的 1688 商家来说并不现实，例如客服人员肯定需要一个订单跟踪到底，不然重新了解一个订单会需要很多时间，而且受人力资源成本所限也无法分得那么细。因此我们需要对 1688 店铺有一个全方位的了解。

1688 店铺岗位的职能要求如图 14-2 所示。

1．对于员工人品和价值观的要求

（1）无不良嗜好，诚信正直。

（2）不一定要聪明，但一定要愿意学习。

（3）不定时加班是常态，要能接受。

（4）要认同企业的核心价值观。

以上为核心要求，对于不符合以上要求的人，无论多有能力也不能任用。

2．店铺主职能

运营人员：

（1）对企业和产品有深入了解，能明确店铺定位，了解产品成本。

（2）了解 1688 店铺的各项功能如何使用，愿意尝试新功能。

没有愚蠢的问题，只有愚蠢的回答。

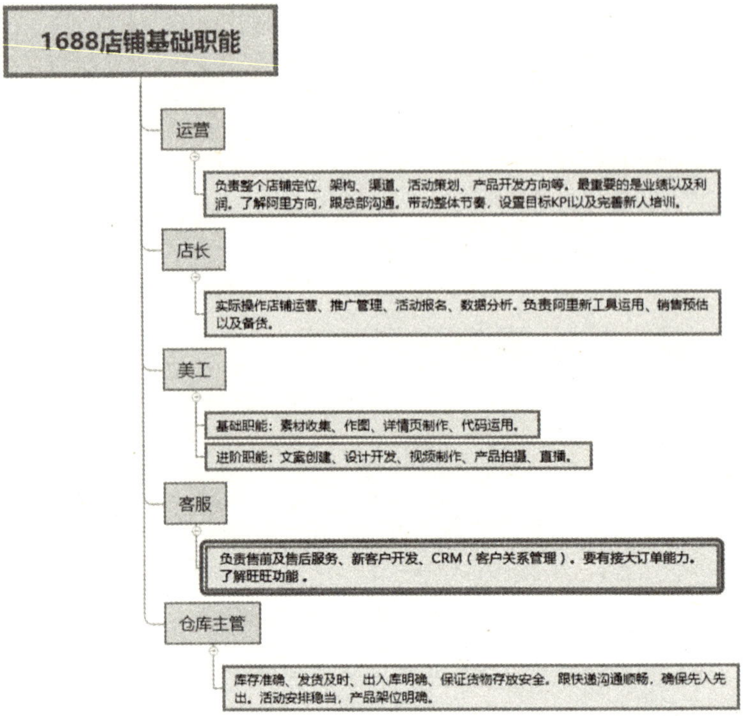
1688店铺基础职能
运营
负责整个店铺定位、架构、渠道、活动策划、产品开发方向等。最重要的是业绩以及利润。了解阿里方向，跟总部沟通。带动整体节奏，设置目标KPI以及完善新人培训。
店长
实际操作店铺运营、推广管理、活动报名、数据分析。负责阿里新工具运用、销售预估以及备货。
美工
基础职能：素材收集、作图、详情页制作、代码运用。
进阶职能：文案创建、设计开发、视频制作、产品拍摄、直播。
客服
负责售前及售后服务、新客户开发、CRM（客户关系管理）。要有接大订单能力。了解旺旺功能。
仓库主管
库存准确、发货及时、出入库明确、保证货物存放安全。跟快递沟通顺畅，确保先入先出。活动安排稳当，产品架位明确。

图 14-2

（4）有 1688 平台操作经验者佳。

（5）能带动整体士气者佳。

（6）有设置 KPI 和按照阶段完成目标的能力。

（7）能完善新人培训系统，实际指导下面各个岗位人员。

（8）了解与电商、广告有关的法规，避免被投诉。

（9）有解决实际问题的能力。

（10）有良好的执行能力。

店长：

（1）能实际操作店铺，负责活动报名、推广管理。

（2）会使用阿里巴巴的各种工具。

（3）懂得数据的统计、呈现和分析。

管理不是为了方便自己，而是为了方便别人。

（4）能按照销售量提供销售预估，并及时备货。

美工人员：

（1）了解店铺装修模块。

（2）会详情页制作、代码运用。

（3）懂得素材的收集和文案的写作。

（4）懂得设计开发。

（5）懂得产品拍摄。

（6）会制作视频者佳。

（7）能做直播者佳。

客服人员：

（1）对公司产品有深度了解，有接订单能力。

（2）对阿里旺旺功能运用自如。

（3）能开发新客户，维护老客户。

（4）抗压能力强，不能对客户带有不良情绪。

（5）对各种电商诈骗要有一定的辨别能力。

（6）了解阿里巴巴客服新功能（如店小蜜）并能实际使用。

仓库主管人员：

（1）能及时发货。

（2）能保证库存准确，架位明确。

（3）能对仓库做好安保准备，确保货物（尤其是食品类）完好。

（4）了解打单软件。

（5）能与快递员顺畅沟通。

要发展电商，公司高层领导的职能也非常重要。首先要不断学习，领导不需要自己做具体事务，但要理解和相信电商。其次要为电商部门提供资源，协调企业其他部门给予支援。

公司高层的支持一定是不可或缺的，因为一个新的部门一开始并不会有多少业绩，电商也

员工为自己的发展负责，管理者为下属的发展负责。

不是突然就一飞冲天的，而是有个累积的过程。因为电商和很多企业的现有模式不同，很多部门肯定会有所抵触，毕竟工作任务增加了，而支持不到位。此时企业领导给予的资源、所做的协调工作就变得非常重要了。

14.3 电商岗位职责界定与 KPI 方案

了解完电商团队每个岗位的职能，对应岗位的考核就非常重要，要制定合理的 KPI 方案，激励员工成长。

在制定个人 KPI 标准之前，要先设置好整个部门的 KPI，这部分任务是运营人员负责完成的。运营人员要将 KPI 规划细分到个人，然后由运营提出达成目标需要什么资源或者帮助。

1. KPI 制定原则

（1）合理可控。

（2）可量化，有数据支持。

（3）有明确的年度目标。

（4）有明确的阶段性目标。

（5）与个人薪水或奖金挂钩。

2. 制定 KPI 标准时的参考因素

部门整体 KPI：

（1）整体销售金额。

（2）个别大客户的变化。

（3）每个渠道的增长情况。

（4）整体利润。

运营人员 KPI：

（1）新产品开发成果。

（2）店铺总体指标同比增长率。

（3）库存的规划和控制。

（4）销售的增长情况。

主管要学会三个方向的沟通：向上沟通，要有胆量；平行沟通，要有肺腑；向下沟通，要有心肝。

（5）利润的增长情况。

（6）对电商环境（平台、法律）变化的了解（非指标性）。

（7）公司战略产品的销售。

店长 KPI：

（1）店铺多个指标（访客、浏览、成交率等）的同比增长率。

（2）客户数量的变化和增加办法。

（3）活动的效果。

（4）店铺推广的 ROI（投资回报率）。

（5）店铺销售额。

（6）阿里新工具的使用情况。

美工 KPI：

（1）新设计产品的销售量。

（2）主图、详情页和店铺整体的点击转化率。

（3）推广图片的点击率。

（4）视频的制作和带来的成交率的提升情况。

客服 KPI：

（1）新客户开发数量。

（2）销售金额。

（3）大客户销售增长率。

（4）大客户开发成功数。

公司要同时制定与 KPI 相应的薪资激励制度激励员工，并拆解到季度、月度。对于个别大客户，要与客服人员单独讨论增长方案；对于大型活动，要与店长单独讨论产品策略。核心目的是提升他们的能力，帮助他们成长。

对自己要以身作则，对团队要将心比心，对业务要身先士卒。

14.4　电商人才任用及长久发展策略

由于大环境对于电商人才的渴求，有一定经验的电商人才一直都是相当抢手的。培训了大半年的员工好不容易能用上了，可能直接就被人高薪“挖”走了。尤其是在电商发达的南方城市，“铁打的工厂，流水的兵”。

除了对职能和品性的选择之外，员工的稳定性也是需要考虑的。比如，是否本地人口，家离公司的距离，家境如何，是否有家庭要养，以及之前每段工作的时间、离职原因等。这些都是需要考虑的。

下面分享一下主管和普通员工不同的待遇，以及企业自身需要注意的地方。

主管：

（1）成果共享，利润提成。

（2）企业股权激励（一般入职多年后才能享受到）。

对于能帮企业赚钱的核心员工，请不要吝啬，也不要觉得他们赚得太多。他们如果能帮你好好打理这个部门，有助于公司发展，请分一部分利润给他们。同时也让他们的薪水架构和企业发展挂钩。

普通员工（如客服人员、初级美工）：

（1）与职能和 KPI 相关的绩效提成。

（2）完善的培训计划，让他们明白留下来是可以学到东西的，有助于他们的个人发展。

（3）明确的晋升路径。

虽然这些员工不如高级主管重要，但企业缺了他们也是不行的。对于他们来说，找工作虽然不会太难，但常常跳槽也要付出非常高的成本，因此学习和晋升路径就非常重要了。

企业自身要注意的地方：

（1）完善每个岗位的培训资料和培训计划，让新员工能在更短时间内上手新工作。

（2）有职位空缺时优先考虑内部员工调岗，老员工忠诚度高。

（3）提高企业核心竞争力，确保客户不流失。

（4）主管要了解每项业务，确保能教会流失职位的替补人员。

这样做主要是确保企业在任何一个人离职的情况下都能正常运作，让企业拥有更多“讨价

团队的成长是管理者最大的成功。

还价”的余地。同时能确保核心客户是紧紧跟着企业的，不是随便一个业务人员离职就可以带走的。另外，任何新人入职后都能迅速接手之前的工作。

很多客户看重的是企业本身的实力而不是业务人员个人，还有些客户愿意把单纯的买卖关系升华成合作关系，甚至有些客户会和生产企业互相持股来确保双方发展顺利，这种深度合作关系就更不怕“流水的兵”了。

14.5　电商人才需求趋势预测与思考

电商的发展一直是非常迅速的，变化也是日新月异的，所有电商相关从业人员都需要不停地学习和思考，单纯接受新事物已经不够了，还要对新事物有踊跃尝试的态度。

将来的生产会越来越偏向自动化，无论是在电商企业中，还是在传统工厂中，技能单一的老手很容易被淘汰掉。

比如阿里巴巴的“店小蜜”，在淘宝和天猫平台被很多知名店铺使用。它减弱了人员需求的“大波动”（例如大促时与平时的反差），降低了人工成本。阿里巴巴的制图 AI “鲁班”，也以做出了“五彩斑斓的黑”而出名，据说可以“秒做”上千张图。这些都可能会替代之前的专业人员。

“唯一不变的是变化本身”，马云一直坚定奉行的“拥抱变化”，使得阿里巴巴一直是一个充满活力的地方，这也是每个电商企业应该学习的。

扫码继续学习商学院课程

最好的领导是做心灵的导航仪，而不是做赶车人。

附录

1688 商家成长案例

恭喜各位商友已成功“修炼”完十四招，相信你已经大概知道了电商的思路和方法。除了正文中讲到的思路和方法之外，我们还忽略了一个重要的话题，就是“商家画像”。1688 平台有成熟而精准的用户分类，并且为不同用户提供有针对性的场景与支持。1688 平台通过 19 年来对平台用户的理解，总结出 4 类商家画像。

1．现货批发型

快消品：传统的线下工厂，只有生产能力，缺乏自主开发能力；有 1688 店铺，但缺乏线上销售经验。痛点：有好的产品，却不知道如何在线上做推广。

工业品：产品一般都有固定的标准，或者根据客人需求定制；产品应用广泛，复购率高，动销率低，客单价高，运输不方便。痛点：精准流量小，获取客户的成本高。

2．跨境专供型

快消品：买家客户群体是速卖通、Amazon、eBay、Wish、Lazada 等全球各大 C 类跨境电商平台的卖家，以及对外贸易公司、海外自建站、外国公司的中国采购部门等。此类客户的采购特点是多频次、小批量、小订单，但也有大批量囤现货发往海外仓或直接出口的，也有定制类型的大订单。

工业品：有工厂依托，有现货库存，产品多数为定制类，比如矿山机械、龙门吊、振动盘等。痛点：商家普遍不精通外语，无专职外贸业务员，缺乏专业的获取客户的路径，备货库存压力大，对于产品开发缺乏经验。

3．生产定制型

快消品：企业以接 OEM、ODM 订单为主，资金流转快，没有太大的库存风险。痛点：线上和线下的精准客户都比较难找。

工业品：企业生产的是传统工业品，虽然企业生产能力强，线下销售能力强，但是只把线上平台作为一个纯粹的展示入口，没有线上交易。痛点：不懂运营，不知道 1688 店铺操作从何入手。

4．代理加盟型

以组货或品牌代理类的贸易商为主，业务特点是产品及款式较多，对于起订量要求不高，主要经营模式为一件代发。痛点：不知道客户是谁，不知道客户需要的产品和服务的类型，以及如何获取和维护客户。

接下来测试一下大家知识掌握的程度。以下几个例子中的商家分别属于哪种类型，适合入

If not now, when? If not me, who?（此时此刻，非我莫属。）

驻哪些专业市场？

例一：童老板是一家银饰店的老板，经营了多年首饰，在外地有工厂，在本地商场有门面，且注册了 1688 店铺，那么童老板应该如何在阿里巴巴做生意？

例二：邓老板有一家经营纸杯的企业，企业基本没有现货销售，大部分订单是老客户介绍来和业务员在线下拉来的。主要客户是公益类、金融类、培训类机构和大企业，产品上都需印刷客户品牌形象和 Logo。那么邓老板应该如何在阿里巴巴做生意？

例三：李老板有一家生产 cosplay 道具、游戏道具的企业，所接的大部分是外贸订单，公司又是一般纳税人，那么李老板应该如何在阿里巴巴做生意？

例四：小林是一家传统企业的电商负责人，企业主要做茶叶生意，产品多数为礼品茶叶、宴会茶叶。企业有自主工厂，也开通了天猫店铺、1688 店铺，但是生意一直不温不火。那么小林应该如何在阿里巴巴做生意？

例五：赵总有一家贸易型公司，公司主营产品有手套、帽子、围巾。赵总经常去国外找新奇、有特色的产品，带回国内找工厂加工，线下生意做得也算风生水起。赵总 10 年前就注册了 1688 账户，现在想借助 1688 平台让利润翻倍。那么赵总属于哪种类型的商家？他该如何实现利润翻倍？

根据本书内容，请读者畅所欲言，通过后面的二维码提交答案有机会获得阿里巴巴官方精美礼物。

在未来，我们不光有针对 4 大类商家的课程，还有 253 名讲师在线上、线下提供有针对性的辅导，做到有问必答。商家在 1688 还可以找到自己“家人”的圈子，1688 商人社区是目前中国最具影响力的商人社交平台，在这里商家可以抱团成长、以商会友。

一本书只是一个窗口，透过窗口展示给你的是快速通向 B 类电商的捷径。

你的成长，我们的责任。

让天下没有难学的课程！

扫码关注 1688 中小企业商学院

阿里头条

peixun.1688.com

你感觉不舒服的时候，就是成长的时候。

附录 A　林国亮：1688 助力传统企业实现线上年销售额 1 亿元

2018 年是广州市力至拓塑料模具有限公司（以下简称“力至拓”）成立 20 周年，林国亮说，“要向前看，我们不以 20 周年为节点，而是把它当作一个新的起点，现在有了 1688 这个平台，相信我们会迈得更高！”

顺风顺水的原始资本积累

认识林国亮的人都说，他是一位非常认真的人。30 多年前，林国亮进入一家台资企业，“刚开始的时候做生产，后来一路做到管理层，负责整个工厂的生产管理。”林国亮坦言，“这十几年的工作经历，为日后的自主创业打下了坚实的基础。”

随着台资企业产值及销售额的稳定，企业老板开始满足于现状，但林国亮却并不这么想：“企业核心技术跟不上时代的发展，迟早要被淘汰。”在林国亮与企业多次交涉无果的情况下，林国亮决定自己做，“刚开始就三五个人，一两台机器，我们自己做模具，自己找贴牌加工的单子。第一年销售额只有十几万元，不到三年时间，机器增加到 40 多台，员工也增加到 80 多人。”

林国亮一直庆幸自己抓住了时机，“当时也没有什么思路，看人家做得好就跟着做，还成立了外贸团队，专门做出口业务，那时候只要有货就能卖掉，一年仅外贸的单子就能达到 4000 多万元。”

林国亮牢记台资企业的经验教训，致力于塑料模具结构研发、模具成型打造等，其创办的企业先后成为家乐福、迪士尼、富光、新力等大集团供应商，仅仅几年时间就完成了原始资本积累，并注册了“威仑帝尔”婴童用品品牌。

与 1688 结缘

2007 年，力至拓就加入了诚信通，林国亮说，“当时主要是为了展示，目的是在 1688 上找一些贴牌的 OEM（代工）单。”

然而虽然力至拓在传统渠道做得顺手，有些问题却一直无法得到解决，比如数据分析、收款。林国亮说：“之前没有自己的核心产品，每次都是跟着别人做，但做出来之后不好卖，又找不出原因，也没有足够的数据可以分析，疲于奔命。还有一个收款问题，每到年底，客户就会找各种理由推托付款，他们还经常要求各种“返点”，这么算下来我们根本不挣钱。”

这两个问题困扰了林国亮十几年，直至 2016 年年底，1688 行业小二邀请他去参加分享会，“当时分享的内容以数据为主，那时候才知道 1688 的成交数据每年都翻好几番，这么一听我就

做发动机，不要做飞轮。

来了兴趣。另外 1688 主要面向大宗批发商家、淘宝店店主和实体店店主，而且资源非常丰富。”

困扰了十几年的问题迎刃而解

林国亮组建了 1688 电商团队，“1688 平台看上去很复杂，但如果静下心来把它摸透，其实很简单：只要跟上平台的节奏，熟悉各种玩法就可以了。”

林国亮第一时间申请成为 1688 平台实力商家，“在 1688 平台，行业培训非常多，还有各种激励性的活动，比如我们进入某一个阶段就会有流量红包，这是非常实在的奖励；另外，小二会给出一年的活动规划，还会对我们的店铺进行定位和数据精准分析，以及帮我们分析问题，并找到解决办法。”

让林国亮最感兴趣的是 1688 平台强大的数据分析能力，“我们采用 CRM 管理方式，对每一类客户群体都设置了专门的人员去维护、跟进，比如线下实体店店主，虽然在其采购时无法得知其真正身份，但我们可以通过 1688 数据库对其进行分析，再由专门的工作人员与之建立联系，咨询产品销量、质量、规划及产品推荐等。这对于我们了解市场行情、推出真正符合客户需求的产品有非常重要的作用。”

至此，困扰林国亮十几年的问题得到圆满解决，而收账问题也顺势得到了解决。

2019 年计划达到 1 亿元

现在，林国亮已经完全信任 1688 平台，开始研习 1688 平台的各种工具，“生意参谋和阿里指数都非常好用，它们可以在‘看得见’的地方分析出买家的特性。”

正是由于这份信任，力至拓在 2017 年的“3.28 大促”中取得了 100 万元的成交业绩，并在“9.6 拿货节”中成交额达到 300 万元。

目前，力至拓网络销售运营团队成员超过 30 人，具备承接平台所有横向市场客户的能力，拥有上万名 B 端客户，且这些数字还在持续增长中。

在 2017 年以前，力至拓日均访客量几乎为零，而在本书出版时日均访客量在 2000 人以上，并拥有 10 000 名稳定的老客户，这些数字也在持续增长中。

目前在 1688 平台月交易额稳定在 500 万元以上，通过平台获取的交易额也稳定在 200 万元。林国亮说，力至拓未来将以线上为主，预计 2019 年交易额将突破 1 亿元。

林国亮在 1688 平台经过一年多的学习与实战，对线上营销有了更深刻的认识：“线上是大趋势，新零售必须将线上与线下相互融合，这对我们来说是最大的红利。”

当然，对准备加入或计划加入 1688 的同道伙伴们，林国亮也有一些建议：“要做好自己的

不忘初心，保持好奇，坚持不懈，做好自己。

产品，要对自身有精准定位和明晰的规划方向，还要以客户为中心，并在此基础上，借助 1688 平台的方便、快捷来服务我们的客户。”

附录 B　叶振伟：用三大能力做好“商品力”

叶振伟在大学毕业后没多久就开始创业，在其选择进驻 1688 平台之前，从事过的几个行业看上去风马牛不相及，且从业时间都不长，最短的一次不到 7 个月……也许有人说这简直是在折腾，叶振伟却说：每一段旅程都是最宝贵的财富。

误打误撞开始的第四次创业

运营 1688 网店其实是叶振伟的第四次创业，“做过塑料类、3C 类行业，以及棋牌类游戏公司等，最好的时候，开了 6 家 3C 连锁店。”叶振伟告诉我，“世界变化太快了，以前做 3C 行业时利润还可以，但后来就不行了。”

叶振伟迈进 1688 这个圈子，还有一个小故事，“算是误打误撞进来的吧。”叶振伟说，大概在 2014 年，原本打算去义乌探望朋友的叶振伟在逛小商品市场时意外地发现了打底裤的商机，并在朋友的推荐下注册了 1688 平台账号。在经过对 1688 平台的深入研究之后，叶振伟决定自己组建一个团队。

价格不是最重要的因素，应该看它的综合情况

或许叶振伟有之前创业经历的积累，其非常清楚自己要做的事情的定位，“虽然市场上热销的产品很多，但我们只做打底裤类目；风格也是参考、比较了当下流行的各种款式，最终确定以日系、韩系为主；视觉表现方面则邀请了专业的摄影团队。”

“产品”“视觉”“运营”是叶振伟总结的电商平台操作的三大关键词。

“我将运营放在最后，并不是说它不重要，而是在产品质量有保证、视觉展示有风格的基础上，再遵循平台的玩法去运营，这样才会有成效。”他举了一个例子：“前段时间有一款产品，市场定价比我们的成本价还低，结果还是我们的销售成绩要好。所以，一款产品好卖不好卖，价格不是最重要的因素，应该看它的综合情况，这可能就是时下流行的‘商品力’吧。”

用三大“能力”做好“商品力”

说到“商品力”，叶振伟来了兴致：“其实之前在跟 1688 小二聊天的时候就已经听过‘商品力’这个词了，我虽然总结不出这种说法，但其实这两年跟着 1688 平台一直在做这方面的事情，有种不谋而合的感觉。”

If not now, when? If not me, who?（此时此刻，非我莫属。）

叶振伟从以下三个方面阐述了他对“商品力”的理解。

第一是产品研发、原创能力。这是“商品力”的基础，如果连这都不能满足，那么很难谈“商品力”。现在很多人喜欢跟着别人的思路走，什么产品好卖就卖什么，而不从市场的角度考虑。但是我们不会，比如我们从 2017 年就开始研发 2018 年的产品，除了市场上常见的面料以外，还会考虑一些独家的布料颜色及其工艺等。

第二是策划能力。我们在 2018 年上半年专门成立了一个策划组，主要负责打底裤的款式研发、包装创新等工作，比如在冬款上市之前，策划组就已经在考虑春款了；然后根据时事热点在包装上做创新，比如现在流行的莫兰迪色，以及之前的马卡龙色等；还要根据不同的活动平台、活动人群包装不同的产品。

除了前期商品策划以外，营销策划也是很重要的。以前我习惯在 1688 平台上等着客户找来，现在则是主动去“开发”客户，比如将客户、产品分层，然后根据不同的客户与产品标签做出相应的活动“开发”客户。

第三是服务能力。如果服务做不好，“商品力”就不能完整体现。我们现在根据客户的需求做改变、调整，比如有些客户虽然拿货少，但经分析后发现，其有优质客户的潜力，就会相应地给该客户政策优惠；调整了零售的思路，以及不定期地推出一些会员优惠、返利等活动，多从客户的角度去处理问题。

1688 日新月异的发展，让我们信心更足

叶振伟的微信签名是“做一个善良、谦卑、有趣、纯粹、顽强的人”。他说，以前想着做到四五十岁的时候差不多就可以退休了，现在完全没有这个想法了。“一家公司的成长确实跟老板有很大关系，如果老板不学习、不上进，那公司也好不了。”他开玩笑似的说，“现在我一有时间就去参加 1688 中小企业商学院的交流会，听大卖家、小二们的运营思路导向，回来后再根据自己公司的实际情况进行琢磨、消化。”

“1688 确实是一个不错的平台，一旦找对方法，就会有收获。”叶振伟说，“自己着手运营以来，去年线上整体销售额增长了 6 倍多，2018 年上半年同期增长一倍以上。”不仅如此，叶振伟还说，“现在的运营团队是 18 个人，在‘9.20’之后可能会根据独立品牌的运营需求，扩大经营规模。”

说到最后，叶振伟再次感慨电商发展的日新月异：“2017 年提出‘内容化营销’，2018 年又兴起‘社团电商’，现在‘商品力’又出现了，电商发展太快，但 1688 总能在我们还没想到的时候，就已经安排好了一切，这让我们信心十足！”

心有多大，舞台就有多大。

附录 C　闫威风：做好“商品力”成就网商大订单

“‘商品力’简单来说就是商品所表现出来的综合能力。”在和闫威风聊“商品力”的时候，他侃侃而谈、思路清晰、逻辑严密，有着超越同龄人的沉稳，他说，“90 后”的特点就是“敢打敢拼、敢于挑战新鲜事物”。

进入这个圈子，感觉打开了新世界

在闫威风加入温州康恩洁具有限公司之前，康恩洁具有限公司使用的还是传统的销售模式，客户主要来自线下，当时使用 1688 平台主要用来展示。

“这种做法其实很被动。”闫威风在与一些做电商运营的人讨论后得出结论，“那段时间，我研究过很多同行业的 1688 店铺，发现他们的盈利收入都不错，1688 平台的作用一直被我们低估了。”

经过这么一番调研，闫威风坚定了好好在 1688 平台做店铺的决心：“其实刚开始做还是挺难的，全靠自己琢磨，不过好在有商学院线上课程。”

2018 年年初，闫威风通过了 1688 中小企业商学院的讲师资格认证，“进入这个圈子才感觉打开了新世界。”闫威风说，“认识了很多经验丰富的行业前辈们，他们带给我的不仅仅是极具互联网思维的经营思路，而且让我领略到了电商平台的巨大影响力。”也是在这样的环境中，闫威风第一次接触到“商品力”的概念。

康恩洁具有限公司之前的线上销售走的是定制路线，主要做外贸，“1688 企业商学院讲师圈子里的前辈们告诉我，国内市场非常大，如果不做内销，‘商品力’根本得不到发挥。”由此，闫威风在 1688 平台店铺开始销售现货，而不仅仅是展示了。在这期间，还发生了一件很有趣的事情，闫威风在与以前的很多线下老客户沟通的时候，发现他们早已经在 1688 平台上采购产品了，“他们的 1688 平台账号都是很早以前就注册的，各种流程操作比我们熟练得多。”闫威风笑着说，“本来还担心他们不接受线上模式呢，没想到是我们落后了。”

解决了困扰我很久的大问题

“商品力”三个字看上去简单，做起来却非易事。闫威风说：“在网店销售的第一步是选品，我们仓库里有很多款产品，常规做法是咨询那些老客户，按照他们的市场经验进行第一轮筛选，然后将选中的商品放到网上进行销售，对比销售数据完成选品过程。”

但这种方法得出的结论并不精准，在随后的分析中，闫威风总结说：“这个数据中有很多‘无效流量’，就是有些人在浏览其他商品的时候顺带看一下我们的产品，并没有长期合作意向。”

今天最好的表现是明天最低的要求。

随后，在 1688 中小企业商学院推出的实力商家课件中，闫威风学习了“数据化选品”这一课程：“简直太及时了，解决了困扰我很久的大问题。”

对于“数据化选品”的方法，闫威风说：“在和竞品竞争的时候，我们要先测试两款产品的实际竞争力，首先考虑二者的基础是不是在同一条水平线上，所谓基础就是产品本身的材质、价格等；其次把产品的展现、支付转化率、成交等各方面回馈的数据进行对比，看哪一款产品更有优势，产品的分数比较高，则说明竞争力比较强。”

精准客户带来的瞩目成效

在具体的操作中，闫威风最喜欢参加的就是“伙拼”，他结合理论与实际，更倾向于参考精准客户的选择：“精准客户的选择往往会更精准，他们所选择的商品的销售情况也会更好。比如一款产品上线，我会邀请一些老客户进行线上采购，然后仔细观察他们在详情页停留的时间，如果停留时间长，成交也还不错，那么这款产品就可以作为重点产品进行维护，慢慢地把它做成爆款；但是如果在详情页停留时间很长，成交转化率却不理想，就要分析其中的原因，比如价格、详情描述等因素，然后将这款产品下架，修改后再进行二次测试。”通常，闫威风会看“伙拼”同类产品的多场次销售效果，再选择产品报名参加“伙拼”。

闫威风总结道：“一款产品能不能成为爆款，不仅仅取决于其款式、价格，针对的人群、地区是否明确也很关键，做好精准营销才能在 1688 平台上找到真正属于自己的客户。”正是因为有如此清晰的定位和对“商品力”的深刻理解，闫威风的收获也着实令人瞩目：之前，店铺一天的营业额仅有几百元，从 2018 年 8 月开始，日均成交额两万元左右；闫威风还参加了一场“伙拼”活动，当天成交额达到 11 万元，其中 8 万多元是新客户的贡献；另外，闫威风还参与筹建了 1688 家装建材行业温州商盟。

闫威风曾说过这样一句话：“成长是打磨，也是锻造，一个人的梦想有多持久，青春就有多久。”他说他现在的梦想就是如何找到更多、更有效的客户，打造更多的爆款产品。说到这里，他举了个例子：以前有个客户，每个月都会过来拿货，但每次都只拿几件，最多也就拿几十件，2018 年 9 月初，这个客户打电话说以后每个月的订货量将从 1000 件起步……一阵惊喜后，闫威风开始琢磨：“我们要去哪里找这样的客户？要怎样做才能让这样的客户找到我们？”

不过对于问题的答案，他似乎并不担心，“有 1688 呢！”闫威风笑着说。

蹲下来是为了跳得更高。

附录 D 邓松："90 后"的 1688 成长之路

有人对邓松的评价是"一个有目标、有智慧、有远见的年轻人"，也有人对他放着好好的工作不做，偏要在 1688 平台上自主创业的行为不解，邓松却说，他只是想成为自己想成为的那样的人。

自己的生活不应该是这样的

作为一名"90 后"，邓松的经历或许比同龄人要丰富：2009 年，16 岁的邓松已经在佛山一家服装厂里做工。邓松说："当时踩车位大概踩了一年多，就觉得自己的生活不应该是这样的。"

年少的邓松将目光转向当时已兴盛的电商领域："接触了很多平台，大部分都是以零售为主，一天能做几十单的样子，这对于日出货上千件的工厂来说，实在是微不足道。"邓松开始琢磨更适合工厂批发的渠道。

"前东家是 2014 年进入 1688 平台的，在前东家那里工作的那段经历让我受到了很大的震撼。"邓松非常感慨："老板定位很明确，只入驻 1688 平台，我刚入职的时候那个厂子还只是个小工厂，厂房大约 300 平方米，现在生产车间 800 多平方米，仓库 2000 多平方米，客服人员已经增加到 12 个，整个销售团队成员超过 30 人。当时 1688 跨境市场童装销量井喷，我们最火爆的一款连体衣，卖了 20 多万件，我当时负责的店铺一个月的销售额可以达到 120 万元。"

最好的选择还是 1688

也许是这段不同以往的经历刺激了邓松，也许是骨子里的韧劲激励着邓松，2018 年 5 月，邓松决定走出舒适区，实现许久以来的自主"创业梦"。

"刚开始创业的目的很单纯，就是想睡懒觉。前东家每年到公司的次数不足 20 次，其余时间都在外面游玩。"邓松开玩笑似的解释创业的初衷，"但现在好像自己给自己挖了个坑，每天早上六点准时醒来，然后打理店铺、运营、学习，直到第二天凌晨一点左右，都不用定闹钟。"邓松笑着说，"刚开始的那段时间，也曾有点迷茫，在平台的选择上小小地纠结了一下。"

后来邓松还是从客户的角度明确了对平台的选择："做电商就要选择好的平台，我这边的客户主要是外贸公司，以及淘宝店店主、实体店客户，我相信在未来的 20 ~ 50 年，1688 平台都是领先的，所以，最好的选择还是 1688 平台。"

所有人都这么拼，"猫咪咪"凭什么不努力

因为有梦想，所以充满力量。2018 年 6 月 2 日，邓松开通 1688 店铺，然后用了 5 天的时

生命在于折腾，不在折腾中崩溃，就在折腾中涅槃！

间装修店铺、发布产品。因为有 4 年多的经验积累，所以邓松信心满满，但现实却跟他开了一个大大的玩笑：第一个月成交额不到 3 万元，买家只有 7 个，纯利润还不如自己之前一个星期的收入。然而乐观的邓松告诉自己："还好不是 0，这也算是突破吧。"

转折出现在邓松的"猫咪咪"1688 商铺满月的时候：邓松参加了 1688 中小企业商学院组织的宣讲会，并亲眼见证了 1688 中小企业商学院佛山分校的成立。

"跟着 1688 学习，就好像打通了任督二脉一般。"邓松说，"之前是在别人搭好的平台上运作，总是以打工者的心态运营店铺，真正自己做起来才发现要学的东西还真多啊。"对照着自己的现状和 1688 中小企业商学院佛山分校的课程，邓松一下子给自己安排了满满的学习计划。

1688 中小企业商学院组织的第一次宣讲会，原定时间是下午两点到六点，因为现场交流气氛热烈，几位小二当场取消回程，一一解答每一位商家的疑问，邓松说："满满的全是干货啊！那天，我对淘货源怎么做、微供怎么做、火拼怎么报名、跨境市场怎么选款和推款等有了全面的了解，对 1688 诚信通运营思路也有了更加深刻的认知。"从那天开始，邓松对 1688 企业文化也有了深层次的触碰："因为有了'18 罗汉 50 万元人民币'的故事，因为有了那样一群人 18 年的奋斗，才有了我们今天的机会，所有人都这么拼，'猫咪咪'凭什么不努力？"

这个收益是花多少钱都买不来的

邓松知道自己是在创业阶段，所以很重视学习，也学得很认真，在随后的一个多月内，邓松陆续参加了 1688 中小企业商学院佛山分校的电商新秀班、跨境专供班、阿里巴巴文化大讲堂等课程，学以致用，及时调整运营战略和网商思维，并成效卓著：目前，邓松的"猫咪咪"1688 网铺交易勋章是 3A。

因为"猫咪咪"新店成立时间不久，与新店的收益相比，邓松更看重自身的成长和圈子的扩大："最开始我一个人创业，现在通过 1688 平台接触到一群人，就像找到组织一样，在这个组织里，我们不是竞争对手，更像是抱团成长的伙伴。比如我们一起交流打造'爆款'的心得、相互鼓励、分享运营体会等，这个'收益'是花多少钱都买不来的。"

"以诚待人"的幸运儿

邓松的微信号名字是"以诚待人"，他说自己是个幸运的人，刚工作的时候，因为操作不熟练，打样出了差错，给公司造成了近两万元的损失。那时候自己每月的工资才 2000 元左右，邓松向老板承认错误的同时，坚持自己打工慢慢还。

"当时老板沉默了一会说，打工不容易，就当出货，客户不要了，以后工作要认真一些。"说到这里，邓松的声音有点异常，"这世上还是好人多，从那时候开始，我再也没出过类似的问题。”在离职的时候，邓松没有带走一个客户，也没有带走一个供应商，他说，“你施于别人的，别人也会回敬给你。”正因为这份对初心的坚守，邓松总是能收到来自周围人的善意，“从上家公司离职的时候，老板除了支持与鼓励之外，还从资金上给予了奖励。”谈及此处，邓松充满了感激之情。

早早离家打拼的邓松其实心里一直有一个小梦想：做一个好儿子，给父母一个幸福安稳的晚年；做一个好丈夫，不让未来的妻子为生活发愁；做一个好爸爸，为孩子提供一个良好的成长环境。

他说：“成为自己想成为的那个人，永远都不晚。比如现在，加入 1688 平台，就是最好的开始。”

附录 E　宋柠馨：全职妈妈的网商新革命

20 年前，宋柠馨开始和先生一起做生意，专门为商场、超市、实体店供货；12 年前，伴随着两个女儿的出生，宋柠馨退回家庭；2018 年，宋柠馨重新出山，在公司内部掀起了一场 1688 线上营销的革命。

所有问题似乎都找到了答案

采访宋柠馨是一件非常愉快的事情，虽然她已年过 40 岁，但你会从她身上感受到满满的活力。

“做生意 20 多年了，当时跟先生一起开店，渠道是国内大型超市、线下实体店等。”宋柠馨笑着说，“后来随着两个女儿的出生，就退回了家庭，这一退就是 10 年。”在这期间，做实体店出身的宋柠馨，却关注起了线上销售，“的确是方便。”敏锐的宋柠馨在惊讶的同时有了新想法，“我们实体店是不是也可以这样做呢？”随着孩子们慢慢长大，宋柠馨开始着手将自己的计划变为现实。

“之前一直是买家，自以为对网络销售很了解，真的接触之后才发现根本不是那么回事。”宋柠馨笑言，“刚开始以为拿点东西到线上卖就行了，可是我们找过很多运营人，也找过很多专业团队，但就是做不起来。”

这个问题困扰了宋柠馨很久，“买了很多书，但一联系到实际，问题还是解决不了，非常痛苦。”后来迪士尼的人找宋柠馨谈合作，推荐宋柠馨参加 1688 中小企业商学院的学习课程，“所有问题似乎都找到了答案。”宋柠馨的语气透着满满的兴奋。

梦想不足以让你到达远方，但是到达远方的人一定有梦想！

线上与线下打法完全不一样

“问题出在我们自己身上，我根本不知道什么是线上。”宋柠馨娓娓道来，“作为一个 40 多岁的人，我们习惯用自己的经验去评判新事物，但学习之后才发现，线上与线下营销思维方式不一样，打法也完全不一样。虽然前期请了很多人，但因为不懂，所以他们报营销方案、申请费用，或者做一些引流、促销活动时，我都直接否决了。一位离职的团队主管曾说，我这里没有电商气氛，线上营销空间不足。当时我很不明白这句话的意思。”

“在 1688 中小企业商学院的一番学习，其实是一个对 1688 平台从无到有的了解过程。现在，电商部门报上来各类营销方案，我都能够理解他们的想法了，有时候也能参与到讨论当中。”

其实除了启蒙收获外，更让宋柠馨倍感惊喜的还是学习方法的颠覆：“当我们还在线下跑市场找感觉的时候，线上的年轻人早已通过网络获得他们需要的知识，比如参加 1688 中小企业商学院视频培训或者线下的培训班等，这样的方式更加事半功倍。”

现在国内的年轻人都非常努力

“参加 1688 中小企业商学院培训班真是一件非常有趣的事情。”宋柠馨说，常常有人问她，你应该在公司做大的方向策划、公司发展之类的，为什么要回来学习这些基础的东西？

“不学习真的不行啊，现在的社会变化太快了。”宋柠馨坦言，“我其实在 2008 年就注册了诚信通，但因为不懂，一直当黄页在用，现在想想实在是太浪费了。”

“1688 中小企业商学院培训班里有很多‘80 后’‘90 后’的弟弟妹妹们，他们看上去都很小，有些人说话甚至还会脸红，可是就是这群年轻人，三四个小伙伴一起，一年可能就把销售额做到几亿元。我原本以为这些孩子都是富二代，只会吃吃喝喝，但有一个周末，我给一个小伙伴发短信，人家正在某个培训班学习呢。后来我把这件事告诉一位移居国外的老大姐，她跟我一样震惊，连连说没想到现在国内的年轻人都这样努力了。”

当然，最关键的还是销售额的显著变化。宋柠馨说：“2018 年 5 月才算正式做起了 1688 业务，6 月的时候只有几千元收益，但是在 7 月份，效果出现了，我们当月销售额达到 20 万元，还冲上了‘4A’。”

就像是一个一直在走夜路的人有了方向

其实到目前为止，宋柠馨一共参加了 3 次 1688 中小企业商学院培训班：第一次是动员大会、第二次是扫盲班、第三次才是精品班，包括视觉效果、客服培训等内容。“虽然学习时间不长，但增加了很多信心，就像是一个一直在走夜路的人有了方向。”

想不等于做，做不等于做到，做到不等于得到，更不等于成功。

“对待我们这些一直做实体生意的商家，讲师和小二们都非常细致、耐心。跟着他们学到了不少新技能，比如直播。”宋柠馨说，“以前一直以为直播是那些‘网红’们的做法，后来知道我们也可以用。”一开始抱着玩玩的态度，没想到竟迅速涨粉了，第一次就涨了 30%。“当然涨粉不是关键，增加客户才是关键，线上与线下都有。很意外，也很惊喜。”

“现在小二们介绍的工具、玩法我都打算尝试一遍，比如微供、网销宝、8 毛 8 送样品活动等。每一种玩法都有不同的侧重点，就拿送样品的活动来说，可以通过大数据，根据客户提供的收货地址，分析出未来合作的可能性。”

“最大的收获就是自己打开了一个新世界。这听起来很像一句口号，但如果没有这种‘贴身的撞击’，是感受不到的。”宋柠馨很感慨，“这段时间跟着 1688 平台学习，周边的人都说我的变化很大，学习的劲头非常足，这其实是一种态度，我们必须放下自己的身段，以‘空杯’心态去学习，这样才能完成超越。”她说，“以 1688 为代表的网络电商营销是大势所趋，我们必须顺势而为，才能有收获。”

听到，知道，悟到，做到。